길위의 인문학 2

— 느린 걸음으로 조선을 걷다 —

길위의
인문학 2

— 느린 걸음으로 조선을 걷다 —

초판 인쇄 2024년 4월 11일
초판 발행 2024년 4월 16일

지은이 김정남
펴낸이 유해룡
펴낸곳 (주)스마트북스
출판등록 2010년 3월 5일 | 제2021-000149호
주소 서울시 영등포구 영등포로5길 19, 동아프라임밸리 1007호
편집전화 02)337-7800 | **영업전화** 02)337-7810 | **팩스** 02)337-7811

원고 투고 www.smartbooks21.com/about/publication
홈페이지 www.smartbooks21.com

ISBN 979-11-93674-09-3 04910
979-11-93674-08-6 04910(세트)

느린 걸음으로 조선을 걷다

길위의 인문학 2

김정남 | 지음

역사와 이야기가 있어 더 좋은 산책길 17

스마트북스

느린 걸음으로 조선을 걷다

이번 답사와 산책의 주제는 '조선'으로 잡았다. 다른 시대에 비해 사료도 풍부하여 이야깃거리도 많다. 또 서울이나 경기지역에서 손쉽게 갈 수 있는 답사 장소도 여러 군데다. 인근이어서 주말에 즐겨 찾던 장소를 가려 뽑았다.

그중 왕릉이 가장 많다. 왕릉은 산책 장소로 최적의 환경을 제공한다. 조선왕릉은 단순히 왕의 묘가 아니라 잘 보전된 녹지공간이며 조용히 산책할 수 있는 공원이기도 하다. 왕릉이 우리에게 휴식과 산책의 장소가 될 수 있었던 이유는 500여 년 넘게 왕실에서 관리해 왔고, 이후 문화재청에서 관리하고 있기 때문이다.

그러나 단순히 왕릉이 후손들에게 녹지공간과 휴식공간만을 주는 것은 아니다. 거기에는 역사와 문화가 있으며 한 시대, 역사의 중심에 섰던 인물의 흔적이 남아 있다. 또 무덤의 주인을 받들기 위해 주변에 여러 동물상과 문무석인이 있다. 이들 조각이 만들어진 시대는 멀게는 600여 년 전, 짧게는 100여 년 전이다. 무덤 주인에 가려 별로 주목하지 않았지만, 우리의 귀중한 문화유산들이고, 그것들이 만들어질 당시의 예술 조각들이다. 그러나 그 예술품들을 볼 수 있는 기회는 거의 없다. 영릉처럼 왕릉의 능침공간 가까이에 가서 볼 수 있는 배려가 아쉽다.

왕릉 외에 문화유산들로는 경복궁, 종묘, 성균관, 서원, 향교, 근대 학교, 읍성, 산성, 초기 천주교와 개신교 등을 담았다. 산책은 답사에 초점을 맞췄다. 실제 답사에서 보고 느낄 수 있는 것을 토대로 이야기를 전개했다. 그럼으로써 현장성을 살렸다. 문화유산 중 조선왕릉 일체, 종묘, 도산서원, 남한산성 등이 유네스코 세계유산이다.

이 책에서는 17개의 꼭지를 실었다. 목차는 대체로 시대순으로 배열하려고 했다. 그런데 지역답사의 성격을 띠었기 때문에 어떤 주제는 산책 코스와 관련하여 인근의 문화유산을 같이 담은 예도 있다. 주제별로 정리하면 다음과 같다.

조선왕조와 관련된 문화유산으로 경기전, 경복궁, 종묘, 성균관 등을, 조선왕조의 임금들로는 태조, 태종, 세종, 문종, 단종, 세조, 명종, 선조, 인조, 효종, 현종, 숙종, 영조, 헌종, 고종, 순종 등을 다뤘다.

성리학과 관련해서는 이황(도산서원)과 이이(자운서원)의 삶과 학문을 비교하여 썼고 이기론을 당시의 사회·정치현상과 결부시켜 이해하도록 했다. 성리학이 호란 이후 송시열(만동묘·화양서원)에 의해 예학으로 변해가는 과정도 살폈다.

성곽으로는 남한산성과 낙안읍성을 선택하여 산성과 읍성을 비교·인식하도록 했다. 1권의 수원화성 성곽길이나 강화나들길 2코스와 연관시킨다면 성곽에 대해서는 어느 정도 지식을 갖추게 될 것이다.

조선은 크게 조선 전기와 후기로 구분된다. 그 구분점이 왜란(임진왜란)과 호란(정묘호란)이다. 신립의 탄금대 전투를 통해 왜란을, 남한산성을 통해 호란을 다뤘다. 대체로 조선 전기에는 정치의 중심이 임금이었으나 후기에는 신하들(붕당)이었다.

근대사는 초기의 천주교, 개신교와의 관계도 떼어놓고 볼 수 없다. 이들 종교의 정착화 과정 또한 정치·사회사였다. 천주교는 유교문화와의 충돌, 정치적 의도 등과 결부되어 여러 차례 순교사건이 일어나면서 조선에서 신앙의 뿌리를 굳게 하였다. 전주 전동성당에서 일부를 만났고 이미 1권에서도 남양주 다산길의 마재성지를 통해서 확인했다. 이에 반해 개신교는 비교적 원활하게 선교활동을 할 수 있었다. 그 중요한 매개가 근대학교였다. 배재학당과 이화학당이 시발점이 되었다. 아펜젤러, 메리 스크랜턴, 헐버트 등이 중요한 역할을 했고, 중심지가 정동제일교회였다.

산책길은 특성상 둘로 나뉜다. 전주한옥마을이나 단종대왕 유배길, 광릉 숲길, 정동길 등은 코스에서 여러 문화유산을 연결하는 산책길이다. 동구릉, 경복궁, 종묘, 성균관, 영릉, 낙안읍성, 남한산성, 도산서원, 자운서원 등은 단일 문화유산 영역을 산책하는 코스다. 하지만 볼 것이 많아 최소 1시간 반 이상의 일정을 고려해야 한다. 이곳도 돌아보는 방법이 있다. 그냥 발걸음 닿는 대로 걸어가면 일반적인 산책에 불과하다. 안내에 따라 걸으면 해당 지역의 주요 문화유산들을 놓치지 않고 접할 수 있을 것이다.

초록의 싱그러움이 좋다. 몇몇을 제외하고는 문화유산들이 자연에

둘러싸여 있는 곳이어서 무엇을 알아야 한다는 강박관념에서 벗어날 수 있다. 그냥 공원 같은 녹지를 동행과 가벼운 마음으로 산책하며 문화유산을 덤으로 즐길 수 있다. 그 산책길에 아내가 거의 함께했고, 동료 교사들도 자연을 걸으며 문화유산들을 곁들였다.

10월 어느 날, 재답사로 영월, 충주, 괴산을 새벽부터 바쁘게 움직였다. 화양구곡에 도착했을 때는 해가 뉘엿뉘엿 서산으로 향해 가고 있었다. 9곡 중 8곡을 빠른 걸음으로 돌아보고 다음에 다시 와야지 했는데, '만절필동 각석' 촬영을 빠뜨렸다. 고민하다가 국립공원 속리산관리사무소 화양동분소에 전화해 부탁했더니, 친절하게도 직원분이 직접 가서 사진을 찍어 보내줬다. 무척 고맙다. 출판시장이 어려움에도 불구하고 2권 출판에 흔쾌히 동의해 주신 스마트북스 유해룡 대표님을 비롯하여 관계자들께 감사한 마음뿐이다.

조선은 우리 역사의 마지막 왕조다. 그리고 일제강점기와 해방 이후 현대사로 이어졌다. 현대사의 부정적 측면들을 잉태했기에 혹자는 조선왕조에 거부감을 지니기도 한다.

역사는 과거를 비추는 거울이라 했다. 과거를 통해 교훈을 얻고 현재를 변화시켜 보다 긍정적인 미래를 지향하는 것이 역사교육의 목적이다. 이 한 권의 책이 과거를 더듬으며 현실의 문제점을 이해하는 데 작은 생각이라도 보탤 수 있다면, 이보다 보람된 일은 없을 것 같다.

2024년 4월 김정남

목차

조선왕조와 한국 천주교의 역사를 찾는

전주한옥마을길

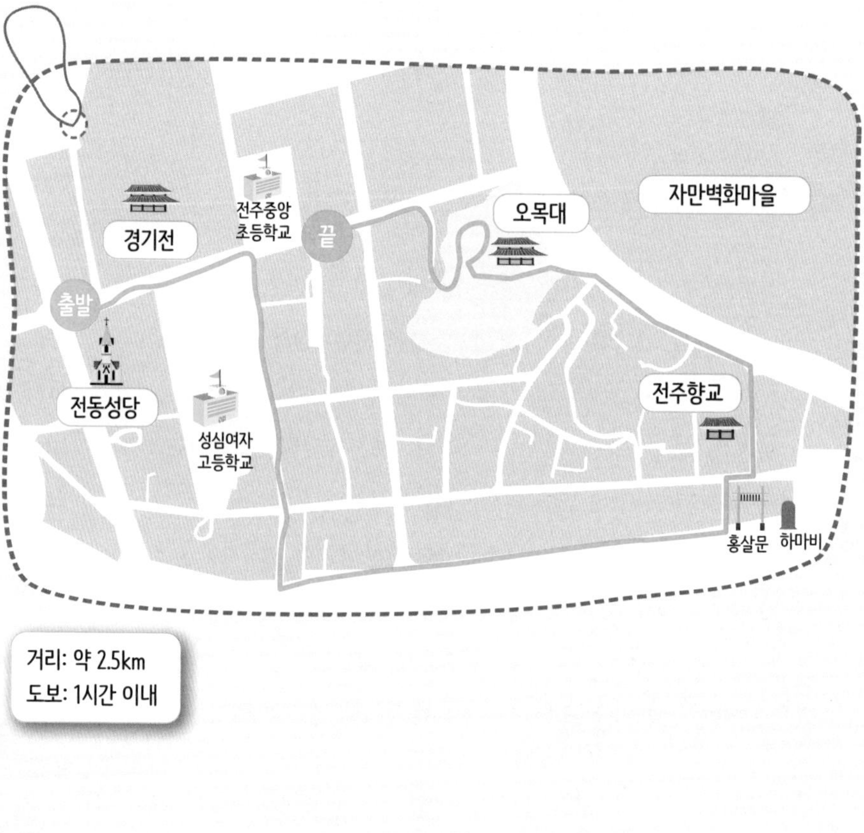

거리: 약 2.5km
도보: 1시간 이내

전주 하면, '한옥마을'이 연상된다. 이미 전주는 여행의 메카 중 한 곳이 되었다. 한복을 빌려 입고 여기저기서 인증사진 찍기에 여념이 없는 젊은이들을 보면 한옥마을에는 전통의상이 제격이라는 생각이 든다. 사람들의 발길은 경기전이나 전동성당에도 이른다. 그러나 전주향교에는 드문드문하다. 아마 한옥마을 외곽에 있어서 그런 것 같다. 전주의 역사와 전통이라는 고풍스러운 멋은 전주향교에서 가장 잘 느낄 수 있을 텐데 말이다.

전주한옥마을 빗돌.

전주한옥마을에는 한옥마을 제1공영주차장 등 유료 주차장이 여러 군데 있다. 또 고속버스터미널과 시외버스터미널에서 전동성당·한옥마을에 오는 시내버스도 부지기수다. 산책의 시작은 태조로 초입의 전동성당이나 경기전에서 하자. 전동성당은 최초의 순교자를 낳은 천주교의 성지이고 경기전은 태조 이성계의 어진을 모신 곳이다.

한국 천주교 최초의 순교자들

서철원 작가의 장편소설 『최후의 만찬』에서 죽음을 목전에 둔 권상연(야고보)의 마지막 말을 들어보자.

> 오래전 동짓달 눈 내리는 날 이 몸은 언약했소. 예배당 안쪽에 낡은 나무 십자가를 걸고 거짓된 허물이 벗겨지길 바랐고, 그로부터

최초의 천주교 순교자 권상연과 윤지충 동상.

진실한 인간이길 바랐소. 참된 인간의 믿음으로 구원받고사 함은 차별 없는 자유의 땅에서 나와 가족을 구원의 길로 안내하려 함이오. 나는 보았으므로, 신의 오른편에 서서 스스로 구원하길 바랐을 뿐이오.

– 서철원, 『최후의 만찬』, 17쪽

윤지충(바오로)도 사헌부 감찰어사 최무영에게 다음과 같이 마지막 말을 했다.

> 욕되게 살고 싶지 않소. 부끄럽지 않게 갈 것이오. 오늘 이 자리가 천주의 본보기가 된다면 그 또한 복음으로 알 것이오. 무겁게 보내주면 돌덩이처럼 가리다.
>
> – 서철원, 『최후의 만찬』, 21쪽

둘은 순교를 선택했고 한국 천주교 최초의 순교자가 되었다. 정조 15년(1791) 12월 18일, 그들의 죄목은 "사교를 버리지 않고 조상숭배를 거부한다"는 거였다. 참수당한 장소는 전주 풍남문 밖 형장인데, 지금 전동성당이 있는 곳이다. 신자였던 윤지충은 어머니가 세상을 떠나자 유언대로 유교식 장례절차를 지키지 않았고 고종사촌 권상연은 부친과 조부의 신주를 불태웠다.

전라도 지역에서 천주신앙이 뿌리내리는 데 큰 역할을 한 인물이 유항검(아우구스티노)이다. 그는 권일신에게 교리를 배우고 이승훈에게 세례를 받았다. 유항검은 가족과 친척, 노비, 그리고 소작인들을 입교시켜 초남마을에 신앙 공동체를 만들었다. 윤지충도 천주신앙의 확산에 큰 역할을 했다. 그는 정약용에게 『천주실의』 등을 빌려 읽고 이승훈에게 세례를 받았다. 윤지충은 정약전·정약용 형제의 외가 쪽 친척이었고 이승훈은 정약용의 매형이었다.

자생적 천주신앙

조선의 천주교는 자생적으로 탄생했다. 이승훈이 북경 천주당에서 예수회 소속 그라몽 신부에게 세례를 받았다. 그가 베드로라는 세례명까지 얻고 귀국하면서 조선 천주신앙은 지식인층과 기층에 널리 확산됐다.

최초의 천주교 순교 장소에 세워진 전동성당.

열정적으로 서학에서 신앙으로 전환한 인물이 정약현의 처남 이벽이었다. 이벽은 이승훈에게 세례를 받았다. 그리고 권일신을 주교로 추대하고 그로 하여금 이승훈, 유항검, 이다원 등을 신부로 서품하도록 해 조선천주교를 조직했다. 조선천주교회의 정당성을 확인하기 위해 윤유일을 밀사로 북경에 파견했지만, 북경교회는 정식으로 신부서품을 받지 못했기 때문에 위법이라는 사목교서(司牧敎書)를 윤유일 편으로 보냈다. 이에 조선천주교회는 평신도회로 다시 돌아가면서 구베아 주교에게 신부 파견을 거듭 요청한다.

조상제례, 우상숭배 vs 유교의 사회적 관습

그런데 구베아의 사목교서에는 신부 문제보다 더 근본적인 내용이 있었다. 조상제례가 교회의 가르침에 반하는 우상숭배이기에 유교식 제사를 금한다는 것이었다. 윤지충, 권상연, 유항검 등은 구베아의 사목교서에 따라 조상의 신주를 불태워 버렸다. 전라도 진산군의 양반 윤지충과 권상연의 진산사건은 이 같은 배경에서 일어난 것이다. 사목교서의 내용과 진산사건을 겪으며 이가환, 이벽, 권일신, 정약전, 정약용 등 양반층 신도들 대부분이 교회를 떠났다. 이들 양반들은 조상제사와 천주교의 우상숭배 금지가 배치되지 않는다고 생각했다. 이때부터 천주교는 아버지도 없고 임금도 없는 무부무군(無父無君) 종교로 매도되어 수많은 사람들의 순교를 예고했다.

중국 선교에 커다란 역할을 한 인물이 예수회의 마테오 리치다. 그는 서양과학 지식과 해박한 중국문화에 대한 이해를 바탕으로 중국의 최고 문인들과 교류하면서 서광계나 이지조 같은 명사를 천주교 신자로 만들었다. 그는 유교적 관점에서 크리스트교의 교리를 재해석한 책인 『천주실의』를 썼다. 유교 지식인들이 중시하는 도덕수양에 대해 천주교의 신앙행위가 유교적 인성함양에 도움이 된다고 설득했다. 그는 유교는 불교나 도교와 달리 종교가 아니라 개인의 덕성이나 사회의 질서와 안녕을 도모하려는 학문으로 이해했다. 그 같은 입장에서 조상숭배 문제에 대해 그는 "자손들과 무지한 사람들에게 살아 계신 부모님께 효도할 것을 가르치기 위해서"라고 했으며, "그들은 돌아가신 분이

신이라고 생각하지 않는다. 따라서 그들에게 무언가를 바라고 구하지 않는다"고 하면서 조상제례를 "우상숭배와는 무관한 것이다"(마테오 리치, 신진호·전미경 옮김, 『마테오 리치 중국 선교사 I』, 148~149쪽)라고 결론내렸다. 즉, 제례의식을 종교의례가 아니라 사회적 관습으로 보았던 것이다. 명말 청초에 예수회의 천주교는 중국문화와 융화되어 중국사회에 뿌리내리고 있었다.

이후 도미니칸회나 프란시스칸회가 중국에 선교사를 보내기 시작했는데 예수회의 아성이 너무나 강했다. 이들이 예수회 내에서 벌어지던 논쟁 중에서 주목한 것이 공자와 조상에 대한 제사문제였다. 두 회는 즉각 중국의례에 타협적인 예수회의 선교방침을 비판하며 우상숭배의 관점에서 교황청이 제례문제에 대해 조치를 취해줄 것을 건의했다. 중국에 대한 이해가 부족했던 교황 클레멘스 11세는 1704년에 예수회의 제례허용을 금지시켰다. 우상숭배로 해석한 것이다. 청의 옹정제는 천주교 포교를 금지하고 선교사를 해외로 추방시켰다. 중국에서 천주교 선교는 지하로 숨어야 했고, 이러한 교황청의 결정이 사목교서로 윤유일을 통해 조선천주교회에 전달된 것이다.

엄숙·경건한 장례미사로 문화적 마찰을 상쇄시킨 보두네 신부

1886년 4월, 조불수호통상조약으로 천주신앙의 자유가 허용되었으나 문화적 마찰은 지속됐다. 1889년 봄, 전주본당이 설립되고 보두네 신부가 부임했다. 본당은 전주지방 신도들의 주체적 의지로 설립된 것이다. 보두네 신부는 문화적 마찰을 완화하기 위해 교리반을 운영하고 문서선교를 펼쳤다. 또한 상조회인 연령회를 조직하여 신분과 빈부에 상관

없이 천주식 장례의식을 장엄하고 정성껏 치르도록 했다. 천주교의 장례미사는 엄숙하고 경건하며 헌신적이다. 제례문제를 상쇄하고도 남는다. 특히나 신분이 낮은 사람들에게는 감동이었을 것이다.

신자가 늘자 전주성당이 비좁았다. 새로운 자리를 물색하다가 뮈텔 주교의 조언으로 지금의 자리에 성당을 짓게 되었다. 성당 건축 당시에는 몰랐는데 나중에 이곳이 1791년 신해박해 때 윤지충과 권상연이, 1801년 신유박해 때 유항검, 윤지헌, 김유산 등이 순교한 터로 밝혀졌다 한다. 보두네 신부가 시작한 성당 건축은 2대 주임 라크루 신부를 거쳐 1931년 6월, 3대 주임 김양홍 신부 때 완공되었다. 성당은 중국인 인부 100여 명이 벽돌을 직접 구워서 쌓은 로마네스크 양식의 건물이며 성전의 주초는 일제의 신작로 신설에 따라 헐려나간 전주성 남문 성벽의 흙과 돌로 쌓았다.

경기전

경기전은 조선왕조의 발상지라는 뜻을 기려 세운 곳이다. 태종 10년(1410) 태조 어진을 봉안하고 진전이라 했는데, 세종 24년(1442) 진전을 경기전으로 바꿨다. 임진왜란 때 불탔지만 광해군 6년(1614)에 다시 세워 지금에 이르고 있다. '경기'란 새 왕조가 일어난 경사스러운[慶] 터[基]라는 뜻이다.

이성계는 함경도 영흥에서 태어났지만 그의 선조들은 전주에서 대대로 살았다. 고조부인 목조 이안사 때 전주를 떠나 삼척과 의주지방 등지로 옮겨 살다가 조부 도조 이춘 때 함흥에 정착했다. 그래서 전주는 이성계에게 고향이 아니라 본향(本鄕)이었다. 보통 전주를 왕조의 발상지라 하여 '풍패지향(豐沛之鄕)'이라 불린다. 풍패는 한나라를 세운 유방의 고향이다. 그래서 풍패는 왕조를 세운 인물의 고향으로 일반명사화되었다. 이와 연관하여 전주성의 남문을 '풍남문', 서문을 '패서문'이라 하였다. 모두 풍(豊) 자와 패(沛) 자를 결부시킨 것이다.

경기전의 구조

정문 앞에 하마비가 있다. 경기전은 왕조의 사당이기 때문에 세웠다. 보통 하마비는 비석만 세워두는 데 반해 경기전 앞 하마비는 암수 사자를 받침돌로 삼아 "여기에 이르렀거든 누구든 말에서 내려라. 잡인은 들어오지 말라(至此 皆下馬 雜人毋得入)"라고 씌어 있다.

정문을 들어서면 홍살문을 마주하며 외신문, 내신문을 통해 정전에 이르도록 되어 있다. 전돌로 길을 내었다. 두 문은 삼문형태로 맞배지붕에 다포양식으로 크기도 크거니와 권위가 잔뜩 들어가 있다. 또 현판 다는 곳에 외신문에는 연꽃 문양을, 내신문에는 卍(만) 자, 亞(아) 자 문양을 달고 있다. 卍 자 문양은 인도와 동아시아 나라들, 그리고 불교나 왕실 등에서 사용하는 최상의 길상문이다. 이 문양은 끊임없이 회전하는 형상으로 우주와 태양계의 운동을 나타낸다.

태조의 어진을 모신 경기전의 정전.

정전 지붕 앞면의 거북 두 마리. 화재예방의 상징이다.

정전은 정자각(丁字閣) 형식에 좌우에 익랑(翼廊), 동서로 월랑(月廊, 보통 회랑)으로 구성되어 있다. 가운데 감실에 태조의 어진이 있고 정자각 앞면에 암수 거북 한 쌍이 있으며, 어도 좌우에 드므가 각 세 개씩 놓여 있다. 모두 화재를 예방하고자 하는 상징이다.

태조 어진

정전의 어진은 모사본이고 진본은 정전 뒤편 어진박물관에 있다. 진본도 모사본이다. 고종 9년(1872)에 조선 초 태조 어진이 너무 낡아 물에 씻어 불태워 재를 백자항아리에 담아, 경기전 북쪽에 묻고 새로 모사하여 경기전에 봉안했다. 고종 때 모사한 태조 어진은 국보 제317호다. 태조 어진은 26점이나 된다고 알려졌지만 이것 한 점만 남았다. 더군다나 조선왕조의 그 많던 어진들도 전란으로 모두 사라지고 지금 태조, 영조, 철종 어진들만 보존되어 있다. 고종과 순종의 어진은 사진을 보고 그렸고 다른 어진들은 모두 표준영정으로 그린 것이다. 어진은 비록 모사본이지만 뒤편 어진박물관에서 감상할 수 있다.

태조의 어진.

태조 어진 모사본도 정성을 들여 그린 작품이다. 베끼는 작업이지만 최고의 도화서 화원이 무려 여덟 명이 참여했다. 실력으로 둘째가라면 서러울 화원들이, 그것도 한 달이나 매달렸다. 태조는 푸른색 곤룡포에 익선관을 쓰고 정면을 응시하고 있다. 태조 어진에 대한 설명은 손철주 작가의 평으로 대신한다.

> 이 초상은 좌우가 대칭에 가깝다. 잘 다듬은 수염과 구레나룻에다 이목구비가 그렇고, 주변을 둘러싼 장식도 사방연속무늬다. 짝이 착착 맞아 돌아가는 통합의 이미지가 보인다. 또 하나, 화면을 채운 형상은 용(龍)이다. 곤룡포의 앞과 뒤, 어깨에 새겨진 금색의 용은 발톱이 다섯 개로 지존의 권위를 자랑한다. 용상에 일일이 새긴 용들은 용틀임한다. 채색 깔개의 연속무늬도 용을 단순화한 도안인데, 그 속뜻은 염원의 지속이다. – 손철주, 『사람 보는 눈』, 135쪽

어진작업에 참여한 화원들은 일생일대의 영광이었다. 그리고 대가가 따랐다. 수령으로 제수되기도 했고 말을 선물받기도 했다. 정자각 앞쪽에 서서 내신문과 외신문 방향을 바라보면 원근이 만들어 내는 깊이감을 느낄 수 있다. 내신문 오른편 쪽문으로 나가면 예종대왕태실 및 비, 그리고 전주사고가 있다.

전주사고

임진왜란 전, 전주사고는 한양 춘추관사고, 충주사고, 성주사고와 함께 조선 전기 4대 사고로 『조선왕조실록』 중 태조 대부터 명종 대까지의 실록, 그리고 『고려사』와 『고려사절요』 등 국가 서적들이 보관되어 있었다.

그런데 왜란으로 전주사고를 제외하고 나머지 사고들이 불길에 휩싸였다. 왜군이 쳐들어오기 전에 경기전 참봉 오희길, 태인의 선비 손홍록 등이 태조 어진과 실록을 정읍 내장산으로 옮겼다가 평안도 모향산 보현사로 또다시 옮겼다. 왜란이 끝나고 전주사고본을 저본으로 삼

아 서적을 간행하여 한양 춘추관사고, 강화도 정족산사고, 평창 오대산사고, 봉화 태백산사고, 무주 적상산사고에 봉안했다. 전주사고본은 정족산사고에 있다가 현재 서울대 규장각에 소장되어 있다. 전주사고는 1991년에 '실록각(實錄閣)'이라는 이름으로 복원되었으나 안은 비어 있다. 전주사고본이 보존되었기에 세계기록문화유산이 될 수 있었다.

전주사고를 나와 뒤로 돌아가면 조경묘가 있다. 이곳은 전주 이씨의 시조인 이한과 시조비 경주 김씨의 위패를 모시고 제사 지내는 조선 왕실의 시조 사당이지만 개방하지 않는다. 앞쪽으로 계속 가면 어진박물관이 있고 박물관 앞으로는 경기전의 부속건물들이 있다.

전주향교 가는 길

경기전에서 나와 오른쪽 태조로를 따라 걷다가 첫 사거리에서 오른쪽으로 돌면 경기전길이다. 이 길을 따라 성심여자중·고등학교를 지나가면 향교길과 만난다. 왼쪽으로 꺾어 향교길로 들지 말고 약 90m만 더 가면 전주천 동로길과 마주친다. 전주천을 오른편에 두고 걸을 만하다. 가

전주한옥마을 토담길.

을날에는 억새가 장관이다. 전주천 산책길로 내려 걸어도 좋다. 전주천 동로길 따라 520m 정도 걸으면 향교의 홍살문과 하마비를 만난다. 향교답사는 이곳부터 해야 한다.

향교의 입학생

향교는 고려시대부터 운영되어 오던 지방의 중등교육 기관이었다. 전주향교는 고려 공민왕 3년(1354)에 설립된 것으로 알려져 있다. 조선시대에는 부·목·군·현에 하나씩 설립됐고 수령의 지휘와 감독을 받도록 했다. 오늘날 중·고등학교가 당시 한양의 4부학당이라면 지방에서는 향교였다. 향교는 보통 서원과 많이 비교되는데 서원이 사립학교라면 향교는 공립학교다. 서원의 학생이 양반층의 자제로 제한되었다면 향교는 평민들도 입학이 가능했다. 지방민의 교화도 향교의 중요한 목적이므로 평민들을 학생으로 받아들인 것이다.

하마비와 홍살문은 서원이나 향교, 성균관에도 반드시 있었다. 공자 등 성현에게 제사 지내고 그 학문을 받드는 곳이니 존경을 표하라는 뜻이다. 앞쪽으로 전주향교의 정문인 만화루가 나온다. 외삼문은 보통 삼문형태이나 전주향교 만화루처럼 누(樓)를 세워 외삼문을 겸하기도 한다. 만화는 만물[萬]을 교화한다[和]는 뜻이다. 내삼문인 일월문(日月門)을 들어서니 대성전 영역이다. 전주향교도 서원처럼 강학공간과 제향공간으로 구분된다. 평지에 향교가 건축될 경우 제향공간을 앞쪽에, 강학공간을 뒤쪽에 둔다. 이를 전묘후학(前廟後學)이라 한다.

대성전 영역(제향공간)

대성전. 공자 등 유교 현인에게 제사 지내는 사당.

대성전은 맞배지붕에 정면 세 칸 측면 세 칸으로 권위가 느껴지면서도 아담하다. 이 사당은 효종 4년(1653)에 다시 세우고 대한제국 융희 원년(1907)에 고쳐 세웠다 한다. 대성전은 학문을 크게[大] 이룬[成] 분들을 모시는 건물[殿]이라는 말이다.

대성전 안 중앙에 공자의 위패와 영정이 있다.

대성전은 좀처럼 안으로 들어가서 볼 수 없는데 웬일로 문이 열려 있다. 중앙에 공자의 영정과 '대성지성문선왕(大成至聖文宣王)'이라 쓴 위패가 있다. '크게 이룩하고 지극히 성스럽게 학문을 떨친 왕'이라고 공자를 표현했다. 좌우 위패에는 박세채, 송시열, 조헌 등의 이름이 있다. 대성전에는 공자의 위패를 가운데 모시고, 동서쪽에는 안자·증자·자사·맹자 등 네 성인, 공자의 열 제자, 주자 등등 중국의 성인들을 모셨다.

대성전 좌우측에 동무와 서무가 있다. 정면 아홉 칸에 측면 두 칸으로 향교 중에는 꽤 긴 편이다. 이곳에는 중국 7현과 우리나라 유학자 동방 18현을 배향했다. 그런데 지금은 비어 있다. 1949년 전국유림대회에서 동방 18현을 동·서무에 모시는 것을 사대사상이라 하여 18현의 위패도 모두 대성전으로 옮겼다. 전주향교는 대설위(大設位)다. 대설위는 위패를 가장 많이 모신 곳이라는 뜻으로 감영에 있는 향교가 이에 해당된다. 전주향교는 전라감영 소속이었다.

향교에서는 매년 봄·가을에 석전대제를 지낸다. 석(釋)은 베풀다는 말이고 전(奠)은 제사를 지낸다는 뜻이다. 석전대제는 공자를 비롯한 유학의 성인들에게 제사를 올리는 의례다.

동무와 서무 앞에 수령이 꽤 오래됨 직한 은행나무가 있다. 향교의 상징인 은행나무다. 공자가 은행나무 그늘에서 제자들에게 학문을 강의하곤 했는데, 그것과 연관된다. 또 은행나무에 벌레가 없듯이 유생들도 건전하고 바르게 학문에 임하라는 뜻이 담겨 있다.

명륜당 영역(강학공간)

대성전 뒤편 왼쪽에 명륜당으로 들어가는 작은 문이 있다. 명륜당은 밝을 '명(明)'에 인륜 '륜(倫)' 그리고 집 '당(堂)' 자를 쓴다. 유교의 인륜을

전주향교 명륜당.

밝히는 공부를 하는 강의실이라는 뜻이다. 맹자의 「등문공편」에 "학교를 세워 교육을 행함은 모두 인륜을 밝히는 것이다"라는 말에서 유래했다. 교사는 정6품 교수 한 명과 종9품 훈도가 있었으며 4서 5경 등을 가르쳤다. 일반적으로 중앙은 마루, 양옆은 온돌방으로 만들었는데, 마루는 강의실이고 온돌방은 교사들이 머무는 곳이다. 전주향교의 명륜당 건물이 특이하다. 팔작지붕 같기도 한데 맞배지붕에 옆으로 지붕을 덧대어 만든 정면 다섯 칸 측면 세 칸 건물이다. 단청이 없는 정면의 살문이 고풍스러움을 더한다. 선조 36년(1603)에 건축된 우리나라에서 가장 오래된 명륜당이다.

양옆에는 동재와 서재가 있는데, 이곳이 유생들의 기숙사다. 동재는 양반층의 자제가, 서재는 평민층의 자제가 머물렀고 학생은 90명 정도 되었다. 학생들의 인원이 매우 많은데 감영 소속 향교이기 때문이다. 향교에서 공부하는 학생을 교생이라 한다. 평민들의 입학열이 높았던 곳이 향교였다. 평민이 교생의 신분을 얻으면 군역에서 면제되고 과거시험의 기회가 주어졌기 때문이다. 즉, 평민교생에게 향교는 군역을 면제받고 신분상승의 기회로 여긴 곳이다. 이곳에도 수령이 400년이 넘는 은행나무 두 그루가 있다.

장판각과 계성사

명륜당 왼편에 장판각이 있다. 장판각은 서적을 펴내기 위해 활자판[版]을 보관하는[藏] 건물이다. 설명에 따르면 전국 향교 중에서 전주향교만이 유일하게 인쇄 원문구조의 목판본을 보유하고 있었다고 한다. 이 목판본은 현재 전주대박물관에 있다. 이처럼 향교는 교생들에게 필요한 책을 직접 인쇄하여 보급하는 출판사 기능도 했다.

왼편 담장 너머에 계성사가 있다. 계성이란 성인[聖]을 낳다[啓 인도하다]는 뜻으로 공자·안자·증자·자사·맹자의 부친 위패를 모신 곳이다. 유생들에게 '효'를 강조하기 위해 계성사를 두었다. 또 왼쪽 담장 밖으로 교직사가 있다. 교직사는 향교[校]를 지키는[直] 집[舍]이라는 뜻으로 향교의 살림살이를 맡아보던 관리인(당시에는 향교에 소속된 노비 부부)이 머물던 곳이다.

공자 등 유교 성인의 부친 위패를 모신 계성사.

사마재

교직사 위로 올라가면 사마재가 나온다. 이곳은 과거시험 중 소과인 사마시(司馬試)에 합격한 사람들이 대과를 준비하던 곳이다. 사마시는 생원과와 진사과가 있는데 이에 합격하면 한양에 있는 성균관에 입학할 수 있었다. 그런데 현실적으로 성균관까지 갈 수 없었던 지방의 유생들을 위한 상급의 교육기관이 사마재였고 전주향교에서 볼 수 있다.

오목대와 자만·옥류벽화마을

시간적 여유가 있다면 오목대까지 가보자. 오목대에서 보는 전주한옥

담벼락의 연날리기 조각. 동심을 자극한다.

마을의 전경은 전주여행에서 놓칠 수 없는 즐거움이다. 전주한옥마을이 한눈에 들어온다. 전주향교 만화루로 나와 왼쪽으로 가다 향교 담벼락을 끼고 올라가면 기린대로를 만난다. 이 골목길 어느 집 담벼락에 동심을 자극하는 연날리기 모습이 조각되어 있다. 대로를 따라 오목육교 방향으로 올라가면 오목대에 도착한다. 도보로 10분 이내다.

오목대(梧木臺)는 태조 이성계가 고려 우왕 6년(1380) 남원 운봉에서 왜구를 토벌하고(황산대첩) 귀경길에 전주에 들러 일가친지를 불러모아 잔치를 베푼 곳이다. 이곳에 광무 4년(1900) 고종이 세운 태조고황제주필유지비와 비각이 있다. 주필(駐蹕)이란 임금이 잠시 머문 곳을 말한다. 당시에는 임금이 아니었는데, 너무 손이 안으로 굽었다. 젊은 사람들의 발길은 자만·옥류벽화마을로 향한다. 벽화마을은 오목대 앞 오목육교

오목대. 이성계가 황산대첩 직후 이곳에서 일가친척을 모아 잔치를 베풀었다 한다.

오목대 언덕 계단에서 바라본 전경. 저 멀리 전동성당이 보인다.

를 통해 건너간다. 담장이나 집벽에 '과거와 현대의 콜라보', '달 동네 노는 언니' 등이 있지만 발걸음이 '견우와 직녀-오늘'과 '소중한 날의 꿈'에 머물렀다. 오목대 바로 옆 데크계단으로 내려가 왼쪽으로 따라가면 데크전망대가 나온다. 이곳에서 내려다보면 한옥마을 기와지붕들이 장관이다. 계단을 내려와 왼쪽 태조로로 450m 정도 걸어가면 전주한옥마을 산책길의 시작인 전동성당이다.

참고문헌

전주박물관 엮음, 『꽃심을 지닌 땅 전주 I·역사문화 편』(북코리아, 2015)
전주박물관 엮음, 『꽃심을 지닌 땅 전주 II·문화유산 편』(북코리아, 2016)
김호일, 『한국의 향교』(대원사, 2000)
손철주, 『사람 보는 눈』(현암사, 2014)
손철주, 『그림 아는 만큼 보인다』(오픈하우스, 2014)
유홍준, 『유홍준의 한국미술사강의 3』(눌와, 2013)
한국문화유산답사회 엮음, 『답사여행의 길잡이 13·가야산과 덕유산』(돌베개, 2000)
마테오 리치, 신진호·전미경 옮김, 『마테오 리치 중국 선교사 I·II』(지식을만드는지식, 2013)
서철원, 『최후의 만찬』(다산책방, 2019)

태조부터 세도정권까지 조선 역사를 훑는

동구릉 왕릉길

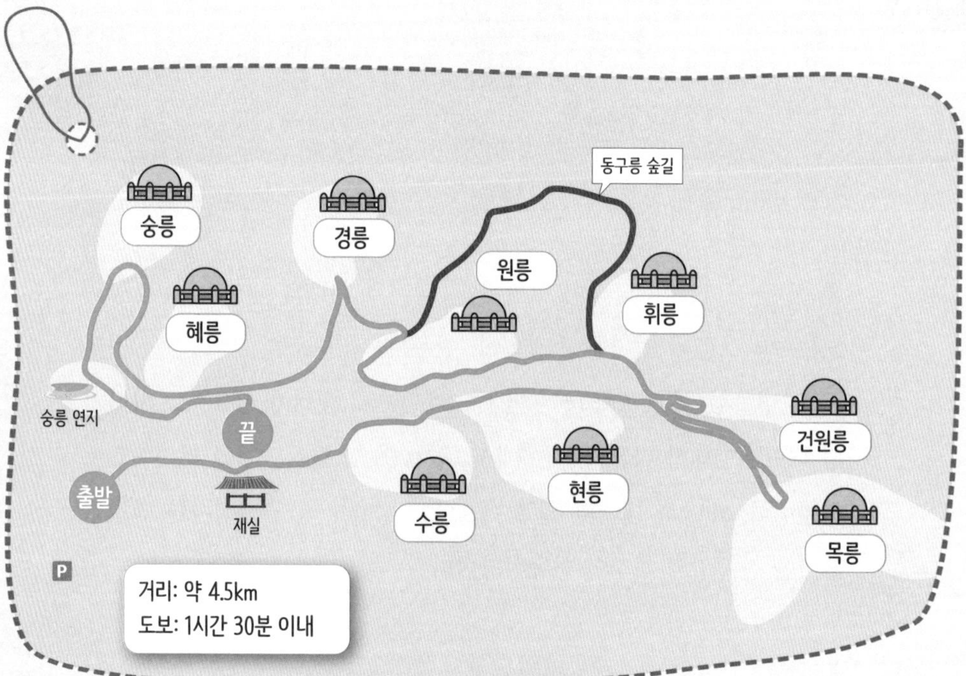

조선왕실의 정궁 경복궁을 기준으로 동쪽에 9기의 왕릉이 있다고 하여 동구릉이라 불린다. 아마 이 이름은 1855년(철종 6) 문조(효명세자)의 능을 경기 양주 용마봉에서 이곳으로 모시고 나서 붙인 이름일 것이다. 능호는 9개지만 왕과 왕비 등 17위를 모셨다. 동구릉이 태조 이성계의 능터로 정해지면서 이후 8개의 능침이 새로 들어섰다.

이야기에 따르면 두 차례 왕자의 난을 겪은 이성계가 풍수지리에 밝은 무학 대사와 함께 묏자리로 잡아둔 곳이라 한다. 태조 승하 직후 태종은 하륜, 김인귀 등 풍수에 능한 대신들에게 능터를 잡게 했는데, 검단산 아래 무학 대사가 점지해 둔 이곳이었다 한다. 풍수를 몰라도 천하의 명당이라 느껴진다.

주차장 정문 오른편에 '조선태조고황제 시비'가 있다.

> 손 당겨 담쟁이덩굴 끌어 잡고 푸른 봉우리에 오르니 / 한 암자가 흰 구름 속에 높이 누워 있네 / 만약에 눈에 보이는 경계를 나의 영토로 만든다면 / 초나라 월나라 강남인들 어찌 마다하겠는가
>
> – 백운봉에 올라(시비 원문 참조)

언제 썼는지는 모르겠으나 대단한 포부가 느껴진다.

정문을 들어서니 숲길이 펼쳐진다. 재실 앞 공터에 도착했다. 동구릉은 규모가 큰 만큼 재실도 넓다. 재실은 령(종5품) 또는 참봉(종9품)이 능을 수호하고 관리하며 제향을 준비하기 위해 머무르는 공간이다.

수릉

수릉으로 들어가는 입구에 느티나무가 멋스럽다. 키 큰 나무들 사이 흙길을 걸으니 산책할 맛이 난다. 동구릉 산책길은 거의 흙길이다.

처음으로 마주치는 능이 추존 문조(익종, 효명세자)와 신정왕후 조씨를 모신 수릉이다. 합장릉이기 때문에 장명등석이나 혼유석 등이 하나만 존재한다. 혼유석은 상석과 무덤 사이에 놓는 돌로, 이곳에서 혼령이 자신의 제례를 지켜본다고 한다. 봉분 안에 시신을 안치하거나 쌍릉의 경우 우상좌하(右上左下)의 왕릉풍수 법도에 따라 보는 방향에서 왕을 왼쪽에, 왕후를 오른쪽에 모신다. 하지만 수릉은 반대로 되어 있다. 세상을 떠날 때 신분의 차이(왕세자와 대왕대비) 때문일 거라 한다.

문조는 23대 순조의 세자로 당시 대리청정하면서 안동 김씨 세도정권에 맞서다가 스물두 해의 짧은 삶을 마감한 효명세자다. 그가 대리청정할 때 세도정권의 부정부패와 양극화가 극에 달했다. 세도정권은 순조, 헌종, 철종 3대 60여 년간 계속되었다. 신정왕후 조씨는 조만영의 딸로 세자빈이 되어 헌종을 낳은 인물이다. 순조는 안동 김씨 대항마로 효명세자에게 풍양 조씨를 붙여줬다. 그러나 조만영도 세도정권의 또 다른 한 축이 되었다.

재실에서 수릉으로 가는 참나무숲길.

신정왕후 조씨는 남편이 요절하면서 시어머니 순원왕후(순조의 왕비로

왕릉 숲길 옆으로 문조와 신정왕후를 모신 수릉이 보인다.

안동 김씨)의 그늘 속에서 숨죽이며 지내야 했다. 아들 헌종이 8세에 임금이 됐지만 왕실의 최고 어른인 할머니 순원대비의 말에 따라야 했다. 헌종은 즉위하자마자 아버지 효명을 익종(후에 문조)으로 추존했다. 할머니 순원왕후 김씨는 대왕대비, 어머니 신정왕후 조씨는 왕대비가 되었다. 1841년(헌종 7년), 헌종의 나이 15세가 되자 대왕대비 순원왕후의 수렴청정이 끝났다. 그러나 그 권력을 어머니 조대비가 휘두르면서 풍양 조씨 세상이 되었다.

헌종도 23세로 자식 없이 요절하자, 안동 김씨 가문(순원왕대비)과 풍양 조씨 가문(조대비)이 기민하게 움직였지만 안동 김씨가 빨랐다. 강화도에서 농사꾼으로 살고 있던 이원범을 임금으로 앉힌 것이다. 그가 철종이며 다시 안동 김씨 세상이 돌아왔다. 철종도 안동 김씨의 꼭두각시로 있다가 재위 14년 반 만에 자식 없이 죽었다. 조대비에게 기회가 다시 왔다.

이때 흥선대원군이 조대비에게 접근했다. 조대비는 안동 김씨를 몰아내기 위해 흥선대원군의 책략에 따라 그의 둘째 아들 이명복(고종)을 차기 임금으로 지명했다. 이명복을 익종(문조)과 조대비의 양자로 삼아 왕위를 잇게 한 것이다. 고종 초, 조대비가 수렴청정하다가 아예 흥선대원군에게 협찬이라는 직함을 만들어 정치를 맡겼다. 이렇게 해서 조대비는 흥선대원군의 손을 빌려 안동 김씨 세도정권을 끝장냈다. 흥선대원군은 경복궁을 중건하면서 자경전을 새로 지어 조대비가 머물도록 했다. 1890년(고종 27) 83세로 승하하자 수릉에 합장되었다.

현릉

여전히 참나무가 많은 숲길이다. 우리는 현릉으로 가고 있는 중이다. 현릉은 세조의 광릉에 이어 두 번째로 조성된 동원이강릉이다. 왕과 왕비의 능을 좌우 언덕에 각각 모시고, 능 아래 가운데 정자각을 하나 세우는 형식이다. 왼쪽이 문종, 오른쪽이 현덕왕후 권씨의 능이다. 문종릉에 비해 현덕왕후릉의 언덕이 약간 낮다. 중종 때 세조에 의해 경기 시흥 쪽에 버려진 현덕왕후 권씨의 시신을 수습하여 문종 왕릉 좌측에 모셨다. 현덕왕후 사후 무려 73년 만에 이루어진 만남이다. 지형적 조건 때문인지 참배로도 두 번 크게 꺾여 있다. 수라간, 수복방, 정자각, 비각 등 왕릉의 필수 구조물들도 모두 복원되어 있다.

5대 문종은 세종의 맏아들이다. 1450년 2월에 세종의 뒤를 이어 37세에 왕위에 오르지만, 병약한 탓으로 2년 3개월 만에 마흔도 넘기지 못하고 눈을 감았다. 세종 즉위 3년, 그의 나이 8세 때 왕세자로 책봉됐고 임금이 되기 전 8년 동안 세종을 대신해 정사를 살폈다. 세자시절부

조선 5대 문종과 현덕왕후를 모신 조선왕조의 두 번째 동원이강릉.

터 성품이 인자하고 효성이 깊어 세종의 뒤를 이어 문화를 꽃피울 수 있으리라 기대를 모았다. 그는 무려 29년 동안 세자로 있으면서 아버지 세종의 정치를 익히고 실천했다. 하지만 건강이 받쳐주지 못했다.

이 기회를 바로 아래 동생인 수양이 측근들을 키우면서 노렸다. 걱정이 컸던 문종은 집현전 학사 성삼문, 박팽년, 정인지, 신숙주 등 여러 신하에게 어린 동궁(단종)을 잘 보필해 줄 것을 당부하고 당부했다. 또 황보인을 영의정에, 김종서를 좌의정에 앉혀 안정된 동궁체제를 만들려 했다. 그러나 계유정난으로 모든 것이 물거품이 되어버렸다.

문종은 자식 복도 없었다. 세 번째 부인 현덕왕후 권씨에게서 단종과 경혜공주를 얻었고, 사칙 양씨에게서 경숙옹주를 낳았다. 현덕왕후 권씨는 세자빈 시절 단종을 낳고 사흘 만에 죽었다. 수양대군이 왕위를 찬탈하자 원혼이 되어 수양대군(세조)에게 피부병을 퍼붓고 의경세자(세조의 맏아들)를 20세에 데려갔다는 이야기가 전한다. 본래 현릉은 합장릉이었으나 현덕왕후의 친족이 단종복위사건과 관련 있다 하여 현릉을 파헤쳐 세조는 형수의 유골을 물가에 매장했다. 중종 때 다시 지금의 현릉 동쪽에 새로 만들었다.

목릉

현릉에서 목릉과 건원릉으로 가는 산책길에 마음이 더 간다. 참나무들을 밀어내고 소나무들이 길 양쪽에서 반겨주고 있다. 소나무길이 끝나는 지점 오른편으로 오솔길이 있다. 목릉으로 가는 길인데 동구릉 숲길 중에서 가장 좋아한다. 그런데 이내 끝나 아쉬움만 가득한 길이다. 건원릉을 옆에 두고 목릉으로 길을 잡았다. 이 길은 완만한 언덕이라서 목릉영역을 천천히 보여준다.

목릉은 세 능선에 선조(왼쪽), 의인왕후(가운데), 인목왕후(오른쪽)를 모신 변형된 동원이강릉 형식이다. 선조릉까지는 향로와 어로로 이어지고 의인왕후릉과 인목왕후릉은 구별 없이 한길로 내었다. 정자각은 선조릉 앞에 두었는데 특이하게 다포형식(지붕을 받치는 공포가 기둥 사이에도 존

목릉 가는 오솔길.

목릉은 세 언덕에 각각 선조릉, 의인왕후릉, 인목왕후릉을 모신 변형된 동원이강릉 형식이다.

재하는 형식)이다. 조선왕릉 중에서 유일하기 때문에 보물로 지정되어 있다. 정자각 오른쪽 뒤편의 작은 돌판은 산신석이다. 산신석도 목릉부터 왕릉의 필수 구조물로 추가됐다.

제왕감이 아닌 선조

14대 선조는 우유부단했고 의심도 많았다. 제왕수업을 받은 적 없으니 자기 성격 그대로 임금 노릇을 했다. 선조는 중종의 아홉 아들 중 막내인 덕흥대원군의 셋째 아들이다. 선왕인 명종의 아들 순회세자가 일찍 죽어 그에게 기회가 왔다. 그는 후궁 소생으로 명종의 양자가 되어 16세에 왕위에 올랐다. 재위기간 중 정치세력이 동인과 서인으로 나뉘어 정권다툼을 했다. 바람 잘 날이 없었다. 그러던 중 임진왜란이 일어났다. 직전에 일본의 정세를 알아보려고 서인 황윤길과 동인 김성일을 일본에 파견했고 전쟁이 없을 거라던 김성일의 보고를 선택했다.

신립의 조선군이 탄금대에서 맥없이 무너지자, 선조는 한양을 버리고 의주로 도망쳤다. 여차하면 압록강을 건너 명나라로 망명할 작정이었다. 유성룡 등의 반대로 무산되자 유성룡을 원망하는 마음이 그득했다. 유성룡이 영의정 겸 도체찰사로 일본군을 몰아내기 위해 고군분투하고 있을 때 그를 파직시켰다. 명나라군, 의병들, 이순신의 수군 등의 활약으로 전세가 역전됐다고 판단했다. 선조는 이순신에 대해서도 의심했다.

선조는 후비로 의인왕후 박씨, 후궁 공빈 김씨 외에도 후궁이 다섯 명이나 된다. 공빈 김씨의 둘째 아들이 광해군이며 왜란 중 세자로 책봉됐다. 1602년(선조 35) 51세로 선조는 19세의 인목왕후 김씨를 새롭게 왕비로 맞이했다. 32세 연하다. 그리고 인목왕후가 영창대군을 낳았다. 선조는 영창대군을 세자로 삼기를 원했고, 북인 중 일부에게 그런 뜻을 알렸다. 북인 중 영창대군을 지지하는 세력이 소북파를 형성했고, 광해군을 지지하는 사람들이 대북파가 되었다. 광해군 때 영창대군이 귀양지에서 살해당했고, 인목대비는 12년간 서궁(현 덕수궁)에 유폐됐다. 이외에도 선조는 여러 후궁에게서 아들을 여럿 두었다. 이는 나중에 인조반정의 빌미가 된다. 1608년 선조는 경운궁에서 57세로 세상을 떠난다.

건원릉

왔던 길을 되돌아 나오면 오른편에 잘 가꾸어진 왕릉이 보인다. 동구릉의 주요 능인 건원릉이다. 조선왕릉 중 태조의 능 이름만 세 글자다. 개국시조에 대한 예우다. 건(健)은 하늘의 도, 원(元)은 으뜸이라는 말로 나라와 도읍을 처음 세웠다는 뜻이다.

건원릉은 동구릉 중에서 가장 높은 곳에 있다. 태종 때 명나라 사신이 건원릉의 지세를 보고 "어찌 이와 같은 하늘이 만든 땅이 있는가?

건원릉 능역.

필시 인공으로 만든 산"(이우상, 『조선왕릉 잠들지 못하는 역사 1』, 18쪽 재인용)이라고 감탄할 정도로 풍수가 좋은 곳이다.

돌다리인 금천교를 지나 홍살문부터 능침까지 일직선으로 뻗었다. 참배로 오른편에 판위가 있고 향로와 어로 좌우에도 박석길이 좁게 있다. 제향 때 신하들이 걸어가는 길이다. 오른편에 수복방, 왼편에 수라간이 자리하고, 가운데 우람하면서도 단아한 품새를 보이는 정자각이 있다. 이 건물도 보물로 지정되어 있다. 정자각 오른편 뒤에 비각이 있다. 비각 안에 묘비는 물론 신도비도 있다. 신도비는 태조의 업적을 기려 세운 비석으로 태조 승하 이듬해에 세웠다. 이 또한 보물이다.

잔디 언덕 위에 능침공간이 보인다. 다른 왕릉의 봉분에는 잔디를 입혔지만 건원릉은 억새풀을 덮었다. 억새에 대한 사연은 두 가지 설이 있다. 고향을 그리워한 태조의 유언에 따라 함경도 함흥에서 옮겨와 심었다는 설과 함흥에 묻어달라는 태조의 유언을 무시하고 태종이 이곳에 모시면서 고향의 억새풀로 덮게 했다는 설이 있다. 태종의 입장에서는 개국시조를 왕궁에서 멀리 떨어진 곳에 모실 수 없었기 때문이라 설명한다. 그러나 『인조실록』에 따르면 태조의 유언에 따라 억새로 덮었

잔디를 입힌 다른 왕릉의 봉분과 달리 건원릉의 봉분에는 함경도 함흥의 억새를 입혔다.

다는 기록이 있다. 태조는 태종의 방해로 그토록 아끼던 신덕왕후 강씨와도 함께 묻히지 못했다. 건원릉은 단릉이다.

고려 무인 이성계

1392년 7월 17일, 이성계가 태조가 되던 순간이다. 그는 474년 고려왕조를 끝내고 조선왕조를 열었다. 그는 겉으로는 인자한 척했지만 실제로는 왕씨들을 몰살한 잔혹한 인물이다. 권력은 냉혐하다. 만약을 위해 확실히 해둬야 한다. 간신히 살아남은 왕씨들은 전(全)이나 전(田)으로 성을 바꿨다. 그들이 이성계를 피해 흩어져 숨은 것처럼 성씨에도 왕(王) 자를 숨겨 간직하고자 했다.

이성계는 충숙왕 4년(1335) 함경도 영흥 흑석리에서 태어났다. 이곳은 할아버지 이안사가 정착하며 원나라의 지원으로 관직 오동천호소의 수천호 겸 다루가치로 다스리던 곳이다. 이성계는 원나라 태생이다. 아버지 이자춘이 이성계와 함께 공민왕의 영토수복전쟁에 참여하면서 쌍성총관부 회복에 공을 세웠다. 이때부터 이성계는 고려인이 되었다.

부친이 사망하자 이성계는 박의의 반란을 진압하고 선두에서 홍건적의 침입을 막아냈다. 또 원나라 장수 나하추의 침략을 격퇴하면서 고

건원릉의 문석인. 신진사대부처럼 총명해 보인다.

건원릉의 무석인. 신흥무인세력처럼 강직해 보인다.

려 무장으로 이름을 떨치기 시작했다. 모두 공민왕 때의 일이다. 우왕 때에는 백마 탄 소년 장수 아지발도가 이끈 왜구를 전라도 운봉에서 크게 이겨 고려 백성들에게 이름을 떨쳤다. 별 볼 일 없는 고려군 중에서 이성계의 사병은 최강이었다. 그의 사병은 기마병 위주의 여진족, 몽골족 등으로 구성된 혼성부대였다.

역성혁명

그가 언제부터 역성혁명을 꿈꾸었는지는 확실하지 않다. 농민 출신 주원장이 명나라를 세운 것을 보고 꿈을 꾸었는지도 모를 일이다. 홍건적과 왜구의 침입에 속수무책 당하던 고려군을 보면서 고려왕조가 맥없이 무너지고 있다고 느꼈을 것이다. 역성혁명이 가시화되기 시작한 때가 정도전과의 만남일 것이다. 운봉전투 3년 후 이성계는 함흥의 함주 막사에서 정도전을 만난다. 동북면지휘사 이성계의 군세를 보고 정도전은 "이런 군대라면 무슨 일인들 못 하겠습니까?"라고 넌지시 던졌다. 이성계가 놀라는 척하며 "무엇을 이름인가?"라고 묻자 정도전은 왜구를 무찌를 수 있다고 둘러댔다. 하지만 그 말의 의미에 대해서는 이심전심(以心傳心)이었다. 이후 정도전은 한고조 유방이 한나라를 세울 때 장량이 했던 것처럼 조선 개국에 최고의 두뇌역할을 했다. 취중에 정도전도 자신을 장량이라고 언급했다.

당시 이인임이 10세 우(禑)를 왕위에 앉히며 권력을 장악했다. 염흥방·임견미와 함께 친원파였다. 그리고 이들은 소수에 불과했지만 엄청나게 넓은 농장을 소유한 초기득권자들이었다. 그들이 권력과 부를 손에 쥐고 있어 권문세족이라 불린다. 성인이 된 우가 최영에게 이들의 권력을 제거하라 명령했다. 최영도 권문세족 출신이지만 이들과 결이 달랐다. 국익을 우선했던 강직한 인물이다. 최영은 이성계 등 신흥무인세력과 이색·정몽주 등 신진사대부의 힘을 모아 이인임 일당을 제거했다.

이때 명나라가 철령위 설치를 알려왔다. 공민왕이 무력으로 되찾은 쌍성총관부 지역(철령위)을 요구한 것이다. 우왕과 최영이 반발했다. 우리땅 요동을 되찾겠다고 요동정벌로 맞불을 놓았다. 최영은 친명도 친원도 아니었다. 이에 반해 이성계 등 신흥무인세력과 신진사대부는 친명파였다. 최영이 서경(평양)에서 지휘하고 이성계와 조민수를 좌우도통사로 삼아 4만 명에 이르는 군사를 파견했다. 이성계는 "작은 나라로서 큰 나라를 거역해서는 안 된다"는 등 4가지 이유를 들어 반대했지만 결국 출동해야 했다. 이성계는 반원을 내걸고 고려인이 되었기 때문에 요동정벌에 대해 회의적이었다. 결국 위화도에서 군대를 돌렸다. 위화도

회군 결정에는 남은·정도전 등 혁명파 사대부들이 영향을 미쳤다. 이들은 은밀히 새 왕조 개창에 시동을 건 것이다. 우왕은 폐위되고 최영은 참형을 당했다.

차기 임금으로 온건파 신진사대부의 대부 격인 이색이 조민수를 끌어들여 우왕의 아들 창왕을 앉혔다. 신왕조 개창만은 막아보려는 수였다. 이성계와 혁명파 신진사대부는 창왕 즉위를 반대하는 입장이었다. 정국이 요동쳤다. 이 상황을 백성들은 어떻게 바라보고 있었을까? 임금이 폐위되고 존경받던 최영이 참형을 당했다는 소식을 듣고 걱정과 불안에 떨었을 것이다. 여론이 이성계와 혁명파 신진사대부에게 결코 유리한 상황이 아니었을 것이다.

이때 조준이 새로운 제안을 했다. 조준은 "그 빚은 아내를 팔고 자식을 팔아도 갚을 수 없고, 부모가 굶주리고 떨어도 봉양할 수 없으니, 원통하게 부르짖는 소리가 위로 하늘까지 통합니다"[『고려사절요』, 창왕 1년(김정남, 『시인의 삶으로 역사를 읽다』, 30쪽 재인용)]라고 말하며 토지개혁, 즉 사전혁파를 주장했다. 당시 권문세족이 농민의 토지를 침탈하여 먹고살기 힘든 백성들이 스스로 권문세족의 노비가 되어 살아갈 수밖에 없는 상황이었다. 백성들이 사전혁파에 두 손을 들어 환영했음은 보지 않아도 뻔하다. 맹자를 신봉한 정도전은 맹자의 글 중 "민이 가장 귀하고, 사직이 그다음이며, 임금은 가볍다. 그래서 구민(丘民, 백성)을 얻는 자는 천자가 되고"라는 글에 주목했는데, 권문세족의 토지를 몰수하여 모든 백성에게 토지를 고루 나누어 주는 사전혁파는 민심을 얻는 신의 한 수였다. 이제 새 왕조 개창은 시간문제였다.

조민수가 사전혁파를 반대하다가 제거됐다. 균형추에서 한쪽의 균사력이 무너진 것이다. 이성계와 혁명파 사대부는 기회를 몰아 우왕과 창왕이 공민왕이 아닌 신돈의 아들이라 억지를 부려 창왕마저 폐위시켰다. 그리고 허수아비로 공양왕을 앉혔다.

마지막 걸림돌은 정몽주였다. 중립적 입장에서 이성계 측에 적극 반대하지 않던 정몽주는 창왕 폐위를 계기로 반이성계로 돌아섰다. 그러다 이방원에 의해 선죽교에서 죽임을 당했다. 3개월 후인 1392년 7월, 이성계는 백관의 추대를 받아 조선왕조를 개창했다.

왕자의 난

이성계는 정도전·조준 등 혁명동지들의 능력에 의지해 새 왕조의 초석을 다져나갔다. 성리학의 신봉자들이었던 이들은 재상 중심의 통치체제를 구축해 나갔다. 신생 왕조의 영속성은 세자와 직결된다. 공신들은 세자 책봉 문제를 꺼내 들었다. 그들은 신의왕후 한씨의 아들인 방우나 방원을 염두에 두고 나이와 공을 따져 세자로 세우자고 했다. 그런데 이성계는 신덕왕후 강씨의 맏아들 방번을 고집했다. 결국, 타협책으로 신덕왕후의 둘째 아들 방석(10세)으로 합의를 보았다. 이 결정에 있어 이성계는 전적으로 신덕왕후의 입장만 고려한 것이다. 방원(25세) 등 신의왕후의 아들들은 신변에 위협을 느꼈을 것이다. 신덕왕후는 방석의 지위를 공고히 하기 위해서 어떤 식으로든 신의왕후 한씨의 자식들을 제거해야 했다.

명나라가 신생 왕조 조선을 길들이려 하면서 여러 문제가 불거졌고, 그 절정이 '표전문(명에 보낸 국서) 사건'이다. 국서에 불손한 내용이 있다며 정도전을 주범으로 지명해 명에 압송하라고 압박했다. 조선의 실세 정도전을 제거하려는 술책이었다. 이에 이성계와 정도전은 요동을 정벌하기로 뜻을 모았다. 그들에게 '친명'은 왕조를 세우고 나라를 보존하는 방법이었을 뿐이다. 요동정벌은 사병혁파와 맞물려 있었다. 이에 방원 등 대군들은 사병을 혁파하여 관군에 편입시키든지 아니면 쿠데타를 일으키든지 양자택일을 해야 했다. 결국 후자를 선택해 이방원이 1차 왕자의 난을 일으켰다. 세자 방석과 그의 형 방번, 그리고 정도전·남은 등이 죽임을 당했다. 조선 개국 6년 2개월 만의 일이다.

실권을 장악한 방원은 신의왕후의 살아 있는 자식 중 맏이인 방과(정종)에게 왕위를 양보했다. 방과는 1차 왕자의 난에 가담하지 않은 인물이기에 그나마 부친의 분노를 완화시킬 수 있다고 여겼다. 권좌에 대한 욕망은 방원만 가진 것이 아니었다. 1400년(정종 2) 1월, 방원과 셋째 형 방간 사이에 권력다툼이 일었다. 2차 왕자의 난이다. 방간은 유배 가고 방원은 세제로 있다가 그해 태종으로 즉위했다.

태상왕으로 밀려난 이성계는 백운사 노승 신강에게 "방번, 방석이 다 죽었다. 아무리 잊으려 해도 잊을 수가 없다"(『정종실록』 1년)고 탄식했다. 눈에 밟히는 자식들이었다. 정종과 세자 방원이 베푼 연회에서 "산하는 의구한데 인걸은 어디 있느뇨"라는 시구를 읊었다. 그리고 좌우에 "이 구절에는 깊은 뜻이 있다"고 흘렸다. 정도전, 남은 등 옛 동지들에 대한 회한이며 사무치는 그리움이었다. 1408년 5월 태조는 73세로 드라마 같은 삶을 끝냈다.

휘릉

이제 동구릉 구간을 90도 꺾는 길로 들어섰다. 길은 여전히 흙길이고 오리나무와 참나무가 가득하다. 맨발로 걷고 싶은 마음이 드는 고운 숲길이다. 이곳에 휘릉이 첫 번째로 반긴다. 휘릉은 조선 15대 인조의 두 번째 왕비 장렬왕후 조씨의 능이다. 당연 단릉이다. 여기서 특이한 것이 정자각이다. 정자각 옆으로 툇간을 두었다. 동구릉에 숱하게 와서 봤는데 그전까지는 눈에 띄지 않았다. 아마 당연히 그럴 것이라고 슬쩍 보고 지나쳐서 그런 것 같다.

왕비 인렬왕후 한씨 사망 3년 뒤인 1638년, 장렬왕후는 15세의 어린 나이로 44세인 인조와 가례를 올렸다. 11년 후 인조가 죽자 자의대비로, 또 10년 후 효종이 세상을 떠나자 36세에 대왕대비가 되었다. 그와 관련된 사건이 예송이다. 예송은 서인과 남인 간 효종과 인선왕후 장례문제와 관련한 논쟁인데, '화양구곡길'에서 언급하자.

자의대비는 효종, 현종, 숙종 대까지 생존하며 왕실의 최고 어른 지위를 누리다가 65세를 일기로 세상을 떠났다.

원릉

원릉으로 가는 길은 두 가지가 있다. 오던 길을 따라가는 주 산책길과 원릉 뒤편 동구릉 숲길을 통해 가는 길이다. 숲길은 휘릉 왼편에서 시작되나 항상 개방하지는 않는다. 시기를 잘 맞춰야 한다. 봄에는 5월에서 6월 말까지, 가을에는 10월 초에서 11월 말까지 개방한다(개방기간이 일정하지 않기에 관리사무소에 사전에 문의해야 한다). 동구릉 숲길은 휘릉 왼쪽에서 시작해 원릉 오른쪽으로 나오는 1.4km의 거리다. 휘릉에서 시작하면 완만한 오르막으로 올라 급한 내리막으로 내려온다. 이 길은 이곳에 왕릉이 있다는 생각을 잊게 한다. 개방기간에 맞춰 방문하면 만족도를 높일 만한 숲길이다.

원릉 뒤편 능선길인 동구릉 숲길.
개방기간을 확인해야 한다.

개방기간 외에는 휘릉에서 이어진 큰길로 걷는다. 원릉 가는 길은 소나무들이 줄지어 있는 숲길이다. 걷다가 원릉의 능침을 보니 문무석인과 석마가 겹쳐 보여 마치 그리스신화 속 반인반마인 켄타우로스처럼 보인다. 원래 이곳은 효종의 영릉이 있던 자리다. 영릉은 현종 14년에 경기도 여주로 옮겼다. 파묘한 자리를 영조의 능으로 결정한 이가 손자 정조였다. 영조는 정성왕후가 있는 서오릉의 홍릉에 자신의 자리를 마련해 두었다. 동구릉 내에서 건원릉 다음으로 길지라는 신하들의 의견을 정조가 적극 수용한 것 같다.

원릉은 조선 21대 영조와 계비 정순왕후 김씨의 능이다. 왼쪽이 영조의 능, 오른쪽이 정순왕후의 능으로 쌍릉이다. 원릉 비각 안에는 묘호비 세 개가 있다. 좌측이 영종(英宗)이고 가운데가 영조(英祖)다. 맨 우측의 비는 정순왕후의 것이다. 세상을 떠난 후 첫 묘호가 '영종'이었다가 고종 때(1890년) 영조로 묘호가 바뀌었다. 묘호를 지을 때 조선은 공이 많은 임금에게 '조(祖)'를, 평범한 임금에게 '종(宗)'을 붙였다. 종보다는 조를 은근슬쩍 높게 쳤다. 고종은 영조의 5대손으로 사도세자의 핏줄이다. 영조는 82세까지 장수했고 재위기간만 무려 51년 7개월이다.

영조는 숙종과 숙빈 최씨 사이에서 태어났다. 숙빈 최씨는 무수리(궁궐에서 청소 등의 잡일을 하는 여자 종을 말함) 출신이다. 소론의 지지를 받은 장희빈의 아들이 경종으로 왕위에 올랐으나 자식을 낳지 못했다. 노론은 연잉군(영조)을 세제로 앉히라고 강요했고 뜻대로 관철시켰다. 한 걸음 더 나아가 왕위를 양위하라고까지 했다. 병을 앓던 경종은 대비전과 연잉군이 올린 게장과 생감, 인삼차를 먹고 갑자기 사망했다. 왕위에 오른 지 4년 8개월이고 나이 37세였다. 소론 일각에서는 경종이 독살당했다고 확신했고 결국 영조 재위 초에 이인좌의 난까지 일어났다.

영조는 붕당정치를 타파하기 위해 탕평의 정신으로 인재를 등용하겠다고 의지를 밝혀 실천했고, 그 정신은 손자 정조에게 이어졌다. 그런데 결국 사도세자를 붕당정치의 희생양으로 만든 아픔을 가슴에 묻어야 했다. 사도세자를 죽음으로 몬 노론 벽파가 세손 정조까지 제거하려 하자 군사력을 동원하여 세손의 목숨을 지켰고 즉위를 도왔다.

우리 역사에서 친서민정책의 대명사가 영조다. 사가에서 어려운 생활을 해왔던 만큼, 그는 헌 옷을 빨아 입었고 비단옷을 멀리했다. 그 옷도 무명옷이었고 화려한 치장을 꺼려 했다. 찬도 고기를 올리지 말도록 했으며 소박한 반찬을 즐겼다. 술도 입에 대지 않았으며 사치금지령과

왕릉길을 걷다가 원릉의 능침을 바라보면 문무석인과 석마가 겹쳐 보여
마치 그리스신화 속 켄타우로스처럼 보인다.

금주령을 내리기도 했다. 그는 때때로 예전에 살던 집으로 거지들을 불러 잔치를 벌였다. 그리고 그들의 이야기를 들으며 백성들의 어려운 생활을 살폈다.

영조는 "백성은 나라의 근본이니 근본이 튼튼해야 나라가 태평하다고 성현들이 가르쳤다"고 말하며 창경궁 홍화문 앞에서 백성들의 목소리에 귀를 기울였다. 양역의 폐단 중 군역의 부담에 대한 백성들의 여론을 들었다. 그는 균역청을 두어 백성들이 부담하는 군포를 두 필에서 한 필로 감하도록 명령했다. 균역법을 제정할 때 관리들이 반대하자 "나라가 비록 망한다 하더라도 이 법을 고치지 않아서는 안 된다"라고 못 박았다. 백성들의 삶과 관련된 문제에 있어서는 한 치의 양보도 없었다. 사형수에 대해 삼심제를 시행했고 신문고를 부활했다. 또 여러 대에 걸쳐 번복됐던 노비종모법을 확정하여 노비 수를 줄였다.

정순왕후는 영조가 66세에 새 중전으로 맞이한 15세 여인이었다. 정순왕후는 사도세자의 죽음과도 관련 있고 정조 때에는 노론 벽파의 든든한 지지대였다. 정조가 급작스럽게 승하하자 정순왕대비가 되어 어린 순조를 대신해 수렴청정하면서 남인과 중도 노론에게 칼자루를 휘둘렀다. 천주교 탄압을 명분으로 남인의 중심인물인 이가환, 이승훈, 정약종 등 100여 명이 처형당했고, 정약용, 정약전 등 400여 명이 유배당했다. 신유박해를 일으킨 주범이 바로 정순왕후다.

경릉

원릉 위쪽 동구릉 숲길로 왔을 때에는 출구가 원릉 왼쪽이다. 원릉 왼쪽에서 오른쪽 길로 이어지니, 그 길을 따라 걸음을 옮기자. 곧바로 경

23대 헌종의 경릉. 우리나라에서 유일한 삼연릉으로, 쌍릉을 변형시킨 모습이다. 맨 왼쪽에 헌종, 가운데 효현왕후, 오른쪽에 효정왕후를 모셨다.

릉에 닿는다.

경릉의 주인은 23대 헌종으로 동구릉에서 재위순서가 가장 늦은 임금이다. 이 능은 쌍릉을 변형시킨 삼연릉으로 맨 좌측에 헌종, 가운데 효현왕후, 우측에 효정왕후를 모셨다. 삼연릉은 경릉이 유일하다. 이곳은 너른 초원 같다. 사진을 촬영하고 있는데 고라니 두 마리가 경릉의 사초지를 지그재그로 전력질주 중이다.

너른 공간이고 세 개의 무덤이 함께 있는 삼연릉이지만 능 조성에는 정성을 들이지 않은 것 같다. 한 개의 너른 곡장 안에 세 기의 무덤을 모시고 판석도 없이 난간석으로만 둘렀다. 그래도 혼유석은 각자 하나씩 두었다. 원래 이 묫자리는 선조의 목릉이 있던 곳이다. 철종 때 세도가 안동 김씨가 멋대로 이곳을 헌종의 능터로 정했다. 파묘(破墓)에는

20대 경종의 첫째 왕비 단의왕후 심씨의 혜릉. 세자빈의 신분으로 죽었기에 능이 작고 단조롭다. 경종 즉위 후 왕비로 추존됐다.

일반인들도 묫자리로 거들떠보지 않는 곳이다. 왕권이 완전히 농락당한 기분이겠다.

헌종은 수릉에 묻힌 문조와 신정왕후 조씨의 아들이고 이곳 동구릉에 가족들과 함께했지만 손이 귀한 집안이다. 문조(효명세자)도 외아들이고, 헌종도 외아들이다. 헌종은 효현왕후 김씨를 왕비로 맞았으나, 6년 후 왕비가 자식 없이 죽었다. 둘째 왕비로 효정왕후 홍씨를, 이어 후궁으로 경빈 김씨를 들였지만 마찬가지였고, 궁인 김씨에게서 딸을 하나 얻었으나 일찍 죽었다.

헌종은 8세에 임금에 올랐다. 그는 순원대비의 눈짓에 따라 안동 김씨 편만 들었고, 성년이 돼서는 어머니 신정왕후 조씨의 간섭으로 풍양 조씨의 입김에 놀아났다. 세도정권의 한가운데 있던 인물로 14년 7개월 동안 권좌에 있으면서 자신의 뜻을 펼치지도 못하고 25세에 눈을 감았다.

혜릉

경릉에서 혜릉 가는 길은 처음 참나무숲길이었다가 소나무길로 바뀐다. 수령은 그리 오래되어 보이지 않은 소나무숲에 여러 개의 벤치를 두었다. 다리쉼도 하면서 피톤치드를 즐기라는 배려 같다.

혜릉은 능이 매우 작고 단조롭다. 그래서 그런지 그냥 지나치는 사람들이 많다. 알고 보니 20대 경종의 첫째 왕비 단의왕후 심씨의 능이다. 그녀는 1696년 세자빈으로 책봉되었으나 경종 즉위 2년 전 33세로 세상을 떠났다. 경종보다 두 살 연상이다. 시아버지 숙종이 매우 상심했던 것 같다. 사관은 "임금이 통곡하고 애도해 마지않았다"[『숙종실록』 45년(신병주, 『조선왕실의 왕릉 조성』, 242쪽 재인용)]고 기록했다. 그녀는 살아생전에 두 시어머니 틈에서 시름해야 했다. 숙종의 비인 인현왕후는 서시모고 장희빈은 친시모다. 서시모는 노론과, 친시모는 소론과 연결되어 있으니 바람 잘 날이 없었다. 결국 시아버지 숙종이 장희빈에게 사약을 내리자, 시어머니는 아들 경종을 불구로 만들어 버렸다. 그러니 자식이 없을 수밖에. 심씨의 나이 16세 때 벌어진 일이다. 1720년에 경종이 즉위하자 왕후로 추존되었다.

단의왕후는 세자빈 신분으로 죽었기 때문에 소경원(소현세자의 묘) 등의 예에 따라 처음 원(園)으로 조성되었다. 경종이 즉위한 후 왕비로 추존되어 능의 형식에 맞게 문무석인, 난간석, 망주석 등 석물들을 추가로 제작했다. 왼쪽의 능선에 남편 경종을 독살했다고 의심받는 영조를 모신 원릉이 자리하고 있는데, 기분이 어떨지 모르겠다. 몸과 권력이 약했던 경종을 대하는 것만 같아 씁쓸하다. 그래도 수복방, 수라간, 비각, 정자각 등 왕릉의 구조물들은 모두 갖춰 위안을 삼는다.

숭릉

동구릉에서 숭릉 가는 길을 특히 좋아한다. 입구에서 오른쪽 길을 택하고 나올 때에는 왼쪽 연지 길로 방향을 잡자. 소나무가 듬성듬성 있고 여러 나무가 어우러져 숲터널 같은 길이다. 숭릉 앞에는 소나무숲이 있어 다리쉼도 곁들일 수 있다. 숭릉은 탁 트인 공간이다. 전에는 미개방 구역이어서 발걸음이 미치지 못했던 곳이다.

숭릉은 18대 현종과 명성왕후 김씨의 능으로 쌍릉이다. 정자각은 조선왕릉 40기 중 유일한 팔작지붕 정자각으로 보물로 지정되어 있다. 주자학이 절대적인 이념으로 영향력을 행사한 시기이기 때문에 사대모화에 따라 중국양식을 따른 것으로 추정된다고 한다. 숭릉의 숭(崇, 숭배하다) 자도 같은 뜻을 담고 있다. 이 정자각에도 툇간이 양쪽에 있다. 그

숭릉으로 가는 왕릉길.

숭릉의 정자각. 조선왕릉 중 유일하게 팔작지붕이다.

숭릉 연지.

런데 정자각 내림마루에 잡상이 세 개가 아니라 두 개다. 이유는 모르겠다.

현종은 효종의 유일한 아들이다. 청나라 심양에서 태어났으며 어머니는 인선왕후 장씨다. 효종이 봉림대군으로 청나라에 볼모로 잡혀 있을 때 태어났다. 청나라에 대한 복수심에 불타오르던 효종이 41세로 세상을 뜨자 19세에 왕위에 올랐다. 당시 정권은 서인이 장악하고 있었고 남인이 호시탐탐 기회를 엿보고 있었다. 그의 집권 15년은 예송으로 대변되듯 예법논쟁의 시대였다. 아버지 효종의 장례문제와 어머니 인선왕후의 장례문제로 조정은 정쟁이 끊일 날이 없었다. 아버지 1년상은 서인의 입김에 끌려갔지만(남인은 3년상을 주장함) 어머니 1년상은 남인의 힘에 의지해 관철시켰다(서인은 9개월상을 주장함). 그는 서인과 남인의 극단적인 예법논쟁에 시달리다가 34세의 이른 나이에 세상을 떴다. 그의 아들이 숙종이다.

이제 숭릉 정자각 앞길로 나섰다. 소나무는 보이지 않고 참나무가 가득한 숲길이다. 동구릉은 사계절 불문하고 산책을 즐길 수 있다. 몇 년 전에 숭릉 연지 터에 왔을 때는 한창 공사 중이었는데 이제 완공되었다. 사각형에 둥근 섬은 동양적 우주관인 천원지방(天圓地方)을 나타낸다. 혜릉과 경릉 사잇길 앞으로 걸어 나가면 재실이 나온다. 이처럼 동구릉 산책길은 순환길이어서 자주 가곤 한다.

참고문헌

이덕일, 『조선 왕을 말하다 2』(역사의아침, 2011)
장영훈, 『왕릉풍수와 조선의 역사』(대원사, 2015)
이우상, 『조선왕릉 잠들지 못하는 역사 1』(다홀미디어, 2010)
이우상, 『조선왕릉 잠들지 못하는 역사 2』(다홀미디어, 2010)
이호일, 『조선의 왕릉』(가람기획, 2003)
신병주, 『조선왕실의 왕릉 조성』(세창출판사, 2017)
이규원, 『조선왕릉실록』(글로세움, 2012)
이이화, 『놀이와 풍속의 사회사』(한길사, 2015)
김정남, 『시인의 삶으로 역사를 읽다』(한권의책, 2020)
김정남, 『36시간의 한국사 여행 2』(노느매기, 2016)
김정남, 『36시간의 한국사 여행 3』(노느매기, 2017)
동구릉 안내표지판

비움의 미학, 종묘 건축의 아름다움을 둘러보는

종묘제례길

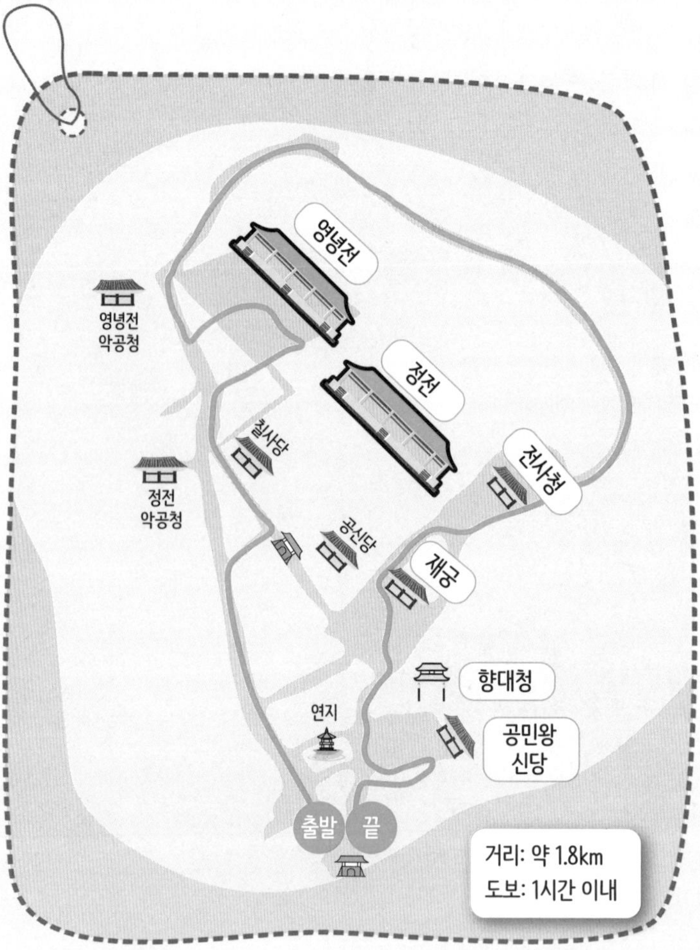

종묘는 경복궁보다 더 도심 속 공원의 모습을 띠고 있다. 종묘답사는 종묘의 정문인 외대문이 보이는, '세계유산 종묘'라는 안내표지판에서부터 시작해야 한다. 도로가 입구에 하마비가 있고 종로성당 맞은편에 삼봉 정도전 시비가 있다. 하마비에는 '지차 대소인원하마비(至此 大小人員下馬碑)'라 씌어 있다. "여기서부터 신분의 높고 낮음에 상관없이 모두 말에서 내리라"고 명령하는 비석이다. 특이하게 한자를 조각함에 있어 '대(大)'와 '인(人)' 자의 왼쪽 글자 삐침을 비석 모퉁이 끝까지 내려 뻗었다. 태종 13년(1413)에 나무로 만들어 세웠고, 현종 4년(1663)에 이 비석으로 바뀌었다.

종묘의 하마비.

정도전 시비에는 한양의 풍수지리적 이점과 태평성대를 노래한 「진신도팔경시」가 새겨져 있다. 『주례』「고공기(考工記)」에 따르면 임금이 궁궐을 중심으로 남쪽을 바라보고 있을 때, 궁궐의 동쪽에 종묘가, 서쪽에 사직이 있어야 한다. 그에 따라 경복궁을 중심으로 동쪽에 종묘가, 서쪽에 사직단이 만들어졌다.

종묘는 임금의 조상[宗]이 되는 역대 왕들의 위패를 모신 사당[廟]이다. 1995년에 유네스코 세계유산으로 지정되었다. 사직단은 토지의 신[社]과 오곡의 신[稷]에게 제사 드리는 제단[壇]이다. 왜 동쪽에 종묘가, 서쪽에 사직이 있어야 한다고 했을까? 동쪽은 태양이 떠오는 곳으로 선왕의 위패를 모셔 왕조의 창성을 기원한 것이고, 서쪽은 태양이 지는 곳이며 계절로는 가을을 의미한다. 종묘는 경복궁 건설공사보다 먼저 시작되었고, 대략 10개월 만에 완공되었다. 당시에는 규모가 작은 공사였다.

창엽문(종묘 외대문)

종묘 외대문의 이름은 창엽문이다. 문자 그대로 '푸른[蒼] 잎[葉]의 문'이라는 말로 왕조의 창성을 기원하는 의미에서 이름을 그렇게 지었을 것이다. 맞배지붕의 외대문도 종묘의 다른 건축물과 마찬가지로 구조가 아주 단조롭고 소박하지만 우직하고 위엄이 느껴진다. 그 위엄 중 하나가 붉은색의 단청이다. 화려하지 않지만 엄숙한 분위기를 준다. 더불어 이곳의 주인들이 선왕이기 때문에 외대문 내림마루에도 잡상을 다섯 개나 얹어 존엄한 곳임을 표현하고 있다.

참배로

외대문을 들어서자, 참배로(參拜路)가 펼쳐진다. 임금과 세자의 종묘제례를 위해 만든 길이다. 가운데는 신주와 향·축이 들어가는 신로, 오른쪽이 제향 때 임금이 걸어가는 어로이고, 왼쪽이 세자가 걸어가는 세자로다. 신로로는 걷지 못하지만 어로와 세자로로는 걸어갈 수 있다. 우둘투둘한 돌길이기에 느린 걸음으로 발걸음을 옮길 수밖에 없다. 제향하러 가는 동안 천천히 걸으며 조상의 은혜를 생각하라는 의미가 깔려 있다.

종묘가 유네스코 세계유산임을 알리는 표지석 맞은편으로 연지가 있다. 천원지방에 따라 사각형 연못에 가운데 둥근 섬을 두었다. 섬 가운데 주인인 양 허리 굽혀 서 있는 향나무에서 세월의 흔적이 느껴진다. 제사를 지내는 곳이기 때문에 소나무가 아닌 향나무를 심었다. 향은 제례 때 조상의 혼백을 불러오는 역할을 한다. 향의 냄새를 맡은 혼백이 내려온다고 믿었다. 연지 뒤편으로는 향대청이 있다. 향대청은 나

삼 단의 참배로. 가운데 신로를 중심으로 좌측이 세자로, 우측이 어로다.

천원지방에 따라 조성된 연지.

오는 길에 살펴보기로 하자.

참배로는 재궁 쪽으로 꺾이지만 앞쪽으로 뻗은 흙길로 걸어 정전으로 가자. 종묘에 대한 감동은 정전과 영녕전에서 느낄 수 있기 때문이다.

정전 예찬

이제 흙길이어서 걷기가 더 편하다. 신남문 앞에 정전 신위봉안도가 있다. 서상제(西上制)에 따라 서쪽부터 선대왕들을 재위순서대로 신주를 모셨다. 방위에서 서쪽은 지는 해, 즉 나이 듦을 나타낸다. 그러니 동쪽보다 어른이다. 한 칸의 각 실에도 왕의 신주를 서쪽에, 왕비는 동쪽에 모셨다. 신남문은 제향의 절차에 따라 제례를 하는 사람만이 들어갈 수 있다. 임금과 세자는 동문으로만 들어간다.

종묘에서는 절제된 엄숙성이 느껴진다. 신남문을 들어서면, 우리의

밖에서 바라본 정전 담장과 공신당 지붕.

시선은 정전 건물(국보 227호)로 향하지만 건축학자들은 월대를 주목한다. 승효상 건축가는 월대의 공간에서 그 종교적·절대적 공간성을 느꼈다고 한다.

> 그렇다. 가로세로 109미터, 69미터의 월대(月臺)라고 불리는 이 공간은 비움 자체이며 절대적 공간이다. 1미터 남짓하지만 이 지대는 사방이 주변 지면에서 올리어진 까닭에 이미 세속을 떠났으며, 담장 너머 주변은 울창한 수목으로 뒤덮여 있어 대조적으로 이 지역을 완벽히 비워진 곳으로 인식하게 한다. 마치 진공의 상태이다.
>
> – 승효상, 『오래된. 것들은. 다. 아름답다』, 25~26쪽

비움의 미학이다. 공간에서 정교하게 여러 구조물이 조화를 이루고 있는 것을 보면 감탄사가 절로 나오듯이 비어 있음으로써 그 공간의 의미를 느끼고 공감하는 것 또한 건축의 미학이다. 미학은 어디에서 올까. 그 공간의 목적에서 나오지 않을까? 궁궐이나 사찰은 쓰임에 따라 공간이 건축된다. 종묘는 종교적 엄숙성을 극대화하는 방향에서 설계되었고 채움보다는 비움으로 구성한 기획이 기가 막힌다.

아마 종묘 건축에 대해 '건축을 예술로 탈바꿈시킨 거장'이라 평가받는 세계적으로 유명한 프랭크 게리(Frank Gehry)의 감상이 종묘를 더 돋보이게 만든 것 같다. 게리 가족은 1997년 종묘를 방문했는데, 그 감동을 잊지 못해 2012년 9월에 다시 방문했다. 게리는 월대로 곧바로 올라서지 않고 그윽하게 월대를 바라보면서 가족에게 "이 아래 공간과 위의 공간은 전혀 다른 곳이란다. 그 차이를 생각하면서 즐기"(유홍준, 『나의 문화유산답사기 9』, 25쪽 재인용)라고 안내했다. 게리의 말을 기억하고 월대 오른쪽 모퉁이 허리 높이에서 월대만 시야에 담아보았다. 승효상 건축가처럼 종교적 절대성의 가치를 느껴보려 했다. 박석들의 고풍스러움에 더 마음이 닿는다. 승효상은 박석들을 "마치 땅에 새긴 신의 지문처럼 보인다"(승효상, 『오래된. 것들은. 다. 아름답다』, 26쪽)라고 했다. 월대는 현왕과 세자가 선왕들의 영혼을 뵙고 인사드리는 살아 있는 자의 공간이다. 그래서 일반 계단으로 오른다.

이제 정전 앞마당으로 올라섰다. 이곳은 혼령의 영역이다. 오르는 계단도 좌우는 일반 계단이지만 가운데에 구름무늬를 새겨놓았다. 하늘공간이라는 뜻이다. 이곳은 조선 왕과 왕후의 영혼의 공간이다. 게리는 정전을 '민주적'이라고 표현했다. 태조의 신실부터 순종의 신실까지 19실이 똑같은 크기에 똑같은 구조다. 그는 종묘의 장엄한 공간은 군

혼령의 공간인 정전의 열주와 깊숙이 내린 맞배지붕이 종교적 엄숙미를 느끼게 한다.

이 말한다면 파르테논 신전 정도에서 그 감동을 느낄 수 있다고 소감을 밝혔다. 그래서 신전으로 서양에 파르테논 신전이 있다면 동양에는 종묘의 정전이 있다는 말이 나왔다. 그의 감탄은 여기서 멈추지 않는다. 그는 우리나라 사람들이 종묘가 있다는 것에 감사해야 한다고 덧붙였다. 더불어 '자기만의 문화를 이해하고 존경'하는 것이 매우 중요하다는 말도 빼놓지 않았다.

승효상 건축가는 정전을 이렇게 표현했다.

> 정문인 남쪽의 신문(神門)을 들어서면 한눈에 들어오지 않는 길이의 기와지붕이 지면을 깊게 누르며 중력에 저항하고 있다. 지붕 밑의 깊고 짙은 그림자와 붉은색의 열주는 이곳이 무한의 세계라는 듯 방문객을 빨아들인다. 일순 방문객은 그 위에 가득 찬 모습에 침묵하지 않을 도리가 없게 된다.
>
> – 승효상, 『오래된. 것들은. 다. 아름답다』, 25쪽

정전

기와지붕이 압권이다. 깊숙이 내려쓴 모자 같아 그늘이 짙게 드리워져 있어 옆 사람과 소리 낮춰 이야기해야 할 것 같다. 그만큼 절대자의 공간처럼 느껴진다. 내림마루에 잡상도 8개를 얹어 그 권위를 드러냈다. 이상해 건축학자의 설명을 더 들어보자.

> 특히 땅 끝까지 펼쳐지는 듯한 월대는 안정을, 수없이 반복되는 듯한 기둥의 배열은 연년세세(年年歲歲) 끊이지 않을 왕위의 영속을, 또 중력을 거부하며 수평으로 하늘 끝까지 펼쳐지는 듯한 지붕은 무한을 연상케 한다.
>
> – 이상해, 『궁궐·유교건축』, 132쪽

신실이 있는 공간은 잘 다듬은 타일을 질서정연하게 깔았다. 크기가 다른, 적당히 다듬은 박석들로 채운 월대의 느낌과는 전혀 다르다. 육중한 원기둥들이 열지어 있어 숨소리조차 내지 못하게 한다. 특히나 진한 회색의 기와와 붉은색의 신실이 엄숙한 분위기를 자아내고 있다. 공간적으로 신실은 19칸에서 멈추었지만 7칸에서 시작된 신실 증축이 계속 늘어났듯이 공간적 제약을 뛰어넘어 영속성을 표현하고 있다. 놀라운 것은 시대를 뛰어넘어 이어진 증축 설계사들의 건축철학 공유다. 정전은 단순한 것 같지만, 놀라운 변화도 숨어 있다. 신실 양쪽 끝에 익실을 한 칸 두었고, 맞붙여 동서월랑으로 꺾었다. 마치 새가 비상하려고 날개를 편 모양이다.

정전은 모두 19실로 구성되어 있다. 각 실은 태조고황제, 태종대왕, 세종대왕, 세조대왕, 성종대왕, 중종대왕, 선조대왕, 인조대왕, 효종

월대는 살아 있는 자의 공간이고 정전은 죽은 자의 공간이다. 월대는 비움의 미학이고 정전은 종교적 절대성을 구현하고 있다.

대왕, 현종대왕, 숙종대왕, 영조대왕, 정조선황제, 순조숙황제, 문조익황제, 헌종성황제, 철종장황제, 고종태황제, 순종효황제 등이다. 왕후들은 모두 정비들이 자리했다. 한 명인 경우도 있고 많게는 세 명이 함께하기도 했다. 임금의 생모 중 연산군의 폐비 윤씨, 광해군의 공빈 김씨, 경종의 희빈 장씨, 영조의 숙빈 최씨, 순조의 수빈 박씨 등이 자리하지 못했다.

정전의 신실은 태조 때 7실로 시작하여 4실 증축(명종), 왜란 때 전소되자 광해군 때 11실 규모로 다시 세웠다. 이어 4실 증축(영조), 또다시 4실을 증축(헌종)하여 19실이 되었다. 이처럼 종묘는 왕조의 역사를 반영하여 계속 성장해 온 유기체임을 알 수 있다. 세종 때 영녕전을 건축하여 4실을 두어 태조 이성계의 4대조를 모셨고 정전의 신실에 모셨던 왕과 왕비의 위패가 옮겨감에 따라 계속 증축하여 현재 16실이 되었다.

원래 정전에는 제후국 5대봉사원칙에 따라 현 임금에 앞서 재위했던 임금들의 신위 중 5대 이상의 위패는 땅에 묻어야 하나 예외로 불천위제도를 도입했다. 불천위제도란 공덕이 많은 임금의 신위[位]는 옮기지[遷] 않고[不] 계속하여 모신다는 뜻이다. 처음 태조, 태종, 세종이 불천위의 대상이었고 이후 계속 그 대상이 늘어났다. 원칙상으로 공이 있고 위대한 업적을 남긴 임금, 후대 왕에게 모범이 된 임금이라 판단했던 것이다.

영녕전으로 옮겨진 임금은 대체로 재위기간이 짧거나 자식을 두지 못한 경우다. 이로 미루어 보아 불천위의 대상은 재위기간보다는 세자의 왕위계승에 무게를 둔 듯하다. 물론 누구를 정전에 모시고 누구를 영녕전으로 보낼지에 대해 당대에는 치열한 논쟁이 있었을 것이다. 추존왕 문조익황제(효명세자), 23대 순조, 24대 헌종, 25대 철종, 26대 고종은 27대 순종에게는 5대조 봉사에 해당되고 왕조가 망해서 그 자리에 있게 된 것이다. 정전에 4실을 증축한 명종과 경종은 영녕전에 모셔져 있고, 왜란 직후 정전을 재건축한 광해군은 쫓겨난 임금이기 때문에 이곳에 모시지 않았다. 흥미로운 것은 헌종 때 4실을 증축했는데 공교롭게도 마지막 19실에 순종을 모심으로써 예견이라도 한 듯 조선왕조가 여기서 멈췄다. 그런데 신실의 두짝문이 틀어져 있다. 기능상으로는 통풍을 위해 문짝 위와 아래 안쪽에 쐐기를 박아 일부러 틈새를 내었고, 상징적으로는 혼백이 드나들 수 있도록 하기 위한 것이라 한다.

왜 누구는 대왕으로, 누구는 황제로 묘호를 지었을까. 대왕(大王)이라는 말은 위대한 군주라는 의미뿐만 아니라 '선왕(先王)'이라는 의미도 있다. 돌아가신 왕을 대왕이라 한다. 1897년 고종이 대한제국을 선포하면서 불천위의 태조(태조고황제)와 더불어 고종 이전 7대 왕과 왕비를 황제와 황후로 추존했다. 그 첫 번째가 영조의 아들로 일찍 요절한 효장

세자였다. 정조가 양아버지인 그를 진종으로 추존했고 고종의 7대조의 첫 인물로 진종소황제로 추존되었다. 그다음이 정조의 아버지 사도세자로 장조의황제다.

동서월랑은 동쪽이 개방되어 있고 서쪽 사방이 벽으로 막혀 있다. 이를 유홍준 교수는 '비대칭의 대칭의 미학'이라 표현했다. 단순함이 주는 지루함이기보다는 다양함의 통일이라는 것이다. 서월랑에는 19신실에 모실 제기를 보관하고 있다.

공신당

신남문 들어서 오른쪽의 공신당은 해당 임금들의 재위 시 통치를 보좌했던 공신들을 배향한 건물이다. 총 16칸 규모에 83명의 위패를 모시고 있는데 많게는 7명, 적게는 2명의 신하들이 있다.

태조와 세종, 그리고 인조는 7명의 공신을 두었다. 태조의 공신은 조준, 이화, 남재, 이제, 여지란, 남은, 조인옥 등으로 이성계와 함께 전장을 누빈 신흥무인세력들과 조선왕조 개창에 공을 세운 신진사대부들이다. 그런데 조선 건국의 특등 공신인 정도전의 이름이 없다. 아마 태종 이방원의 의중이 반영되었을 것이다. 태종의 신하 조영무는 조선 개창 시기에 선죽교에서 정몽주를 철퇴로 내리쳐 살해한 인물이다. 세종의 신하로는 맹사성이 빠졌다. 최윤덕은 4군 6진 개척에 공을 세운 무장으로 세종이 재상으로 임명할 정도로 매우 아꼈다. 세조의 신하로는 계유정난을 주도한 권람과 한명회가 있고 성종 때에는 신숙주가 있다. 중종의 공신 중 박원종과 성희안은 중종반정의 중심인물이다. 선조의 공신으로 이황과 이이가 있지만 왜란 극복의 중심인물인 유성룡, 권율,

이순신은 빠졌다.

공신당. 조선이 지향했던 군신공치의 이상을 보여준다.

인조의 공신으로 김유, 이귀, 신경진, 이서는 인조반정과 호란 때의 공신이고 이원익은 광해군 때 대동법 실시를 주장하고 인조반정 직후 영의정으로 추대된 인물이다. 주화파의 중심인물인 최명길은 빠졌다. 효종 때에는 척사파의 중심인물인 김상헌이 있다. 또한 숙종의 분노를 사 사사된 송시열의 이름도 보인다. 아마 노론의 입장이 충분히 반영되어 있을 것이다. 숙종 때에는 탕평정치를 주장한 박세채의 이름이 눈길을 끌며, 영조 때의 공신들은 모두 노론세력이다. 정조의 공신은 3명인데, 그중 김조순은 순조 때 세도정권의 시대를 연 인물이다. 또한 정조를 측근에서 보좌했던 채제공이나 아낌없는 사랑을 받았던 정약용은 남인이기 때문에 제외됐다.

순조에게는 김재찬과 조만영이 주목된다. 김재찬은 순조의 아들 효명세자의 대리청정에 중심역할을 한 인물이고 조만영은 풍양 조씨로 안동 김씨와 함께 세도정권의 또 다른 축이 된 사람이다. 문조는 효명세자다. 순조 당시 3년 3개월간 대리청정하다가 스물두 해의 짧은 삶을 산 인물이다. 김로는 김재찬의 조카로 김정희의 아버지 김노경과 함께 효명의 정치를 도왔다. 헌종 때에는 조만영의 동생이며 김정희의 절친인 조인영이 공신에 이름을 올렸다. 고종 때에는 박규수와 민영환의 이름이 보인다. 박규수는 북학파 박지원의 손자이며 개화파의 스승이었다. 민영환은 을사늑약에 자결로써 나라에 충성을 다했던 인물이다. 마지막 임금 순종 때 공신인 송근수와 서정순이 궁금했지만 친일인명사전에는 등장하지 않아 다행이다. 민족백과사전에 송근수(宋近洙)는 송시열의 학문을 이어받아 위정척사의 신념을 가지고 있었다 한다. 좌의정 등을 역임하다가 1903년(고종 40)에 사망했다. 서정순(徐正淳)은 도승지, 예조판서, 중추원의장 등을 지내다가 1908년(순종 1)에 사망했다. 이 두 인물이 순종 때의 공신 이름에 올라가야 하는지 의심스럽다. 순조의 즉위는 1907년이다.

정전영역에 공신당을 둔 이유는 조선이 지향했던 군신공치(君臣共治)의 이념을 종묘 건축에서도 보여주려는 의도였을 것이다.

칠사당

정전영역 왼편 담쪽에는 칠사당이 자리하고 있다. 칠사(七祀)는 일곱 신에게 제사 지낸다는 말이다. 목숨을 맡은 신인 사명(司命)과 출입을 관장하는 사호(司戶), 음식을 주관하는 사조(司竈)와 집 안에 머문다는 토신인 중류(中霤), 도성의 문을 지키는 신령인 국문(國門)과 상벌을 담당하는 공려(公厲), 도로의 통행을 관장하는 국행(國行) 등이다. 유교사상을 이념으로 받든 조선에서 토속신앙과 관련된 일곱 신에게 제사를 받들었다는 것은 그만큼 나라와 백성의 안위를 중히 여겼다는 뜻이다.

영녕전

정전 서문 쪽문으로 나가면 영녕전 동문으로 연결된다. 그래도 남문이다. 정전 신남문에서 영녕전 남문까지는 신로로 널찍한 돌판을 깔았다.

정전 신남문에서 영녕전 남문으로 가는 참배로.

길 왼편으로 정전악공청이 보인다. 종묘제례 때 춤을 추고 악기를 연주하는 악공들이 대기하는 장소다. 영녕전(보물 821호)은 정전의 신주를 옮겨 모시기 위해 1421년에 지었다. '영녕'은 '왕가의 조상과 자손이 길이[永] 평안하라[寧]'는 뜻이다.

영녕전은 34신위가 16신실에 모셔져 있다. 가운데 4신실은 정전과 크기와 높이가 같고, 옆 익실은 정전의 신실보다 크기가 작다. 가운데 영녕전의 신실에는 태조 이성계의 4대조인 목조, 도조, 환조, 익조로 모두 추존왕들이다. 정전의 신실 크기로 4대조를 예우했다. 서협실에는 정종(2대), 문종(4대), 단종(6대), 덕종(추존, 세조의 아들로 요절한 의경세자), 예종(8대), 인종(12대) 등과 각 왕비를 모셨고, 동협실에는 명종(13대), 원종(추존, 인조의 부친), 경종(20대), 진종(추존, 요절한 영조의 장남 효장세자), 장조(추존, 정

영녕전. 가운데 4신실에는 태조의 4대조인 목조, 도조, 환조, 익조를 모셨다.

종묘제례악. 유네스코 세계무형유산으로 지정되었다.

조의 부친 사도세자), 영왕(순종의 황태자) 등과 그 비들을 모셨다. 선왕들의 재위기간은 대부분 4년 2개월 미만이다. 명종은 재위기간이 22년이나, 대부분 문정왕후가 통치권을 행사했고 실제 권력행사는 2년 정도에 불과하다. 자식이 없거나 자식이 왕위를 계승하지 못한 경우이며 추존왕들이 이곳에 자리했다. 폐위된 연산군과 광해군의 신위는 처음부터 이곳에 자리 잡지 못했다.

영녕전에는 공신당과 칠사당이 없다. 추존된 태조 이성계의 4대조에게 신하가 없기 때문에 다른 왕들이 공신을 데리고 들어가는 것이 도리에 어긋나기 때문이다. 더군다나 추존왕들은 애초부터 신하가 있을 리 만무하다. 칠사당을 두지 않았다는 것은 종묘의 중심건물이 정전임을 말해주고 있다.

제례는 선왕과 선왕후에게 제사를 지내는 신성한 의식이다. 제사는 뿌리를 기억하는 것, 즉 정통성을 확보하는 정치행위이다. 종묘대제는 매년 5월 첫째 주 일요일과 11월 첫째 주 토요일에 거행되고 있다. 조선시대에도 임금이 친히 받드는 격조 높은 의례였고 지금은 700여 명이 참여하는 가운데 의식이 이어지고 있다.

영녕전 내림마루의 용두에 식물이 자리를 틀었다.

의식은 거기에 걸맞은 음이 함께하는 법. 종묘제례악이 그것이다. 술잔을 올리는 동안 음악과 춤으로 선왕과 왕후의 영혼을 맞이해 기쁘게 해드린다. 여기에는 조선이 추구했던 예치주의가 나타나 있다. 『예기』에 따르면, "세상을 다스리는 음이 편안해서 즐거우면 정치가 조화롭게 된다"는 말이 있는 것처럼 '예(禮)'와 '악(樂)'으로 나라의 질서를 바로잡으려 한 것이다. 종묘제례악은 유네스코 세계무형유산으로 지정되었다.

전사청

다시 남문을 나오면 왼편으로 제례악을 준비하는 영녕전 악공청이 있다. 영녕전 서쪽문 방향으로 영녕전과 정전 뒤편의 산책길이 펼쳐진다. 이 길도 흙길이면 좋을 텐데 시멘트 포장 산책로다. 영녕전 내림마루 용두 위에 예쁜 식물이 자리를 틀었다. 신기해서 망원렌즈를 들이댔다. 몇몇도 뭐가 있는지 보면서 신기해 한다. 산책에서 이런 것도 재미다. 그래도 종묘의 돌담을 끼고 걷는 기분은 좋다. 녹음도 제법 되고 희한하게 나무들도 길 쪽으로 기울어 있어 그늘 속에서 걷는다. 여름에도 걸을 만하다. 전망이 환하게 보이는 곳에서는 북한산도 조망된다. 누구는 늦가을이나 겨울의 종묘가 좋다고 하지만, 난 단풍이 한창인 가을이 기대된다. 산책길이 끝나는 곳에서 만나는 건물은 전사청이다.

전사청은 'ㅁ' 자 모양의 건물로 평소에는 제례용 집기들을 보관하

영녕전과 정전 뒤편의 산책길, 숲터널 같다.

고 제례 때 음식을 준비하던 곳이다. 오른쪽 옆에 음식을 준비할 때 사용했던 우물인 제정(祭井)이 있다. 앞마당에는 찬막단과 성생위가 있다. 임금은 찬막단(반찬 饌, 천막 幕, 단 壇)에서 제례 때 올릴 음식을 검사하고, 성생위(살필 省, 제사에 쓰일 가축 통칭 牲, 자리 位)에서 제물인 소나 양, 돼지 등을 검사한다. 찬막단에서 정전 방향으로 위치한 건물이 수복방(지킬 守, 노비 僕, 방 房)이다. 항상 관원이 머물며 정전을 관리하고 종묘를 청소하며 제사를 준비하던, 잡일을 맡은 사람들이 머무는 곳이다. 전돌을 깐 정사각형 판위 중 신로 위에 있는 것이 임금의 판위, 그 옆 작은 것이 세자의 판위다. 정전에 들어서기 전에 임금과 세자가 서서 대기하는 곳이다.

재궁

이제 길을 정전 옆 참배로로 잡자. 외대문의 신로를 따라 걸어오는 길은 여기에서 끝난다. 임금과 세자는 정전의 동문을 통해 입장한다. 재궁까지가 비록 짧지만 너무나 걷고 싶은 길이다. 오른편의 적송들과 왼

재궁에서 정전 동문 가는 참배로. 단풍나무와 소나무가 어우러진 길이다.

편의 단풍나무들이 정취를 더해준다. 이어 만나는 곳이 재궁이다.

재궁(齋宮)은 어숙실(御肅室) 또는 어재실(御齋室)이라 한다. 임금과 세자가 '재계(齋戒, 종교적 의식 따위를 치르기 위하여 몸과 마음을 깨끗이 하고 부정(不淨)한 일을 멀리함)하는 날에는 그 거처를 생각한다'는 말에 따라 임금과 세자가 목욕재계하고 의복을 갖추어 입으며 제사를 올릴 준비를 하는 곳이다. 둘레담이 알맞게 둘러쳐 있다. 서문으로 들어서 오른편에 있는 건물이 임금이 목욕재계하는 어목욕청이고, 왼쪽, 즉 남향하고 있는 건물이 임금이 머무는 어재실, 어목욕청을 마주하고 있는 건물이 세자가 머무는 세자재실이다. 임금과 세자가 이곳에서 마음과 몸을 깨끗이 하고 서문을 통해 정전의 동문으로 가서 제례를 올렸다.

향대청과 망묘루

향대청으로 가는 길에 문화해설사가 외국인들에게 종묘에 대해 안내하고 있다. 듣는 모습이 사뭇 진지하다.

향대청(香大廳)은 '향' 자에서 확인할 수 있듯 제례에 쓸 향, 축문, 폐백을 보관하고 제례를 주관하는 제관이 머무는 곳이다. 남쪽 건물인 망묘루는 사당[정전(廟)]을 바라보는[望] 건물[樓]이다. 제례 때 이곳에 온 임금이 정전과 영녕전을 바라보며 선왕과 종묘사직을 생각한다는 뜻이 담겨 있다. 망묘루는 제례를 지내기 위해 온 임금이 머무르는 건물이다. 제사와 직접적인 연관성이 적기 때문에 팔작지붕을 얹어 권위를 드러내고 있다.

정조가 제례를 올리기 위해 망묘루에서 신하들과 시로 대화했다. "…… / 조부 영조대왕께선 매양 몸소 제사 지냈네. / 종묘는 선왕을 우러러보는 곳. / …… / 감히 추위가 심하다고 말할쏘냐, / 작은 정성이나마 오늘 펼쳐야지."(이향우, 『종묘로 떠나는 힐링여행』, 65쪽 재인용) 정조의 어제시(御製詩) 중 일부다.

공민왕 신당

망묘루를 돌아 공민왕 신당으로 왔다. 이곳은 향대청과 망묘루의 문간방도 아니고 쪽방이다. 한 칸짜리 맞배집이어서 쪽문이 어울린다. 그래도 공민왕과 노국대장공주가 다정하게 앉아 있고 왼쪽 벽면에는 공민왕이 그린 「천산대렵도」, 즉 사냥하는 그림이 있다. 많이들 궁금해 한다. 조선왕조의 최고 사당인 종묘에 고려 공민왕 내외의 영정을 모신 것이 말이다. 정확한 이유는 밝혀지지 않았다. 그래서 추론의 여지를 준다.

중국의 원·명 교체기에 공민왕은 반원자주 정책을 내걸고 영토를 수복하는 전쟁을 펼쳤다. 그는 자기 사람들로 성리학을 이념으로 내세운 신진사대부를 중임했고 신흥무인세력의 무력으로 홍건적과 왜구의 침입을 막아냈다. 정도전 등 신진사대부나 이성계 등 신흥무인세력의 든든한 지지자가 공민왕이었다. 혁명파 신진사대부는 우왕이나 창왕을 신돈의 아들이라 주장하며 왕으로서의 정통성도 인정하지 않았다. 역성혁명이지만, 이성계의 조선왕조가 공민왕의 정신을 이었기 때문에 그 정통성을 계승했다고 여겼을 가능성이 크다. 조선왕릉만 하더라도 그 본보기가 공민왕과 노국대장공주를 모신 개성의 현정릉이었다. 그러한 차원에서 이곳에 공민왕 신당을 만들었을 것이다. 그러나 조선왕조 개창은 엄연한 사실이기 때문에 공민왕의 복장을 임금이 아니라 신하의 예복으로 하지 않았나 싶다.

종묘에 공민왕 신당이 있는 이유는 조선왕조의 정통성이 공민왕의 정신에 뿌리를 두고 있다는 것을 보여준다.

참고문헌

승효상, 『오래된. 것들은. 다. 아름답다』(컬처그라퍼, 2012)
김봉렬, 『건축의 시간 영원한 현재』(플레져미디어, 2021)
유홍준, 『나의 문화유산답사기 9』(창비, 2017)
이상해, 『궁궐·유교건축』(솔출판사, 2004)
구본준, 『세상에서 가장 큰 집』(한겨레출판, 2018)
이향우, 『종묘로 떠나는 힐링여행』(인문산책, 2016)
최준식·송해나, 『종묘대제』(주류성출판사, 2016)

부지런한 사람만이 주인일 수 있는

경복궁 궁궐길

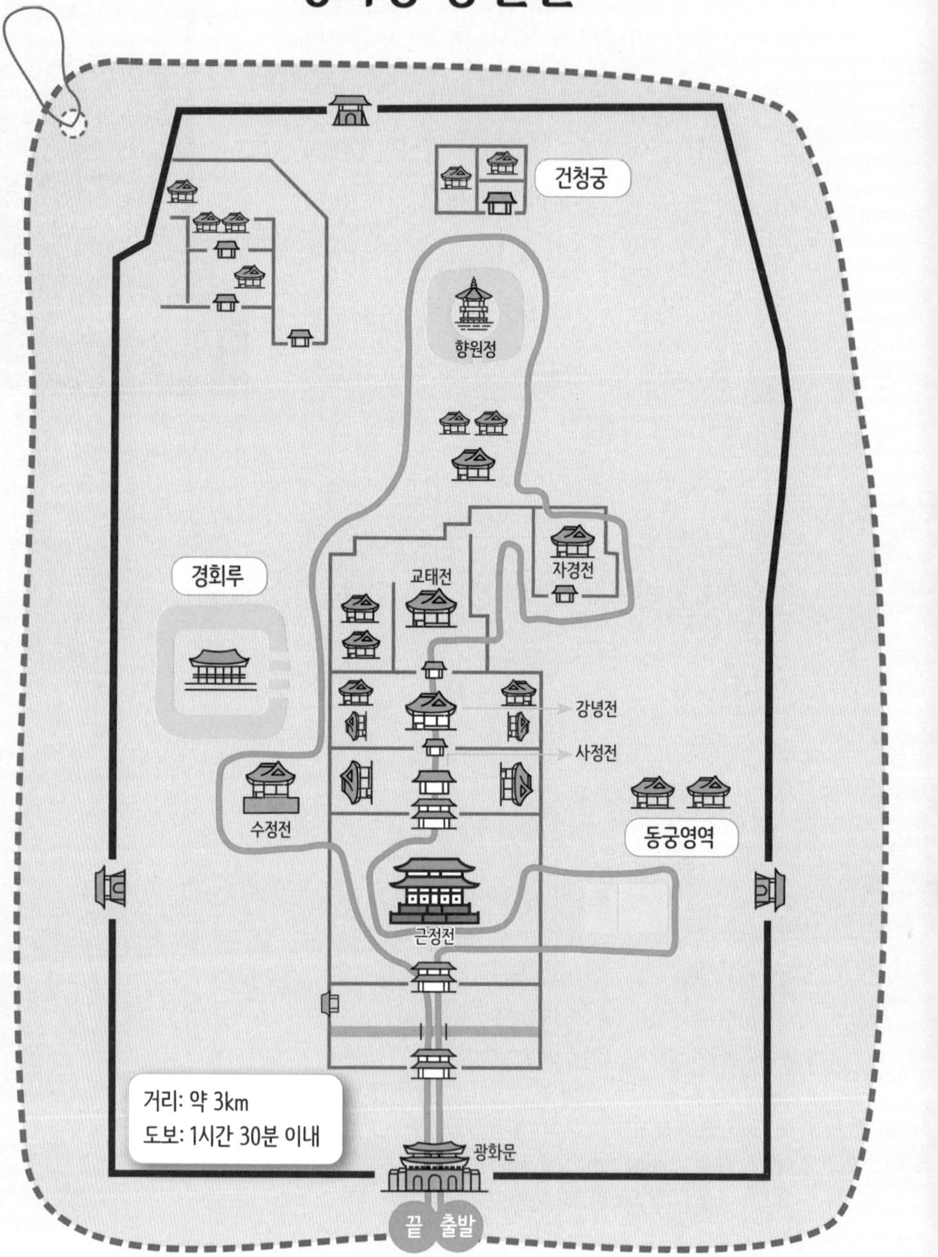

광화문→흥례문→근정문→동궁영역→근정전→사정전→강녕전→교태전→자경전→향원지→건청궁→경회루→수정전

우리나라를 대표하는 궁궐을 꼽으라면 경복궁이 가장 많이 나올 것이다. 그만큼 경복궁은 우리나라 문화를 대표하고 누구나 한번쯤은 발걸음을 했을 것이다.

『주례』의 「고공기」에 따르면 궁궐 건축과 관련하여 오문삼조(五門三朝) 규정이 있다. 다섯 개의 문과 세 영역(외조·치조·연조공간)으로 구성된다는 뜻이다. 경복궁은 이 규정에 따라 정형화되어 만들어졌다.

한양을 수도로 정한 인물이 정도전인지 무학 대사인지 논란 중이다. 풍수지리설에 일가견 있는 무학 대사가 한양과 경복궁의 터를 잡았다고 알려져 있으나, 당시 정치의 실권은 정도전 등 신진사대부가 쥐고 있었다. 이들은 숭유배불 정책을 강하게 밀어붙이고 있었기 때문에 아무리 무학 대사가 이성계와 친분이 있다고 하더라도 그의 발언권은 제한적일 수밖에 없다. 의견을 냈어도 주장을 펴지는 못했을 것이다.

그런데 고려시대에 이곳은 남경으로 개경, 서경(평양) 등과 함께 3

경복궁은 『주례』 「고공기」의 규정에 따라 건축되었다.

경 중 하나였다. 고려 15대 임금 숙종은 직접 이곳에 방문하여 백악산 남쪽에 별궁을 짓고 천도까지 고려했다. 또 뒤를 이은 예종도 한양 별궁에 네 차례나 행차하며 천도의 꿈을 꾸기도 했다. 이런 사실로 미루어 보아 남경은 이미 개경을 대체할 왕도로 여겨져 왔던 것이다. 그 작업을 이성계와 정도전이 수행했다고 보는 편이 옳을 것 같다.

경복궁 답사는 각각 건물의 독특함과 권위, 그리고 현판의 뜻을 새기며 의미를 이해해야 한다. 그런데 지금의 경복궁은 태조 당시의 궁궐이 아니다. 왜란 이후 273년간 폐허로 있다가 고종 때 흥선대원군의 의지에 따라 재건된 궁궐(완공 1867년)이다. 그러나 또다시 일본 때문에 경복궁은 파괴되는 비운을 겪는다. 43년 후인 1910년 일제에 나라를 빼앗기면서 1916년에 조선총독부를 만든다며 또 한 번 파괴되었다. 1990년부터 경복궁 복원공사를 시작하여 총독부 건물이 1996년에 완전 해체되면서 고종 당시의 경복궁으로 주요전각들을 복원하고 있다.

만년토록 큰 복[景福]을 누리리

경복(景福)은 한자 뜻이 '환한 빛' 또는 '큰 복'이다. 알려진 것처럼 궁궐의 이름과 처음 주요현판은 모두 정도전이 지었다.

1395년 10월 7일, 새 궁궐이 완공되자 이성계는 신하들과 연회를 벌였다. 술을 한잔 마신 이성계가 정도전에게 궁궐 이름을 지으라 명하니, 정도전은 『시경』 「주아(周雅)」 편의 "술대접 받아 실컷 취하고 또 많은 은덕을 입었으니 군자께서 만년의 수를 누리시고, 하늘로부터 커다란 복[景福]을 받으시길 비옵니다"(정도전 지음·심경호 옮김, 『삼봉집』, 340쪽)라는 구절을 읊고 '경복(景福)'이라 지어 올렸다.

외조공간

광화문 해치상

외조공간은 광화문에서 근정전에 이르는 공간이며, 중심건물은 근정전이다. 경복궁 답사는 광화문 옆 해치상에서부터 시작해야 한다.

한눈에 봐도 대단히 멋지고 위용 있는 해치상이다. 혹자는 뿔이 없어 해치가 아니라고 하지만 옛 기록에 해치라고 되어 있어 그 의견을 따르는 것이 상식적인 인식이다.

해치는 옳고 그름을 판단하는 정의의 동물, 잡귀의 접근을 막아줌으로써 황제를 보호하는 동물, 화기를 예방하는 상상의 동물 등의 의미를 지니고 있다. 먼저, 시비를 가리는 동물로 거짓말하는 사람을 머리의 뿔로 들이받는다고 한다. 그러기에 사헌부 관리의 흉배가 해치다. 이는 공정한 정사를 펼치라는 뜻으로 이해된다. 둘째, 잡귀를 내쫓는 동물로 목의 방울이 그 역할을 한다. 궁궐에 잡귀가 들어오지 못하도록 막는 역할을 한다. 셋째, 화기를 예방하는 동물로 해치는 물에 사는 동물이다. 광화문 좌우에 해치상이 암수로 있는 이유는 풍수상 앞쪽의 관악산이 화기를 뿜고 있는 산이기 때문이다. 지극히 상징적인 성격을 띠고 있다.

광화문

이제 광화문 앞으로 가자. 태조 당시 광화문의 이름은 오문(午門) 또는 정문(正門)이었다. 세종 때 광화문으로 이름을 바꾸었다. 세종 당시에 『서경』의 "환한 빛이 사방으로 퍼지고 교화가 만방에 미친다(光被四表 化

광화문. 환한 빛이 사방으로 퍼지고 교화가 만방에 미친다는 뜻이다.

삼문 중 가운데 문 천장에는 남쪽을 나타내는 주작이 그려져 있다.

及萬方)"에서 광화(光化)라는 이름을 취했다. 임금의 덕이 만백성에게 고루 미치기를 기원하고 있다.

광화문은 본래 정전인 근정전과 일직선으로 있었다. 그런데 일제 총독부 공사로 건춘문 북쪽에 옮겨놓았으나 한국전쟁 때 포격당해 석축만 남아 있었다. 박정희 정부 때 총독부 건물의 방향에 따라 재건축되었는데 하필 일제강점기에 일본 남산신궁 방향이었다. 많은 논란이 있었고 2010년대에 근정전과 일직선이 되게 다시 건축하여 현재에 이르고 있다. 광화문에서 꼭 봐야 할 것이 광화문 3개의 홍예문 중 가운데 홍예문 천장의 주작 그림이다. 남쪽 방위에 따라 주작이 위치한 것이다.

금천교

이제 두 번째 문 홍례문(중문)에 들어섰다. 홍례는 '예절[禮]을 일으켜 세운다[興]'다는 말로 조선이 유교이념으로 나라를 다스린다는 뜻이 담겨 있다. 일제강점기에 총독부 건물이 있던 곳이며 이 문 앞에서 수문장 교대식이 진행된다.

금천교에 섰다. 금천교는 존엄한 법전공간과 외부공간을 구별 지으며 이어주는 다리로, 그래서 누구나 함부로 건널 수 없는[禁川] 신성한 다리[橋]라는 뜻이다. 금천교의 이름은 영제교(永濟橋)다.

교각 모퉁이와 다리 옆 천변에는 동물상이 있다. 일반적으로 서수(瑞獸, 잡귀를 막아주는 상서로운 상상의 짐승)라 한다. 교각 모퉁이의 네 마리 서수는 용이다. 용의 종류로는 아홉 가지가 있는데 이중 '공복'이라는 용이다. 이 용은 물에서 놀고 물을 마시는 것을 좋아한다. 그들이 바라보고 있는 방향을 보면 모두 금천교를 지나는 악귀를 쫓고 있는 모습이다. 교각에서 약간 떨어진 천변의 동물은 천록이라 한다. 잡귀가 오는지 물을 감시하고 있는 중이다. 어떤 것은 혀를 내밀고 있다. 혀를 내미는 것은 천록의 특성 중 하나다.

천록. 물을 감시하고 있는 중이며 혀를 내미는 특성이 있다.

조정, 그리고 박석

근정문은 전문(殿門)이다. 이 문 앞에서 임금과 세자의 즉위식, 과거시험의 전시 등이 거행되었다. 광화문 못지않게 권위가 있는 문이며 가운데 세 개의 문은 임금과 왕비만이, 양옆의 일화문과 월화문은 신하들, 경비병 등이 이용했다. 이왕 들어가는 김에 임금이나 왕비처럼 가운데 문으로 가자. 그런데 임금은 이 길을 가마를 타고 지나간다.

근정문을 들어서면 근정전 앞의 넓은 뜰이 펼쳐진다. 이 뜰을 조정(朝廷, 임금을 알현하는 뜰)이라 한다. 신년하례, 외국사신 맞이 등의 국가적인 행사가 거행되던 곳이다. 거기에 근정전에 이르는 길이 있다. 삼도다. 가운데 높은 길은 어도로 임금과 왕비만이 걸을 수 있다. 조정 바닥에 깔려 있는 넓적하고 얇은 돌이 박석(薄石)이다. 행사 때 신하들의 발걸음을 조심하게 함으로써 예의를 갖추게 함과 동시에 가죽신을 신은

국가적인 행사가 거행되던 근정전 앞 조정.

신하들이 미끄러지는 것을 막는 역할을 한다. 또한 햇빛이 쨍쨍한 날에도 난반사되어 눈부심을 막아준다. 삼도 양옆으로 품계석들이 도열하고 있다. 국가행사 때 신하들의 등급에 따라 홀을 받들고 서 있는 곳으로 정1품부터 정9품까지 있다. 문반(동반)은 동쪽에, 무반(서반)은 서쪽에 서며 총 24개다. 종4품부터 종9품까지는 지방관직이기 때문에 자리가 없다.

원근의 깊이가 느껴지는 동남쪽 회랑.

여기서 한마디 더 거들자. 조정은 근정전에서 근정문까지의 높이가 다르다. 북쪽이 높고 아래쪽이 낮다. 또한 마사토를 깔고 박석을 올렸기 때문에, 박석 사이가 띄어 있어 물이 스며들면서 흘러내리게 한다. 그래서 우기에 별도의 하수시설이 없어도 물이 고이지 않는다.

근정전으로 올라서기 전에 동서회랑을 반드시 봐야 한다. 동남쪽 모서리 회랑 쪽으로 발걸음을 옮겨 회랑의 기둥들을 카메라에 잡아보자. 원근의 깊이가 있어 예술작품을 찍는 느낌이 들 것이다. 회랑을 따라 걸어가다가 첫 번째 문으로 나서면 동궁 가는 길이다. 저 멀리 영춘문이 보인다. 그 앞에 있는 은행나무가 멋지다. 가을날의 모습이 저절로 상상된다.

동궁

동궁은 세자를 일컫는 대명사이며 세자와 세자빈이 머무르는 공간이다. 동쪽은 해가 떠오르는 방향이기에 차기 임금이 머무른다. 이곳의

자선당. 세자가 임금의 품성을 갖추라는 뜻이 담겨 있다.

비현각. 세자가 공부하며 왕업을 익힌다는 뜻이다.

중심건물은 자선당과 비현각이다. 자선당은 세자가 임금의 품성을 갖추라는 뜻을 담고 있다. 즉, 이곳에서 덕[善]을 갖추라[資]는 말이다. 이 건물은 동궁의 중심공간이다. 비현각은 임금의 일을 행할 만한 능력을 크게[클 丕] 드러낸다[드러낼 顯]는 말로 세자가 공부하며 왕업을 익히는 자선당의 부속건물이다. 둘 다 '전'이 아니라 '당'과 '각' 자를 썼다.

건물에도 계급이 있다. 건물에는 전-당-합-각-재-헌-루-정이라는 말이 끝에 붙는다. 이중 임금과 왕비 및 왕비를 지낸 인물들만이 '전' 자가 들어가는 건물에 거주할 수 있다. 세자와 세자빈이 거주할 수 있는 가장 높은 건물의 등급은 '당' 자가 들어가는 건물이다.

근정전 영역

근정전 주위의 조각들

자선당 왼쪽 쪽문으로 나가면 근정전 회랑으로 들어가는 문이 있다. 그곳으로 이동하여 근정전을 답사해 보자.

근정전의 월대는 보통 '기단'이라 하는데 2중으로 되어 있다. 근정전 올라가는 계단의 1층 양옆에는 국가행사 때 악사(樂師)들이 연주하는 곳이며, 2층 월대 정중앙에 일월오봉도를 뒤에 두고 임금이 좌정한다. 근정전 1층 월대 동남쪽 모서리에 동물 가족상이 있다. 혹자는 해치 가족이라 하고 혹자는 사자 가족이라 한다. 자세히 보니 해치에게 필수 장식물인 방울이 없다. 사자 가족일 가능성이 크다. 어미 품에 매달려 있는 새끼가 무척 귀엽다. 학생들에게 보여주니 귀엽다고 스마트폰을 다투어 갖다대며 사진을 찍는다. 사자 가족은 무리지어 있으면서 임무에 충실하다. 아비는 근정전 방향을 바라보고 어미는 근정문 방향을 지켜보고 있다. 서남쪽 모서리에도 있으니 살펴보고 삼도에서 이어진 계단으로 올라서자.

계단을 오르면서 만나는 조각이 답도 판석이다. 답도는 임금만이 오르는 계단이고 판석은 돌판에 그려진 조각이다. 봉황이 그려져 있는데 봉황은 성군이 등장하면 나타나는 상서로운 새다. 따라서 성군이 되기를 염원한다고 할 수 있다. 월대 난간의 여러 조각상도 볼 만하다. 청룡, 백호, 주작, 현무 등 사신동물들이 동서남북 난간을 지키고 앉아 있고, 십이지신상들도 방향에 따라 좌정했다. 그런데 돼지와 개가 빠져 있다. 또 서수(瑞獸)들도 보이는데 모두 잡귀를 쫓으며 근정전을 보호하고 있는 중이다. 근정전 주위의 동물상들을 하늘의 별자리 28

근정전 영역을 지키는 사자 가족. 어미 품에 안겨 있는 새끼 사자가 미소를 머금게 한다.

수로 보는 견해가 유력하다. 이곳에 동양의 별자리를 펼쳐놓았다면 근정전은 하늘 궁전이며 어좌에 앉은 임금은 북극성으로 모든 별을 관장할 것이다.

근정전

근정전 서남쪽 모서리에 정(鼎)이 있다. 정은 중국 하나라 때 천자를 표현하던 세 발 달린 솥으로 최고의 권위와 권력을 상징한다. 월대 1층에는 물을 담아두는 항아리인 드무가 있다. 목조로 된 근정전은 화재에 취약하다. 여러 번 화마(火魔)에 휩쓸렸다. 그래서 드므는 화재예방을 위한 경각심용 상징이다.

근정전 앞에 섰다. 정면 5칸, 측면 5칸의 이중 팔작지붕에 다포가 화려하다. 그냥 보기만 해도 옷매무시를 고쳐야 할 정도로 근엄한 건물

근정전. 이중의 팔작지붕 건물로, 나랏일을 근면하게 하라는 뜻이 담겨 있다.

이다. 이중으로 나와 있는 추녀를 한번 보자. 형(形), 색(色), 선(線)이 글로 표현할 수 없을 정도로 정말 멋지다. 지붕의 곡선에 모퉁이의 귀포가 두 송이 풍성한 꽃으로 피어 있고, 거기에 단청으로 색을 입혔다.

추녀마루의 잡상들. 화마 등 잡귀를 막으려는 목적으로 얹은 장식기와다.

근정은 나랏일[政]을 근면하게[勤] 하라는 뜻이다. 정도전은 경복궁의 전각 중에서 가장 권위 있는 이 건물에 왜 '근정'이라는 이름을 붙였을까? "천하의 일은 부지런하면 다스려지고 게으르면 폐기되는 것이 필연의 이치입니다. 작은 일도 그러하거늘 하물며 정치라는 큰일이야 어떠하겠습니까?"(정도전 지음·심경호 옮김, 『삼봉집』, 347쪽)라고 이성계에게 조언했다. 임금이 나랏일에 대해 반드시 부지런해야 함이 당연한 의무라고 말하고 있다. 근정전은 2층 건물로 이중의 팔작지붕, 다포양식, 가장 권위 있는 원기둥과 원초석으로 건축했다. 지붕 추녀마루의 잡상들도 근정전을 호위한다. 삼장법사, 손오공, 저팔계 등등 『서유기』의 인물들이며, 잡귀를 막으려는 목적에서 얹은 장식기와다. 아무 건물에나 얹을 수 없다. 임금, 왕비와 관련된 건물에만 잡상을 얹을 수 있다.

내부는 하나로 통하게 했고, 북쪽 가운데에 닫집과 어좌가 있다. 어좌는 법전 안 북쪽 가운데 있는 임금이 좌정하는 곳이며, 의자를 용상(龍床)이라 한다. 닫집은 사찰 법당에도 있는데 안에 있는 존재가 높은 권위를 지니고 있다는 것을 나타낸다. 어쩌다 교무실에서 경복궁 이야기가 나오니 선배 교사가 목소리 높여 이야기한다. 자기가 경복궁 전문가라고 말이다. 제5공화국 시절에 30경비단에서 근무했단다. 밤중에

근정전의 닫집과 어좌. 지존인 임금이 일월오봉도를 뒤에 두고 좌정하는 곳이다.

천장의 황룡. 대한제국 선포 후에 칠조룡으로 변경했다 한다.

고참 병장이 어좌에 앉아 담배를 피기도 했다고 하니 뒷목 잡고 쓰러질 일이다.

어좌 뒤로는 일월오봉도가 펼쳐져 있다. 일월오봉도는 임금이 음양오행에 따라 나라를 다스리라는 뜻이다. 하늘[해와 달, 天], 땅[산과 물, 地]이 있으며 하늘과 땅을 연결하는 주체가 임금[人]이라는 의미도 내포되어 있다. 천장 가운데 황룡 두 마리가 날고 있다. 근정전 왼쪽 문에서 가장 잘 보인다. 황룡은 발톱 7개의 칠조룡이며 칠조룡은 황제를 의미한다. 1897년 대한제국 선포 후 황제를 의미하는 칠조룡으로 변경했다고 한다. 오조룡과 삼조룡은 황제의 첫 번째 신하인 왕이나 세자를 뜻한다.

치조공간

사정전

치조공간이다. '치'는 다스린다[治]는 말로 임금의 집무공간이다. 이곳에는 세 개의 건물이 있는데 중심건물이 사정전이다. 나랏일[政]을 결정할 때에는 신중[思]을 기하라는 뜻이 담겨 있다.

임금에게 가장 바쁜 업무가 인재를 구하는 것이다. 정도전의 이야기를 들어보자.

> ……많은 사람 중에서 지혜롭고 어진 사람과 어리석고 못난 사람이 뒤섞여 있으며, 많은 일 가운데는 시비와 이해가 뒤섞여 있습니다. 군주가 진실로 깊게 생각하고 세밀하게 살피지 않는다면 어떻게 일의 옳고 그름을 변별하여 처리하고, 어떻게 사람의 어질고 어리석음을 구분하여 등용하고 물리치겠습니까?
>
> – 정도전 지음·심경호 옮김, 『삼봉집』, 345쪽

이곳에서 세조도 같은 생각이었다. 세조는 과거급제자들을 사정전에 불러 연회를 베푼 자리에서 장원한 김수온에게 상을 내리며 직접 시까지 지었다.

> 인재 구하려 옆자리 비워놨는데 이미 채워졌구려 / 더구나 때마침 비까지 내려 온 나라를 듬뿍 적시네 / 용과 범 같은 그대에게 가득 채운 술잔 내리니 / 기쁘고 흡족한 술자리에서 너무 취하진 말게나
>
> – 박순, 『시가 흐르는 경복궁』, 136쪽의 원문 참조

군신공치의 뜻

임금이 가장 '생각'을 집중해야 하는 것이 지혜롭고 어진 이를 구하는 것이다. 그 뜻은 사정전 안 일월오봉도 위에 있는 운룡도에도 담겨 있

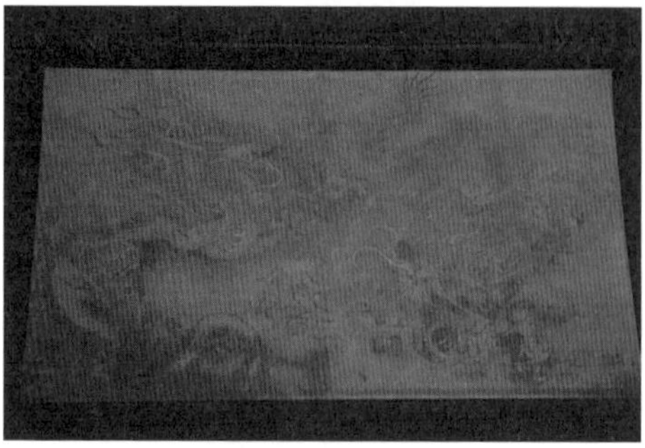
사정전의 운룡도. 용은 임금, 구름은 신하를 나타내며, 군신공치의 이념이 반영되어 있다.

다. 용이 구름을 내뿜고 다시 구름이 용을 감싸 신성하게 한다는 그림이다. 용은 임금, 구름은 신하를 나타낸다. 임금이 현명한 신하를 선발하여 맘껏 능력을 펴게 하고 훌륭한 신하들이 자신의 능력을 최대로 발휘하여 임금의 업적을 더욱 빛낸다는 뜻을 담고 있다. 이처럼 조선은 통치의 행위를 임금의 사적(私的) 영역으로 보지 않고 임금과 신하가 함께하는 공적(公的) 행위로 인식했다. 앞에 있는 두 개의 작은 책상은 사관이 이용하던 것이다. 임금과 신하의 말과 행동을 있는 그대로 기록하여 『조선왕조실록』의 주요자료로 삼았다.

사정전은 어전회의, 경연 등 임금이 일상적인 일을 하는 곳으로 주로 여름에 이용했다. 좌우에는 만춘전, 천추전이 있다. 만춘(萬春)과 천추(千秋)는 모두 '오랜 세월'이라는 뜻이다. 왕권과 왕조의 무한한 번영을 기원하는 마음이 담겨 있다. 이 건물들은 임금이 봄, 가을, 겨울에 이용하는 집무실이다. 기단 옆에 아궁이가 있고 뒤에 굴뚝이 있다. 사정전에는 아궁이와 굴뚝이 없다. 사정문에 연해 있는 건물은 내탕고다. 임금의 사유재산을 보관하는 창고[御庫]다.

연조공간

강녕전

연조공간은 임금이 평상복을 입고 여가를 즐기는 곳이다. 이곳의 중심공간은 강녕전과 교태전이다. 강녕전에 들어가는 문이 향오문이다. 다섯 개[五]로 향하는[向] 문으로 오복을 누리라는 의미가 내포되어 있다. 장수[壽], 재물[富], 건강[康寧], 유호덕(攸好德, 덕 실천의 즐거움), 고종명(考終命, 천수를 누리는 것) 등이다. 오문삼조에서 마지막 오문이 향오문이다. 임금의 침전영역인데 건물도 강녕전, 연생전, 경성전, 연길당, 응지당으로 다섯 채가 있다.

강녕전은 즐거울 강(康)에 편안할 녕(寧) 자를 쓴다. 임금의 침실이다. 강녕전이라 이름 지은 이유로 정도전은 "대개 군주가 마음을 바루고 덕을 닦아 중정(中正)의 극을 세우면 오복(五福)을 누릴 수가 있습니다. 강녕(康寧)은 오복 가운데 하나인데, 중앙에 있는 강녕만을 말한 것은 이것을 말하면 나머지를 모두 포괄할 수 있기 때문입니다"(정도전 지음·심경호 옮김, 『삼봉집』, 342쪽)라고 말했다. 장수와 건강은 몸의 편안함[康]이고 재물과 유호덕은 마음의 편안함[寧]이다. 오복을 모두 가지고 있는 것이 강녕이다. 강녕전 건물에서 특이한 것이 기와지붕에 용마루가 없

강녕전. 지붕에 용마루가 없는 이유는 용(임금)을 다른 용(용마루)이 누를 수 없다는 뜻이다.

다는 점이다. 임금(용)이 누워 자는데 다른 용이 위에서 누를 수 없다는 뜻이라 한다.

교태전

교태전으로 들어가는 문이 양의문이다. 양의(兩儀)는 하늘과 땅 또는 음과 양을 나타내며, 임금과 왕비를 뜻한다. 삼문 중 좌우문은 각 두 짝, 가운데는 세 짝의 접이식문인데, 여인들의 공간이기 때문에 여인들이 힘들이지 않게 여닫게 하려는 배려다.

교태전은 왕비의 침실로, 궁궐의 중심이기 때문에 중전(왕비를 칭하는 호칭 중 하나)이라고도 불린다. 교태(交泰)는 『주역』「지천태」괘에 나오는 "하늘과 땅이 사귀는 태의 괘상이다. 왕후는 그것으로 천지의 도를 이룩하고 천지의 마땅함을 보필하여 백성을 좌우한다(天地交泰 后以 財成天地之道 輔相天地之宜 以左右民)"(허균, 『서울의 고궁 산책』, 75쪽 재인용)라는 글에서 취했다. 이 괘는 땅의 기운이 하강하고 하늘의 기운이 상승하는 특성을 가졌다 한다. 즉, 음양의 조화로 남녀가 교합하는 것을 나타낸다. 왕비의 역할 중 가장 중요한 것이 대를 이을 왕자를 낳는 것이다. 왕비는 공인(公人)으로 이곳에서 궁궐의 여인(궁녀)들과 관련된 일을 처리했다. 이곳 팔작지붕에도 용마루가 없다. 용마루가 하늘 기운과 땅 기운을 합치는 데에 방해가 된다는 믿음 때문이라 한다.

교태전 앞쪽 왼쪽문으로 나가 함원전을 지나 들어가면 화계가 나온다. 계단식 화단[花階]으로 왕비만의 꽃동산이다. 경복궁의 화계를 '아미산'(중국의 명산)이라 한다. 경회루에 연못을 파고 나온 흙으로 만든 인공산이다. 진달래, 철쭉, 목단, 소나무 등을 심고 여러 괴석과 함월지(연못)를 군데군데 두었는데 이는 이곳이 산세 좋은 명산임을 나타내려는 의도다. 육각형 모양의 네 개의 굴뚝에는 동식물의 무늬가 새겨져 있는데 모두 보물로 지정되어 있다.

자경전

건순각 옆 샛문으로 나가면 자경전 영역이 펼쳐진다. 자(慈)는 어머니를 뜻한다. 이곳은 임금의 어머니(왕대비)나 할머니(대왕대비)가 머무르는 곳이다. 자경전은 흥선대원군이 철종의 뒤를 이어 고종을 임금으로 임명한 조대비(신정왕후)를 위해 만든 공간이다. 이곳에서 반드시 봐야 할 것이 자경전 합각의 기하학적 무늬, 그리고 꽃담과 굴뚝이다.

자경전 꽃담은 붉은 벽돌로 만(萬), 수(壽), 복(福), 강(康), 녕(寧) 등의 길상문자를 새겨놓았는데 자경전 주인의 만수무강을 기원하는 뜻이 담겨 있다. 또한 매화, 대나무, 국화, 석류 등의 식물도 새겨져 있다. 매화, 대나무, 국화는 고고한 삶을, 석류는 다산을 기원한다. 꽃담을 보고 남쪽의 정문으로 들어가자.

십장생 굴뚝. 대비의 만수무강을 기원한다.

박쥐. 대비의 행복을 기원한다.

만세문은 대비의 장수[萬歲]를, 자경전은 대비에게 기쁜 일[慈慶]만 생기라는 의미가 담겨 있다. 자경전 지붕에는 용마루가 있는데, 이곳의 주인이 과부이기 때문일 것이다. 자경전 팔작지붕 합각에는 기하학적 바탕무늬가 눈길을 사로잡는다. 자세히 보면 사각에서 팔각, 원무늬로 짜놓았다. 무시무종의 기하학적 바탕무늬인데 대비의 무병장수를 기원했다.

뒤로 돌아가면 보물로 지정된 십장생 굴뚝을 만난다. 십장생 굴뚝에 담긴 뜻도 만수무강 기원이다. 굴뚝 중앙의 구름, 바위, 소나무, 대나무, 거북, 사슴, 학, 연꽃, 불로초, 포도 등은 불로장생과 복을 뜻한다. 특히 포도는 알이 주렁주렁 열리기 때문에 다산을 기원했다. 십장생 위에는 용 얼굴과 학이, 아래에는 불가사리가, 양 측면에는 박쥐와 넝쿨무늬가 조각되어 있다. 박쥐는 많이들 놓친다. 박쥐는 한자로 蝠(복)이며 福(복) 자와 발음이 같아 행복을 기원하는 의미가 담겨 있다.

향원정과 향원지

이제 향원지 앞에 섰다. 향원지는 사각형 연못에 둥근 섬으로 조성했는데 동양적 우주관인 천원지방을 담고 있다. 향원은 향기[香]가 멀리[遠]까지 퍼진다는 말로 향기가 멀어질수록 맑다는 의미다. 다리 이름은 취향교다. 꽃향기에 취한다는 뜻으로 수련이 필 때에는 그냥 취해 버릴 것 같다.

건청궁에서 향원정으로 이어지도록 무지개다리를 놓았다. 다리가 흰색이어서 철교처럼 보이니 뭔가 부조화하며 위압적이기도 하다. 흥선대원군이 경복궁을 중건할 당시에는 없었고 고종이 건청궁을 지을

향원정과 향원지. 꽃향기 나는 곳이라는 뜻이며, 새로 놓은 다리가 철교처럼 보인다.

때 만든 연못과 정자가 향원지와 향원정이다. 『세조실록』에 후원에 취로정이라는 정자와 연못에 연꽃을 심게 했다는 기록이 나온다. 흥선대원군이 경복궁을 중건할 당시에는 어떤 모습이었는지 모르겠다.

건청궁

아픈 역사를 담고 있는 건청궁이다. 고종이 1873년에 명성왕후를 위해 지은 궁으로, 일반 양반가옥 형식으로 건축했는데 이곳에 기거할 때에는 잠시 동안이라도 평범한 인간으로 살고자 하는 뜻이 반영되어 있다.

장안당은 사랑채로 고종이 기거했고, 곤령합은 안채로 명성왕후의 거처였다. 건청, 곤령, 장안 글자에는 "왕의 상징인 하늘은 맑고[乾淸], 왕비의 상징인 땅은 편안하며[坤寧], 모두 오랫동안의 안녕을 누린다[長安]"(허균, 『서울의 고궁 산책』, 104쪽 재인용)는 뜻이 깃들어 있다. 그러나 이곳 곤령합은 을미사변이 일어난 곳이다.

을미사변

청일전쟁에서 승리한 일본이 한반도와 만주에서 우위를 점했다. 조정에서는 민씨 세력이 밀려나고 친일개화파가 정국의 주도권을 장악했다. 그러나 일찍부터 러시아가 한반도와 만주에 눈독을 들여왔다. 러시아는 그들의 숙원사업인 남하정책을 위한 최적지의 부동항으로 한반도와 랴오둥반도(만주 방면)를 노리고 있었다. 기회를 엿보고 있었는데 일본이 만주를 손에 넣으려 하자 다급해졌다. 러시아는 이권을 노리는 프랑스와 독일을 끌어들여 일본을 압박했다(삼국간섭, 1895. 4.). 결국 일본이 굴복하면서 랴오둥반도를 청나라에 돌려주었고 러시아가 이곳을 차지했다. 러시아와 일본이 한반도 문제를 둘러싸고 본격적으로 대립했다.

이 시기에 일본은 일명 '여우사냥' 작전을 진행했다. 친러의 핵심인물인 명성왕후 시해계획이다. 1895년 10월 8일 새벽, 일본공사 미우라의 지휘로 일본군인들과 낭인들이 흥선대원군과 조선의 훈련대를 거느리고 경복궁에 침입하여 건청궁 곤령합에서 명성왕후를 살해하고 시신을 불태웠다. 이들이 흥선대원군과 훈련대를 대동한 것은 명성왕후를 시해한 범인들로 뒤집어씌우기 위해서였다.

을미사변은 일본공사 미우라가 단독으로 저지른 우발적인 사건이었을까? 미우라는 일본육군 중장 출신이다. 그가 공사를 맡은 지 20일 만에 이 사건이 일어났다. 미우라 전임 일본공사는 이노우에 가오루였다. 삼국간섭을 지켜보면서 이노우에는 한반도 문제를 해결하기 위해서는 친러정책의 핵심인물인 명성왕후를 제거해야 한다고 생각했을 것이다. 시해를 위한 모든 준비를 마친 이노우에는 신임 한국공사로 부임한 미우라와 17일간 함께하면서 업무를 넘겨주었다. 이 업무에는 국모시해계획도 있었을 것이다. 이런 엄청난 계획을 진행하는 데에는 외교관보다는 명령을 충실히 따르는 군인이 적합했던 것이다.

명성왕후를 직접 죽인 칼잡이들은 일본 낭인이었다. 그러나 이들은 단순한 정치 깡패가 아니었다. 낭인들 중에는 하버드대·동경대 졸업자도 여러 명 있었다. 이노우에 뒤에는 일본국왕이 있었다. 이노우에는 이토 히로부미 수상, 야마가다 아리모도 외상과 함께 일본국왕에게 직접 정책을 건의하고 논의하는 일곱 명의 각료 중 한 명이었다. 을미사변은 일본국왕의 허락하에 이노우에가 각본을 짜고 군인 출신 미우라 공사가 행동대장이 되어 일으킨 사건이었다.

건청궁 곤령합. 을미사변의 장소다.

경회루

고종이 서재 겸 외교사절 접견장소로 쓰던 집옥재 영역이다. 집옥재 앞길로 쭉 따라 내려오면 경회루를 만난다.

경회루는 축하할 만한 기쁜 일[慶]을 기리기 위한 모임[會]이라는 뜻으로 임금과 신하가 서로 덕과 지혜로써 모인다는 의미다. 경회루 이름은 태종의 최측근인 하륜이 정했다. 이미 태종은 이 건물 이름의 후보군으로 '경회', '납량', '승운', '과학', '소선', '척진', '기룡' 등으로 정해놓고 이중 하륜으로 하여금 고르게 했다. 하륜으로서는 대단한 영광이며 태종의 절대적 믿음을 확인한 순간이었다. 하륜은 '경회'를 선택하고 「경회루기」를 작성했다. "처마의 기둥을 탁 트이게 한 것은 총명

경회루. 경복궁 건물 중 가장 높다. 임금과 신하가 서로 덕과 지혜로 모인다는 뜻이며 주로 연회장소로 사용되었다.

을 넓히려는 것이며, 높은 층계는 등급을 엄하게 한 것이고, 내려다보면 반드시 두려워지도록 한 것은 경외(敬畏)하는 마음을 갖도록 한 것이며, 멀리 두루 볼 수 있도록 한 것은 포용을 위한 것입니다"(박순, 『시가 흐르는 경복궁』, 81쪽 재인용)라고 썼다. '총명', '등급', '경외', '포용' 등의 단어가 들어가 있는데 나라의 통치에서 꼭 필요한 덕목들이다.

당시 경회루는 한양에서 가장 높은 건물이었다. 주위의 풍경과 사람이 한눈에 들어오도록 했고 이를 '포용'의 가치와 결부시켰다. 이곳에서 사신 접대, 공신들을 위한 연회, 과거시험이나 활쏘기 등이 행해졌고 기우제 장소로도 이용되었다. 동양사상을 바탕으로 주역과 음양오행의 원리에 따라 지었는데, 1층 바깥 기둥은 사각형의 민흘림기둥으로, 안은 원형의 민흘림기둥으로 지었다. 천원지방이다. 2층은 세 개의 공간으로 나뉘는데, 가운데 단을 높여 군신 간의 위계를 두었다. 추녀마루의 잡상도 11개로 가장 많다.

수정전

경회루 아래쪽 큼직한 건물이 수정전이다. 이 건물의 이름은 여러 번

바뀌었다. 처음, 세종 때에는 집현전(集賢殿)으로, 인재양성소 역할을 했다. 계유정난으로 세조가 집권하면서 집현전을 폐지하고 편액을 떼어 버렸다. 사육신 등 세조의 찬탈에 반대했던 인물들이 집현전 출신이 많았기 때문이다. 성종이 즉위하면서 집현전의 뜻을 살려 홍문관(弘文館)으로 이름을 바꿔 달았으나 임진왜란으로 불타버렸다. 고종 4년에 나랏일[政]을 바로 잡는다[修]라는 뜻을 담아 '수정전'이 되었다. 갑오개혁 때에는 군국기무처 자리로 내정개혁을 주도했던 곳이다. 측면 4칸, 정면 10칸의 40칸 집으로 단일 건물로는 우리나라에서 가장 큰 칸수를 자랑한다. 건물의 크기도 그렇지만 기단이 근정전 다음으로 높다. 신하들의 공간인데 사정전보다 더 높으니 여기서도 조선이 추구했던 군신공치의 이념이 잘 나타나 있다.

수정전에서 영추문까지, 그리고 그 앞으로는 궐내각사가 있던 곳이다. 지금처럼 잔디밭이 아니었다. 수정전 오른쪽으로 가면 근정전 영역으로 들어갈 수 있다.

참고문헌

허균, 『사료와 함께 새로 보는 경복궁』(한림미디어, 2005)
허균, 『서울의 고궁 산책』(새벽숲, 2010)
김동현, 『서울의 궁궐건축』(시공사, 2002)
양택규, 『경복궁에 대해 알아야 할 모든 것』(책과함께, 2013)
정표채, 『한 권으로 읽는 경복궁』(운곡서원, 2022)
박순, 『시가 흐르는 경복궁』(한언, 2023)
정도전 지음·심경호 옮김, 『삼봉집』(한국고전번역원, 2016)
홍순민, 『우리 궁궐 이야기』(청년사, 2000)
최문형, 『한국을 둘러싼 제국주의 열강의 각축』(지식산업사, 2001)
김정남, 『36시간의 한국사 여행 3』(노느매기, 2017)

조선 최고의 인재들이 거닐던

성균관 유생길

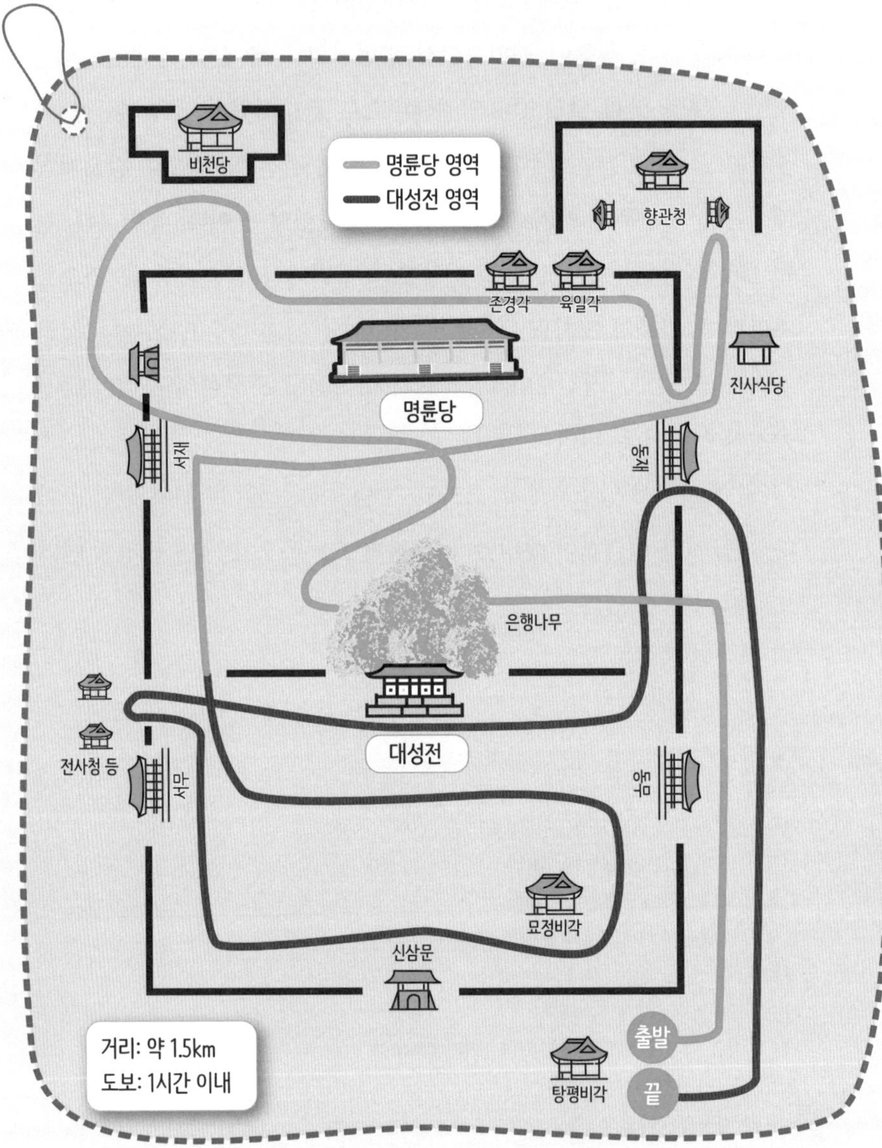

* 명륜당 영역: 탕평비각→명륜당 영역→비천당→국제관에서 명륜당→존경각, 육일각→진사식당→향관청 일원→서재에서 대성전 영역 쪽문

* 대성전 영역: 대성전→동무→묘정비각→신삼문→서무→전사청 일원→대성전 앞을 지나 쪽문 통해 동재 방향

서울 지하철 4호선 혜화역 4번 출구에서 걸어 성균관대학교 정문에 도착했다. 정문 지나 왼편에 탕평비각과 하마비가 있고 조금 더 지나 성균관 외삼문 건너편 인근에 성균관대 빗돌이 있다. 거기에 성균관대 설립연대가 1398년이라 새겨져 있다. 태조 이성계의 창업 6년 후다.

조선시대 성균관은 오늘날로 치면 국립대학이다. 1945년 11월 전국유림대회에서 성균관의 정통을 계승할 대학 수립을 위하여 기성회가 조직되었다. 이 모임에서 독립운동가이며 유학자인 심산 김창숙이 대표가 되어 1946년에 설립한 사립대학이 성균관대학교이다. 단과대학에 유학대학을 두는 등 성균관의 명맥을 사실상 계승하고 있다.

탕평비

탕평비각 앞에 섰다. 영조는 다음과 같이 써서 학문을 익히는 미래의 관료들에게 마음에 새기도록 했다.

> 周而弗比 乃君子之公心 比而弗周 寔小人之私意
> 주이불비 내군자지공심 비이불주 식소인지사의

"두루 사귀어 편을 짓지 않는 것이 군자의 공정한 마음이요, 편을 가르고 두루 사귀지 못하는 것이 소인의 사사로운 마음이니라"라는 뜻이다.

탕평이라는 말도 임금의 도가 한쪽으로 기울지 않고 넓고 크며[蕩] 고르게[平] 미친다는 뜻이다. 이뿐만이 아니다. 탕평책에 대한 영조의 의지는 강력했다. 심지어 탕평채까지 만들었다. 신하들과 탕평을 논하는 자리에서 녹두묵(연두색), 김(검정색), 미나리(초록색), 당근(주황색), 달걀

흰자(흰색)와 노른자(노란색), 붉은 실고추(붉은색) 등을 버무려 신하들과 함께 먹었다.

선조부터 시작된 붕당정치는 숙종 때에는 서인과 남인 간에 많은 사람이 희생되며 귀양 가기도 했고, 영조 즉위 직후 이인좌의 난으로 목숨까지 위협했다. 하지만 탕평에 힘썼던 영조도 극단적 붕당정치로 인해 자식(사도세자)마저 희생시켜야 했다.

성균관의 구조

주차장으로 가니 '서울 문묘와 성균관'이라는 안내도가 있다. 성균관은 크게 두 개의 영역으로 나눠진다. 이곳처럼 평지일 경우 앞쪽이 제향공간(대성전 영역), 뒤쪽이 강학공간(명륜당 영역)이다. 이를 전묘후학(前廟後學)이라 한다.

대성전은 공자를 비롯한 선유(先儒, 선대의 유학자)들에게 제향을 드리는 공간이다. 그래서 영역 왼편에 제기고 등이 있다. 명륜당은 유생들의 배움 공간이다. 마찬가지로 영역 오른편으로 진사식당 등 여러 건물이 있다. 대성전 영역을 문묘(文廟)라고도 한다. 공자를 높여 부르는 말이 '문선왕(文宣王, 학문을 크게 떨친 임금)'이어서 문선왕을 모신 사당이라는 뜻이다.

성균관과 마을을 구분하기 위해 성균관 동쪽과 서쪽에 도랑을 파서 물이 흐르도록 했다. 반수(泮水)라고 하는데 중국 주나라 시대에 제후국에서의 국학(성균관에 해당)을 이런 구조로 만들었다.

성균관

성균관은 조선 초부터 최고의 국립교육기관으로 조선의 인재를 양성하는 곳이다. 16세기 이후 권력을 장악한 사림세력들에 의해 사설교육기관인 서원이 발달하면서 위상이 약화된 적도 있었다. 하지만 1894년 갑오개혁 때 개화와 근대교육에 밀려 그 힘이 약화될 때까지 명실공히 조선을 대표하는 공식적인 최고의 교육기관으로 존재했다.

고려 충렬왕 24년(1298) 국자감을 성균감으로 이름을 고쳐 유학교육과 함께 기술교육도 겸하게 했다. 공민왕 11년(1362) 성균관으로 바꿔 유학교육을 전담하게 했다. 사실상 성균관은 성리학교육의 중심기관으로 신진사대부들의 중요 기반이 되었다. 조선을 건국한 태조 이성계가 한양으로 나라의 도읍을 옮기고 나서 왕명에 의해 종묘와 사직, 경복궁에 이어 1398년 7월에 성균관을 완공했다.

'성균(成均)'은 "음악의 가락을 맞추듯 사람의 과불급(過不及)을 조정해 인재를 고르게 양성한다"(박현모, 『세종, 실록 밖으로 행차하다』, 31쪽 재인용)라는 말에서 알 수 있듯, 어그러짐을 바로잡고[整成] 넘치고 모자람을 고르게[均平]한다는 뜻이다. 이에 근거하여 성균관은 나라의 지도이념으로 성리학을 내세우고 성리학에 통달한 인재를 양성하며 백성의 풍속을 바로잡는 것을 본연의 임무로 삼았다.

성균관이 위기를 맞이한 것은 두 차례가 있었다. 한 번은 연산군 때였다. 연산군이 창덕궁 후원에서 연회를 열 때마다 성균관 유생들이 엿본다고 하여 성균관 외벽에 화방벽을 쌓게 하더니 급기야 성균관을 폐쇄하고 도성 밖으로 옮기려 하였다. 또 한 번은 임진왜란 때였다. 궁궐들이 불타면서 성균관도 불에 타버렸다. 왜란 이후 1601년(선조 34)에 복구작업이 시작되어 이듬해 대성전을 새로 짓고 4년 후에 명륜당도 다시 지었다. 이어 인조, 현종, 숙종, 경종 때에도 새로 건물들이 들어서고 영조 18년(1742)에 영조의 친필을 새긴 탕평비를 성균관 입구에 세웠다.

명륜당

주차장을 쭉 따라 들어가면 성균관 방향으로 세 개의 계단이 나온다. 대성전으로 들어가는 문인 동삼문에 오르는 계단이며 동삼문은 제향 때에만 열린다. 임금이 이 문을 들어서 어로를 따라 대성전에 이르렀다. 동삼문 밖에는 임금이 타던 가마를 내려놓는 하연대(下輦臺)가 있다. 동삼문 바로 옆에 두 개의 계단이 붙어 있다. 계단을 올라 들어서면 명륜당 영역 오른쪽 앞이다. 명륜당 영역을 먼저 걸어보자.

명륜당 영역은 오늘날로 말하면 대학 캠퍼스에 해당된다. 성균관의

명륜당. 인륜을 밝히는 교실로 유생들을 교육하는 곳이다.

상징은 명륜당 마당 앞쪽에 있는 두 그루의 수령이 매우 오래된 은행나무다. 은행나무는 1530년대에 성균관 관리인 윤탁이 심었다. 그는 "뿌리가 무성해야 가지가 제대로 뻗는다"(이이화, 『왕의 길 신하의 길』, 175쪽 재인용)며 학문에서 근본에 힘쓰라는 뜻을 담아 심었다. 성균관이나 향교의 대성전에는 으레 커다란 은행나무 두 그루가 있다. 공자가 은행나무 아래에서 제자들에게 학문을 가르쳤던 고사(古事)와 관련된다. 그래서 성균관을 행단(杏壇)이라고도 한다. 두 은행나무 뒤 가운데 서서 명륜당을 바라보면 명륜당 풍경이 너무나 멋지게 잡힌다. 초록의 나뭇잎으로도 멋진데 노란색으로 물들 때에는 장관일 것 같다.

명륜당 현판은 명나라 사신 주지번이 썼다 한다.

이곳의 중심건물은 명륜당이다. 명륜당은 인륜[倫]을 밝히는[明] 건물[堂]이라는 뜻으로 강당 안 편액은 명나라의 사신 주지번이 썼다 한다. 명륜당은 세 개의 동을 하나로 연결시켜 지었다. 가운데 넓은 대청마루는 강의실이고, 양쪽 날개채는 교사들이 기거했던 마루와 방이다.

성균관의 교사와 학생

성균관의 최고 책임자는 지사(知事, 정2품)였지만 실질 책임자는 대사성(정3품, 학교장)이었다. 그 아래 교직원으로는 직강(정5품), 박사(정7품), 학유(종9품) 등 37명이 교육과 관리를 맡았다. 지금의 교사들과 마찬가지로 교과업무와 행정업무까지 담당했다. 학생 정원은 처음 150명이었다가 세종 때 200명으로 늘었다. 정약용이 직강으로 임명되자 다음과 같은 시로 감회를 표현했다.

> 나의 게으름 핑계대고 따르지 않으려 했건만 / 기대와 다르게 임명되었구나 / (관료사회는) 예부터 거미줄처럼 얽히어 있기에 / 어쩔 수 없나니 재갈과 말고삐 신세인 걸 / 갈리고 떨어진 벗들은 멀어져가고 / 돌아가는 인간의 도리 위태하구나 / 생각 내려놓으며 본성에 따라 세월 보낼 뿐 / 힘써 노력한들 무엇하리오
>
> – 정약용(이한, 『성균관의 공부벌레들』, 154쪽 원문 참조)

관료들에게 성균관 근무자로 임명받는 일은 좌천이라 인식되었다. 정조가 노론 벽파의 견제를 받던 정약용과 남인관료들을 보호하기 위해 한직으로 발령을 낸 것 같다. 정약용도 미리 언질받았지만 성균관 직강이 너무나 맘에 들지 않았나 보다. 직강은 가르치고 시험 보며 채점하는 일을 했다. 표도 나지 않고 힘만 드는 일이다. 시에 그 마음이 고스란히 드러나 있다.

성균관은 삼강오륜의 인간의 도리를 배우는 곳이니 유생들의 인성 하나만은 올바르겠다는 생각은 선입견이다. 대사성을 지낸 이황이 성균관 유생들의 세태를 한탄했다.

> 스승과 제자는 마땅히 예의로 대해야 하는데, 요즘 유생들은 스승 보기를 길 가는 사람 보듯 하고 학교 보기를 주막집 보듯이 한다. 학교에 스승이 들어오면 가르침을 청하기는커녕, 벌렁 드러누워 흘겨보고, 학교에 나오지 않는 이유를 물으면 "예복이 없다"라고 대

답한다. 스승이 이런 나쁜 습관을 바로잡으려 하면 이를 이상하게 여겨 무리를 지어 욕하고 학교를 떠나며, 스승이 너무 간섭해서 견딜 수 없다고 위협했다.

– 이황, 「논사학생생문」(이한, 『성균관의 공부벌레들』, 160쪽 재인용)

하물며 성적이 나쁜 학생을 교육하며 회초리로 때리면 "성균관이 언제부터 형조가 되었냐?" 하며 큰 소리로 불만을 터뜨린 학생도 있었다.

동재와 서재

명륜당에서 바라볼 때 왼편이 동재이고 오른편이 서재다. 각각 18칸으로, 유생들이 머무는 기숙사다. 그런데 엄연한 자격과 원칙이 있다.

동재는 상재생(上齋生)이 머무는 곳으로 반드시 생원·진사시험에 합격한 유생이어야 한다. 생원·진사는 과거시험 중 소과에 합격한 사람이다. 생원진사시에 합격하면 하얀 종이의 합격증을 받는다. 백패(白牌)라 한다. 서재는 하재생(下齋生)이 머무는 공간이다. 하재생은 한양의 중등학교인 사학(四學) 생도 중 15세 이상으로, 공신과 3품 이상 벼슬아치의 맏아들로 어느 정도 학업을 익힌 자, 문과 초시인 한성시와 향시에 합격한 자로 제한을 두었다. 한마디로 상재생은 대과를 준비하는 유생, 하재생은 극히 일부를 제외하고 대체로 소과를 준비하는 유생이다. 이외에도 사량생(私糧生)도 있었다. 식량을 낸 기부입학생이다. 일종의 청강생이다.

동재와 서재에는 각각 방이 18개가 있다. 동재에는 방 하나당 2~4명이 썼고, 서재에는 방 하나에 10명이 함께 생활하기도 했다. 동재 중

서재. 하급생들의 기숙사.

창문을 옆으로 누여낸 것이 이채롭다.

첫 번째 방은 약방으로 재학생 중에서 환자가 생기면 약방에서 약을 지어주고, 혜민서와 활인원의 의원이 와서 진찰하기도 했다. 학교의 보건실에 해당된다. 동재와 서재 세 번째 방은 학생회장(장의)이 머무르는 곳이다. 당연, 학교사회이니 요즘의 교내폭력, 즉 학폭도 있었다. 학폭은 주로 선배가 후배를 괴롭히는 것이다. 이를 '면책'이라 하는데 얼굴[面]을 보며 꾸짖는다[責]는 뜻이다. 선배가 "누구누구를 면책한다!"고 말하면, 유생들의 일을 돕는 재직(어린 노비)들이 면책당하는 후배를 밀치고 잡아당기면서 선배에게 끌고 갔다. 선배 앞에 도착해서야 비로소 언어적, 육체적 폭력을 멈춘다.

학교생활

성균관 유생들은 출석확인도 했다. 출석은 아침, 저녁으로 식당에 마련된 출석부에 서명을 하는 것이다. 서명방법은 출석부에 동그라미를 했는데 그러면 점수 하나를 얻었다. 이를 원점법이라 하는데 300점을 얻어야 성균관에서 특별히 실시하는 문과 초시에 응시할 수 있었다. 시험에서 동점자가 나올 경우 출석 원점이 더 많은 사람이 합격했다. 대리출석도 있었다. 그런데 식당 정원은 100명이고 성균관 재학생은 200명이었다. 절반은 식사는 물론 출석도 하지 못하게 했다. 더군다나 그 절반의 대다수는 나이 어린 유생이었다. 식당 입장이 선착순이 아니라 나이순이었기 때문이다. 불합리하기 짝이 없지만 장유유서의 윤리상 어쩔 수 없었다. 또 과거를 치러야 하는 연장자를 고려했다고 볼 수 있다.

사서삼경은 물론 『성리대전』과 같은 철학서, 『자치통감』과 같은 역사서, 『경국대전』과 같은 법률서, 『동국정운』과 같은 언어학서 등을 두루 익혔다. 또 시와 책(策) 등 문장 짓는 법도 배웠다. 모두 과거시험과 관련된 과목들이다. 물론 입학 전에 선행학습을 한 유생들에게 유리한 교육과정이다.

입시교육은 예나 지금이나 똑같다. 유생들도 시험에 치여 살았다. 매일 같이 보는 일고(日考), 열흘마다 보는 순고(旬考), 매달마다 보는 월고(月考), 그리고 연고(年考)가 있다. 연고는 3월 3일과 9월 9일 두 번 보는데 여기서 우수한 성적을 내면 대과 초시를 건너뛰어 곧바로 복시에 응시할 기회가 주어졌다.

학생 자치회

학생들의 모임이니 유생 자치조직도 있었다. 이를 재회(齋會)라 한다. 학생회장을 상재생과 하재생에서 각각 한 명을 뽑는데 장의(掌議)라 하며 임원진도 구성했다. 이들은 교내문제뿐만 아니라 관료사회의 정치문제에도 집단적 의견을 개진했다. 임금이나 왕비의 불교신앙에 대해 반대 의견을 냈고 사찰로 쳐들어가 불교배척운동도 했다. 임금에게 항의하는 문서를 제출한 뒤 받아들이지 않으면 집단시위를 했고, 수업거부와 단식 등의 권당(捲堂)은 물론 동맹휴학인 공관(空館)까지 했다. 이들의 요구는 무시하기가 힘들어 조정에서는 대부분 받아주든지 아니면 설득하든지 해야 했다.

성균관은 왕명 없이는 함부로 들어올 수 없는 곳이다. 무당, 승려뿐만 아니라 밤의 치안을 맡은 순라꾼과 죄인을 잡는 나졸도 들어올 수 없었다. 14세기경에 성균관이 자치권을 부여받았다. 유럽에서는 12세기에 도시가 발달하자 이탈리아의 볼로냐대학, 영국의 옥스퍼드대학 등 대학이 설립되면서 왕으로부터 특허장을 받아 자치권을 누렸다. 어떠한 경우라도 경찰이 대학에 들어올 수 없었다. 이런 제도가 우리나라에도 있었다는 사실이 놀랍다.

알성시의 특혜

명륜당은 임금이 성균관에서 제례 지낼 때 대기하는 장소였고 제례 후에는 유생들을 대상으로 과거시험을 보는 장소로 이용되었다. 성균관 유생들만을 대상으로 보는 문과가 알성시다. 알성시는 임금이 성균관

대성전에서 제사를 지내고 보는 과거시험이다. 알성은 임금이 문묘에서 공자 등 성인[聖]의 위패를 뵌다[謁]는 말이다. 알성시는 성균관 유생들에게는 엄청난 특혜다. 응시자도 성균관 유생으로 한정되고 초시, 복시, 전시의 3단계로 치러지는 시험단계에서 초시, 복시를 생략하고 전시만으로 합격자를 선발했다.

비천당. 너른 공터가 과거시험의 장소로 이용되었다.

명륜당과 비천당 앞 너른 공터에서 과거시험을 치렀다. 비천당은 명륜당과 서재 사이의 쪽문으로 나가면 볼 수 있다. 비천은 인륜을 크고[丕, 크다] 널리 퍼지게 한다[闡, 드러내다]는 의미다. 명륜과 거의 같은 뜻으로 과거시험을 이 두 곳에서 보는 이유도 아마 같을 것이다. 성균관에서 과거를 볼 경우 명륜당 앞이 제1과장, 비천당 앞이 제2과장이 된다. 또 다른 과장으로 창경궁 춘당대가 있다.

과거와 부정시험

과거 중 대과(문과)로는 식년시, 별시, 그리고 이미 설명했던 알성시가 있다. 식년시는 3년마다, 별시는 나라에 경사가 있을 때 보는 특별시험이다. 초시, 복시, 전시 세 단계를 거친다. 초시는 전시를 위한 예비시험이고 대체로 생원, 진사가 응시할 수 있다. 각 도에서 240명 정도다.

초시에 합격한 사람들을 대상으로 복시를 시행했다. 이 시험도 세

단계로 진행되는데 33명을 선발한다. 이 인원이 최종 과거합격자 수다. 마지막 시험이 전시다. 임금 앞[殿]에서 보는 33명의 등위시험[試]이다. 갑과는 3명, 을과는 7명, 병과는 23명으로 갑과에서 제일 시험을 잘 본 사람을 장원이라 했다. 합격증으로는 홍패(紅牌)를 받았다.

과거시험이 공정하고 엄격하게 시행됐을 것 같지만 알고 보면 온갖 부정행위가 난무했다. 정조 때에는 응시인원이 11만 명이나 되었다. 공정하게 시험을 치르는 것은 애초부터 무리였다. 시험을 치른 다음날 합격자를 발표했으니 먼저 답안을 제출하는 사람이 유리했다. 초고속 채점을 해야 했는데 시험관이 먼저 제출된 답안지를 훑어보고 합격자를 뽑았으니, 답안을 먼저 제출하려고 시험관 앞은 난장판이 되었다.

시제(試題)가 내걸리면 오래 생각할 겨를이 없다. 그냥 바쁘게 써내려가야 한다. 학문이 출중한 사람이나 글 좀 쓸 줄 아는 사람이 유리했다. 채점관이 다 읽어보지 않기 때문에 앞부분은 그럴 듯하게 써야 시험관의 눈에 띌 수 있다. 전문 과거꾼에 의한 대리시험 등 부정행위도 비일비재했다. 또 답안을 외부에서 반입한 경우도 있었는데 광해군 때에는 무려 100명이 넘었다는 사헌부 보고도 있었다. 시관을 매수하는 경우도 있었다. 대부분 나라의 기강이 무너진 조선 후기에 부정행위가 성행했다.

명륜당의 부속건물

명륜당 뒤편 동북쪽 언덕에 '존경각'이 있다. 유교경전[經]을 우러러 받든다[尊]는 말로 유학 서적을 보관하는 건물, 즉 도서관에 해당한다. 한때 이곳에 수만 권의 책이 소장되어 있었다 한다. 수만 권의 장서를 구

존경각. 유학 서적을 보관하는 장소로 도서관에 해당한다.

비할 공간은 되지 않는 것 같은데 하여간 기록은 그렇다.

존경각 왼편에 '육일각(六一閣)'이 있다. 육일각은 군자가 갖추어야 할 여섯 가지 예절[禮, 樂, 射, 御, 書, 數] 중 하나인 활 쏘는 기술[射]을 익히기 위해 활과 화살을 보관하던 곳이다. 활쏘기를 통해 정신을 집중하게 하고 문무의 능력을 갖추도록 했다.

육일각 왼편 쪽문으로 들어서면 진사식당이 나온다. 유생들이 맨바닥에 앉아 아침과 저녁 식사를 하던 곳이다. 총 33칸 규모로 100명 정도 수용했으며 하루 두 끼 식사 때마다 출석으로 원점 하나를 찍어줬다. 밥, 국, 장, 김치, 나물, 젓갈, 좌반(지금의 자반), 생나물 등 1식 6찬이었다. 한 달에 한 번 쇠고기가 들어간 탕이나 쇠고기 구이를 맛볼 수 있었다. 유생들만의 특혜다. 또 보름에 한 번, 방마다 술도 지급되었다. 술 마시는 것도 관리의 품성이며 앞으로 겪게 될 힘든 관직생활에 적응하라는 의미일 것이다.

진사식당 뒤로 정록청, 향관청과 동서월랑이 있다. 정록청은 성균관 관리들의 사무실이며, 향관청은 제사 지내는[享] 벼슬아치들[官]이 사무실 및 공관으로 사용했고, 동재와 서재가 유생들을 다 수용하지 못할 경우 이곳도 유생들의 숙소로 이용됐다. 다시 명륜당을 지나 서재 쪽으로 가자. 서재 툇간의 열주도 나름 볼 만하다. 그곳으로 길을 잡아 걷다가 창문을 보니 모두 가로로 누웠다. 창은 위로 열리게끔 되어 있다. 서재 끝지점에 대성전 영역으로 들어가는 쪽문이 있다.

대성전

대성전 영역에 들어왔다. 이곳은 대성전을 중심건물로 좌우에 동무와 서무가 있다. 대성전은 학문을 크게[大] 이룬[成] 분들을 모신 건물[殿]이라는 뜻이다. '전' 자는 임금과 왕비가 거주하는 건물에만 사용할 수 있는 명칭이다. 대성전이라 한 것은 공자의 위패에 '대성지성문선왕(大成至聖文宣王)'이라 써 있기 때문이다. '크게 이룩하고 지극히 성스럽게 학문을 떨친 왕'이라는 말로 공자를 임금의 지위로 예우했다. 건물의 외향은 20칸의 팔작지붕으로 전면에 툇간이 나 있고 동서북면은 벽체로 마감했다. 내부를 어둡게 함으로써 신성함을 높였다. 현재 이곳에는 공자, 안자, 자사, 증자, 맹자, 주돈이, 주희 등 우리가 알고 있는 중국의 대학자들과 우리나라의 18현 등 모두 39분의 위패가 모셔져 있다. 현판 글씨는 한호(한석봉)가 썼다고 한다.

대성전. 공자 등 중국 성현과 우리나라 선현들의 위패를 모시고 제사 지내는 곳이다. 편액은 한호(한석봉)가 썼다 한다.

대성전 앞 계단 좌우에 측백나무 두 그루가 있다. 동쪽 나무는 가지가 셋, 서쪽 나무는 가지가 다섯으로 삼강오륜을 상징하는 오륜목이다.

석전제

대성전에서는 매년 음력 2월과 8월의 상정일[上丁日, 그달 중 첫 번째로 오는 정일(丁日)임]에 유교의 여러 스승에게 제사를 지낸다. 유교 성인들에게 제사 지내는 것을 석전이라 한다. '석(釋)'은 풀다는 말이고 '전(奠)'은 제사를 말한다.

성균관의 석전제는 나라의 성대한 의식이다. 임금과 높은 벼슬아치들이 참석했다. 풍성한 제수가 상에 올랐는데 제수용품을 준비하던 사람들이 반촌에 거주하던 천민들이다. 성균관 반수(泮水) 주변에는 성균관의 업무를 보조하기 위해 관노비들과 백정들이 모여 살았다. 노비들이 거주하게 된 이유는 고려시대에 안향이 국자감의 업무를 위해 노비 100명을 바친 데에서 유래했다. 반촌의 노비들은 유생들의 밥을 짓는 등 잡일을 하면서 다른 생업에도 종사했다. 이곳에는 백정들도 살았다. 그들은 봄, 가을 석전제 때 가축을 잡아 제사상에 올렸고 임금이 성균관에 나와 잔치를 베풀 때 고기를 가져다주었다.

동무와 서무

동무 쪽으로 방향을 잡았다. 동무 툇간의 11칸 열주를 걷는 것이 편안하다. 동무와 서무에는 원래 유교의 10철을 제외한 공자의 72제자와 중국의 역대 현인, 우리나라의 18명현 등 112명의 위패를 모셨으나 광복 직후 전국유림대회의 결의로 우리나라 명현의 위패는 대성전으로 옮겨 모시고 나머지 94인의 위패는 땅에 묻었다 한다. 내부는 트여 있는데 지금은 빈 공간이다.

묘정비와 대성전의 부속건물

묘정비각 앞에 섰다. 발가락이 다섯 개인 거북받침에 빗돌을 올리고 위에는 여의주를 가운데 두고 희롱하는 두 마리 용으로 이수를 삼았다. 묘정비는 문묘[廟]와 관련된 내력을 적어 뜰[庭]에 세운 비석[碑]이다. 비문은 1410년(태종 10)에 변계량이 지었다.

> 갑술년(1394)에 태조가 도읍을 세우고 묘학(廟學) 지을 터를 도읍의 동북쪽 모퉁이에 정하니 산은 멈추고 물은 둘러싸고[泮水, 반수] 자리는 남향이다. 정축년(1397) 3월에 공사를 시작하여 무인년(1398) 7월에 준공하였다. 성인과 철인은 높은 집[대성전]에, 종사는 곁집[전사청, 수복청 등]에, 학교[명륜당]는 사당 뒤에 있는데, 대개 집의 크기는 칸으로 세면 96칸이니 묘학의 일은 이것으로 갖추었다. 경진년(1400)에 불에 타버리니 우리 임금이 옛터에 새로 짓기로 하고 성산군 이직과 중군 총제 박자청으로 하여금 공사를 감독하게 하여 4개월 만에 마쳤다.
>
> – 이상해, 『궁궐·유교건축』, 161~162쪽에서 재인용

서무 툇간의 열주를 지나 대성전 방향으로 오면 왼편에 쪽문이 있다. 전사청으로 들어가는 문이다. 전사청(典祀廳)은 제사에 필요한 물품들을 준비하던 곳이다. 그 옆에 있는 수복청(守僕廳)은 대성전 영역을 관

리하는 수복(반촌의 어른 관노비)들이 거주하는 곳이다. 수복들이 제사 준비를 했고 더구나 제사 때 진홍색 단령을 입고 건(巾)을 쓰고 절차를 인도했으며 제관들이 그에 맞추어 진행했다. 사실상 문묘 제사는 수복들이 거들지 않으면 진행될 수 없었다. 그 옆으로 제기고(祭器庫)가 있다. 제사용구를 보관하는 창고다.

동재의 툇마루.

이곳에서 유독 많이 보이는 나무가 향나무다. 석전제 때 제례에 쓸 향을 확보하기 위해 심었다. 다시 대성전 오른쪽 뒤편 쪽문으로 나와 동재 방향 쪽문으로 나서면 동재의 툇마루가 원근감 있게 펼쳐진다. 그런데 아무리 찾아봐도 당연히 있어야 할 굴뚝이 보이지 않는다. 각 방마다 불을 때기에는 장작 값을 감당할 수 없었을 것이다. 그래서 동재와 서재에는 처음부터 아궁이와 굴뚝을 두지 않았다. 여름에야 상관없지만 한겨울에는 어떻게 지냈을까. 화로와 숯이 지급되었고 그걸로 한겨울을 나야 했다.

참고문헌

박현모, 『세종, 실록 밖으로 행차하다』(푸른역사, 2009)
이한, 『성균관의 공부벌레들』(수막새, 2010)
이상해, 『궁궐·유교건축』(솔, 2004)
이이화, 『왕의 길 신하의 길』(한길사, 2000)
김정남, 『36시간의 한국사 여행 2』(노느매기, 2016)
성균관 안내표지판

성군 세종과 비운의 왕 효종을 생각하는

왕의 숲길

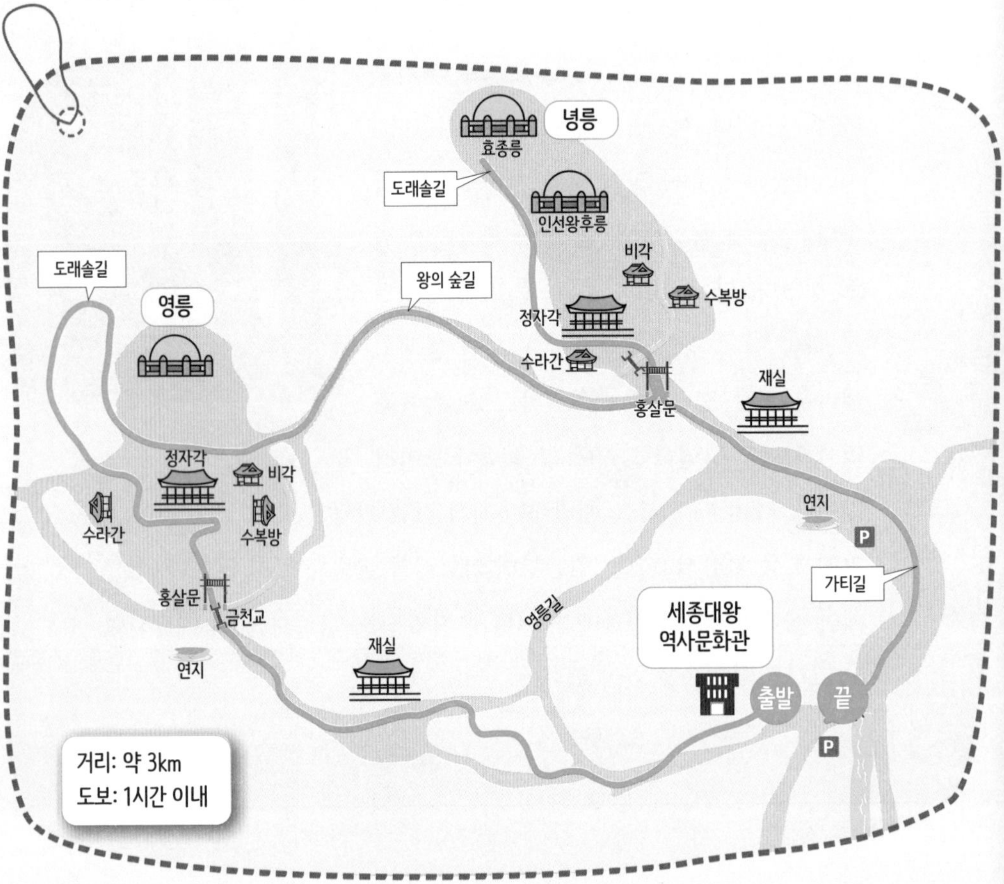

2018년 11월 초, 학생들을 인솔하고 답사왔을 때 세종대왕릉 공사가 한창이었다. 또 다른 영릉인 효종대왕릉만 보고 씁쓸하게 발걸음을 되돌려야 했다. 그러면서도 이번에는 제대로 복원할 것을 기대했다. 오랜만에 다시 발걸음했다. 이곳 능역에 영릉이 두 개다. 하나는 한자가 영(英)으로 세종이 빼어난 인물임을 드러내고, 다른 하나는 영(寧)으로 효종이 모든 것 다 잊고 편안하게 영면하라는 의미가 아닐까 생각한다. 편의상 효종의 영릉을 '녕릉'이라 하겠다.

세종대왕역사문화관을 말끔하게 다시 짓고 세종의 업적을 그냥 훑고 지나가도 이해되게끔 구성했다. 전시실에 들어서면 검은색 바닥에 한글을 생동감 있게 연출한 프로젝터 영상이 보이고, 맞은편에 세종대왕의 표준영정이 우리를 맞이하고 있다.

또 왼쪽에 세종의 업적을 집약적으로 표현하는 사진 네 장이 있어 인상적이다. 왕자시절 독서도, 대마도 정벌도(국방), 지음도(향악), 서운관도(천체 관측기구) 등이다. 세종의 업적으로는 한글 창제, 의정부 서사제 실시, 집현전 설치, 과학기구의 발명, 공법시행, 4군 6진 설치 등등 한국사 교과서에 언급된 그대로다. 그는 1418년 즉위하여 1450년 54세로 승하할 때까지 32년 동안 보위에 있었다. 오늘은 세종의 리더십을 중심으로 이야기를 풀어보자.

전시관 벽면에 세종의 "나라는 백성을 근본으로 삼고, 백성은 먹을 것을 하늘로 삼는다"라는 글과, 효종의 "백성은 먹을 것을 하늘로 삼고 나라는 백성을 하늘로 삼는다"라는 문구가 있다. 조선 임금의 애민(愛民)의 마음을 잘 드러내는 글귀다.

세종의 애민

세종대왕 동상. 여러 분야의 독서를 즐긴 통섭적 임금으로 지식경영을 한 리더였다.

세종대왕 표준영정과 한글 영상.

4대 세종이 승하하자, 사관은 "잠시도 게으르지 않았던 임금"이라고 한마디로 평했다. 즉위한 다음 날부터 새벽 1~3시에 기상하고 날이 밝으면 신하들의 조회를 받은 후 그날 할 일에 대해 살폈다. 이어 신하들에게 정치에 관한 의견을 듣고, 경연에도 부지런히 참석했다.

세종은 어려서부터 항상 손에 책이 들려 있었다. 태종이 양녕을 세자에서 폐위시키고 둘째인 효령대군을 제치고 세종을 세자로 앉힌 첫 번째 이유도 '호학(好學)', 즉 '공부하기 좋아한다'는 것이었다. 그는 여러 분야의 책을 두루 읽었다. 총명함을 타고난 세종은 독서를 통해 학문의 높은 경지에 이르렀다. 그의 독서분야는 역사, 철학, 문학, 과학, 예술 등 다양했다.

통섭형 독서광 세종은 '지식경영'을 행한 대표적인 인물이었다. 지식경영이란 리더가 최종 판단하여 결정한 것을 구성원들이 '권위 있는 것'으로 받아들이도록 하는 지적능력을 말한다. 한글 반포에 반대한 최만리에게 "네가 운서를 아느냐, 사성 칠음에 자모가 몇이나 있느냐"라고 말한 것처럼 언어학의 권위자가 세종임을 드러내듯이 말이다. 세종은 부모에게 효자이며 본인에게는 모범생이었고, 백성에게는 인자한 군주였다. 독서가 세종의 인성을 만든 것이다.

세종은 임금이 어떠한 존재가 되어야 하는지에 대해 어떤 생각을 갖고 있었을까?

> 나라는 백성을 근본으로 삼고 백성은 먹는 것으로 하늘을 삼는데, 농사라는 것은 옷과 먹는 것의 근원이므로 왕도정치에서 먼저 힘써야 할 것이다. 오직 그것은 백성을 살리는 천명에 관계되는 까닭에 천하의 모든 노력을 다해 힘써야 한다.
>
> –『세종실록』 5년(박현모, 『세종의 수성守成 리더십』, 87~88쪽 재인용)

윗글에는 세종의 백성과 농사에 대한 마음이 잘 나타나 있다. 나라가 백성을 근본으로 삼는다는 것은 '민본주의'를 말한다. 백성이 먹는 것을 하늘로 삼는다는 것은 '농본주의'를 표현한 것이다. 다시 말해 나라가 백성이 편안하게 생업에 종사할 수 있도록 정책을 추진하는 것이 농본주의이고 백성을 근본에 두고 나라의 일을 결정·집행하는 것이 민본주의다. 세종은 이를 '왕도정치'라고 표현했다.

이를 위해 세종은 어떠한 정치를 펴야 한다고 생각했을까?

> 백성은 나라의 근본이니 근본이 튼튼해야만 나라가 평안하게 된다. 내가 덕이 부족한 사람으로서 분수에 넘치게 백성의 군주가 되었으니, 오직 이 백성을 기르고 어루만지고 달래주는 방법만이 마음속

에 간절하여, …… 이에 사헌부에 명하여 풍문을 듣고 규탄하여 선량한 관리를 얻어 함께 백성을 다스리기를 희망한다.

－『세종실록』 5년(정영현, 『세종의 정치와 리더십』, 98~99쪽 재인용)

"선량한 관리를 얻어 함께 백성을 다스리기를 희망한다"라는 문장에 주목하면 세종의 나라경영은 군신공치(君臣共治) 또는 군신협치(君臣協治)를 말함을 알 수 있다. 나라의 경영은 군주와 신하가 함께 운영한다는 말이다. 왕조국가인데도 통치권을 임금의 사유(私有)로 보지 않았다.

세종의 인사방식

영릉길 초입 건너에 세종대왕 동상과 주위에 자격루, 혼의, 혼천의, 앙부일구, 측우기 등이 전시되어 있다. 세종 때는 '과학혁명'이라 불릴 정도로 과학과 기술분야에서 혁명적 발전이 있었다. 이러한 성과는 세종이 인재를 가려 뽑아 능력을 발휘하게 한 결과다.

세종은 자신이 고민할 부분이 있으면 과거시험의 논제로 출제하여 널리 의견을 구했다. 1447년 과거시험 문제는 '인재를 구해 쓰는 법'이었다. 당시 장원급제자는 강희맹이었다. 강희맹은 세상에 완전한 사람이 없기 때문에 적합한 자리에 쓸 인재를 길러야 하며, 전능한 사람도 없기에 일을 맡겨 능력을 기르게 하는 것이 중요하다는 논지의 의견을 냈다. 이어 그는 어떤 사람이든 결점이 있으므로 그 사람의 장점을 취하는 것이 기본원칙이 되어야 한다고 썼다. 그에 따라 세종은 일관되게 '장점을 취하는 인사정책'을 폈다. 그래서 이전까지 별로 능력을 발휘하지 못하다가 세종을 만나 특정분야에 뛰어난 업적을 남긴 관료들이 많았다.

세종 하면 황희가 가장 먼저 떠오른다. 황희는 태종 대에 중용되기 시작하여 세종의 재위 32년 중 무려 24년 동안 정승 자리에 있었고, 그 중 18년 동안 영의정을 지냈다. 황희는 양녕대군 폐세자에 반대했지만 태종이 세종에게 추천한 인물이다. 그러나 그도 결점이 많았다. 관직 장사도 했고 사위 관련 살인사건을 무마시키려 했으며 청탁을 받고 죄지은 관리의 선처를 부탁하기도 했다. 그럼에도 세종은 황희의 결점들을 덮어줬다. 황희의 가장 큰 장점은 얽히고설킨 복잡한 문제의 핵심을 파악해 간단명료하게 정리해 내는 재주이다. 그래서 세종은 황희에 대해 "모든 그때그때의 시책은 다 경의 보필에 의지하였"[『세종실록』 10년(정영현, 『세종의 정치와 리더십』, 102쪽 재인용)]다고 평했다.

황희와 더불어 세종 때 정승으로 언급되는 인물이 맹사성이다. 냉철한 분석력을 토대로 정치적인 결단성을 갖춘 황희와 달리, 맹사성은 어질고 부드러운 성품을 지녀 세종에게는 쌍두마차라 할 수 있다. 그는 세종 때에 공조판서를 거쳐 우의정과 좌의정을 역임했다. 76세에 벼슬에서 물러났지만 중요한 정사에 대해 세종의 자문에 답할 정도로 세종의 신임이 두터웠다.

세종 대에 국방을 빛낸 인물로는 최윤덕, 김종서를 들 수 있다. 최윤덕은 중앙의 요직보다는 변방의 직책을 선호했다. 그러나 세종은 최윤덕을 가까이 두고 싶어 병조판서에 임명하기도 했으나 번번이 사헌부 관리들의 반발을 샀다. 그는 여진족을 토벌하고 중강진 일대에 4군을 설치했다. 그 후 세종이 최윤덕의 사양에도 불구하고 우의정을 제수하자 신하들의 반발이 거셌다. 세종은 정승의 조건에 대해 말하며, "최윤덕은 비록 배우지 않아서 말을 하는 데 어두우나, 밤낮으로 게으르지 아니하고 일심봉공하기 때문에 족히 그 지위를 보전할 것이다"[『세종실록』 16년(박현모, 『세종의 수성守成 리더십』, 99쪽 재인용)]라고 말하며 자신의 의지대로 밀어붙였다.

김종서는 낮은 관직에 있다가 여러 비리사건에 연루돼 탄핵받기도 한 그저 그런 관리였다. 세종을 만나면서 그의 관직생활이 변화를 맞기 시작했다. 김종서는 중앙직을 원했으나 세종은 그를 12년 동안 함경도에서 근무하도록 했다. 세종은 김종서에 대해 "적군의 약하고 강함과 백성의 진실과 허위를 자세히 다 알아서 처리함이 방법이 있었던 까닭"[『세종실록』 18년(정영현, 『세종의 정치와 리더십』, 104쪽 재인용)]이라고 파악하고 있었기 때문이다. 즉, 김종서를 '북방문제 전문가'로 여기고 있었다. 김종서는 큰 전투 없이 이징옥과 함께 6진을 개척하여 조선의 영토를 압록강에서 두만강까지 확장시켰다.

집현전은 세종의 싱크탱크였다. 집현전은 유교 경전뿐만 아니라 역사학, 천문학, 기술과학, 농학, 약학, 법학, 언어학 등 거의 모든 분야에 대한 연구에 집중했다. 세종과 가장 잘 맞은 인물이 정인지였다. 훈민정음을 반포할 때 최만리 등에 맞서 정인지는 적극적으로 찬성론을 폈다.

세종 대에 과학기술은 혁명적으로 발전했다. 이 분야에서 이론가로 정인지와 정초, 천문학자로 이순지, 기술자로 장영실이 있었다. 정초는 태종 대에는 대체로 한직을 맴돌았다. 수학에 조예가 깊다는 것을 안 세종은 정초를 공조참의에 임명하여 장영실과 함께 과학기기에 관해 연구하게 했다. 정초는 장영실과 더불어 자격루(물시계)를 만들었다. 또한 『농

정초와 장영실이 함께 제작한 최첨단 자동 시각 알림 시계인 자격루.

사직설』도 그의 작품이며, 혼천의, 『칠정산』도 그가 주도했다.

천문학 분야에는 이순지가 있었다. 그는 일반 사대부들이 등한시하던 천문학·산학(수학) 등에 탁월했고, 천문학에 관심이 많았던 세종이 든든한 후원자였다. 세종은 그를 서운관에 보내 간의대에서 천문을 연구하도록 했다. 그는 장영실, 이천 등과 함께 간의, 규표, 앙부일구, 보루각, 흠경각, 주자(금속활자) 등을 만들었다. 또 세종의 명을 받아 당대 최고의 천문학서인 『제가역상집』을 편찬했다.

관노 출신 장영실은 태종 때부터 기술을 인정받았다. 세종은 장영실의 재주를 아껴 상의원 별좌에 임명하여 기술관료로 키웠다. 세종의 사랑을 받은 장영실은 혼천의, 앙부일구, 자격루, 측우기, 간의대, 갑인자 등을 현실로 재현해 낸 인물이다. 장영실의 과학적 성과에 만족한 세종은 천한 신분 출신인 그에게 종3품인 대호군 벼슬을 내리기도 했다.

마지막으로 박연을 이야기하자. 왕자시절부터 세종은 음악에 취미를 가졌고 음악의 혁신에 대해 꾸준히 생각하면서 스스로 곡을 지은 적도 있었다. 그는 예학에 정통하고 음악이론에 밝으며 악기도 잘 다루는 인재를 찾고 있었다. 그런 중에 박연이 눈에 들어왔다. 경연에서 박연은 음악에 대한 것들을 말하곤 했는데 세종은 관련 서적을 내려주면서 연구할 것을 독려했다. 청년시절, 박연은 혼자 피리를 익히다 광대한테 피리를 전문적으로 배웠는데 곧 스승을 능가했다. 그리고 거문고와 비파 등 모든 악기를 섭렵했다. 세종은 그를 악학별좌에 임명하여 음악에 힘쓰도록 했다. 그는 아악을 부흥시켰고, 여러 악기를 발명했으며, 향악을 창작하고 정간보를 창안했다. 세종은 박연에게 "너는 내가 아니었으면 음악을 만들지 못했을 것이고, 나도 네가 아니면 역시 음악을 만들기 어려웠을 것이다"[『세종실록』 9년(박현모, 『세종, 실록 밖으로 행차하다』, 146쪽 재인용)]라고 말했다.

조선의 운세가 100년 더 연장될 터

재실은 새로 규모 있게 건축했다. 옆의 옛 재실은 '세종대왕릉 작은책방'으로 운영된다. 조금 더 가면 왼편에 지당이 있다. 사각형의 연못과 그 가운데에 둥근 섬을 두었다.

저편에 홍살문이 보인다. 확인하고 싶은 게 있었다. 참도인데 박정희 대통령 시절, 민족영웅에 대한 성웅화 사업에 의해 능역을 복원할 때 일반 왕릉의 참도가 아니라 가운데 향로와 양측에 어로인 삼도로 내었다. 황제릉으로 격상시킨 것이다. 이번에는 왼쪽 높은 곳의 향로, 오른쪽 낮은 곳의 어로로 제대로 복원했다. 사람들은 높은 길을 좋아하나 보다. 너나없이 향로로 걷는다. 한 무리의 어르신들이 참도를 걸으며

영릉 전경. 풍수지리적으로 명당이어서 조선의 운세가 100년 더 연장되었다는 이야기가 전한다.

'한쪽을 높게 했는데 아마 이유가 있을 거야'라고 말한다. 혼령이 걷는 길이라고 말해주니 얼른 어로로 내려 걷는다.

영릉의 처음 자리는 이곳이 아니었다. 아버지 태종이 묻힌 헌릉(서울 서초구 내곡동)에 있었다. 소헌왕후가 승하하자 세종은 헌릉 서쪽에 능을 조성하고 자신도 함께 묻어달라고 유언했다. 죽어서도 아버지를 가까이서 모시고자 하는 효심에서였다. 그런데 대모산은 물이 많아 능지로 좋지 못했다. 세조 때 의경세자의 요절 등 불행으로 능지를 옮겨야 한다는 의견이 있었다. 아버지 세종의 묫자리가 풍수상으로 문제 있다고 여긴 것이다. 이어 예종의 첫째 아들마저 요절하자 예종 즉위년에 현재의 장소로 옮기게 되었다.

원래 이곳은 대제학을 지낸 이계전(세조 때의 공신)과 영의정을 지낸 이인손의 문중묘였다 한다. 이계전은 자신이 죽으면서 이곳에 재실이나 다리를 놓지 말라고 유언했다. 그런데 자식들이 재실과 징검다리를 놓았다. 예종은 지관들에게 좋은 묫자리를 알아보도록 했다. 영릉을 천릉(遷陵)할 능터를 찾고 있던 지관이 소나기를 만나 이곳의 재실에 들어와서 본즉, 천하의 명당이었다 한다. 그래서 이곳을 영릉 터로 잡았다는 이야기가 전한다. 이곳 터에 대해 풍수학자의 설명을 보자.

> 자좌오향(子坐午向, 북쪽을 등지고 남쪽을 향함)은 3대를 적선해도 차지하기 힘들다는 대길 터다. 영릉가백년(英陵加百年)이라 하여 세종대왕을 이곳에 모신 이후 조선왕조의 운세가 100여 년이나 연장되었다고 한다.
>
> – 이규원, 『조선왕릉실록』, 86쪽

풍수에 대해 모른다고 해도 홍살문에 서서 영릉의 능침을 바라보면 편안함과 안락함에 정말 터가 좋은 곳이라는 느낌이 바로 온다.

영릉의 능침공간

제향공간은 정자각을 가운데 두고 왼편에 수라간, 오른편에 수복방이 있다. 수복방 뒤편에 비각도 보인다. 정자각으로 오르는 계단은 가운데 구름무늬 소맷돌 계단이 있고 양쪽에 일반 계단이 있다. 위치만 다를 뿐 황제릉의 계단구조다. 일반 왕릉에서는 소맷돌 계단과 일반 계단 두 개가 있을 뿐이다. 정자각 뒤편 가운데에 신로, 왼쪽에 예감이 있다.

다른 왕릉에서는 왕릉답사가 여기서 끝난다. 그런데 세종대왕릉은 답사객들에게 더 배려하고 있다. 신성한 공간인 능침의 원지형을 보존하면서도 관람객의 문화향유권을 최대한 보장하기 위해 '도래솔길'을 안내한다. 이 길로 능침 왼편까지 가까이 갈 수 있다. 이 배려는 이곳이 유일하다. 석물들은 그냥 무덤의 한 구성품으로만 존재하지 않는다. 당시대의 문화와 예술이 깃들어 있다. 시야에 들어오는 석물들만 살펴보자.

능침공간은 상계, 중계, 하계로 구분된다. 상계의 능침 봉분에는 12

영릉 능침공간 왼편 가까이 갈 수 있는 도래솔길.

능침영역. 조선왕릉 최초의 합장릉이다.

혼유석과 장명등석.

문석인과 석마. 문석인이 집현전 학사처럼 젊어 보인다.

무석인과 석마. 무석인은 장군치고는 무서워 보이지 않는다.

각으로 만든 난간석을 둘렀고, 난간석을 받치는 동자석주에 한자로 십이지를 새겨 방위를 표시했다. 봉분을 둘러 주위에는 석호와 석양 각 네 마리를 두어 능을 수호하도록 했다. 보이지는 않는다. 봉분은 하나인데 혼유석은 두 개다. 조선왕릉 최초의 합장릉이 영릉이다. 혼유석은 혼령이 정자각에서 지내는 자신의 제례의식을 지켜보는 곳이다. 혼유석을 받치는 다리가 네 개인데 북을 닮았다 하여 고석(鼓石)이라 한다. 고석에는 사방에 귀면(鬼面, 잡귀를 막아주는 초자연적 존재의 얼굴)이 조각되어 있다. 혼유석 좌우로 망주석이 있다. 육신에서 분리된 혼이 멀리서 이 돌기둥을 바라보고 찾아온다는 의미가 담겨 있다. 곡장(曲墻)을 둘러 상계를 보호하고 있다.

중계영역에는 가운데 장명등석이 있다. 장명등석은 멀리[長]까지 밝은 불빛[明]을 비추는 등(燈)이라는 말로, 왕릉의 장생발복을 기원하는 뜻에서 세웠다. 즉, 왕릉이 오랫동안 튼튼하게 있고[長生] 복을 받으라[發福]는 의미를 지니고 있다. 또한 능역에 불을 밝힘으로써 사악한 기운을 쫓기 위한 역할도 한다. 화사석 아래에는 연꽃잎·당초문 꽃문양이 조각되어 있는데, 죽은 자에 대한 헌화의 의미로도 볼 수 있다. 양옆의 문석인은 홀을 쥐고 옆에 말을 대동하고 있다. 그런데 나이는 다른 왕릉의 문석인에 비해 젊어 보인다. 한창 연구에 몰두하는 집현전 학사 같다. 하계의 무석인도 말을 대동하고 장검을 땅에 짚고 서 있다. 그런데 장군치고는 그렇게 무섭지 않아 보인다. 세종 당시의 무신이 이 같은 갑옷을 입었으리라 추측할 수 있다.

세종은 부인이 6명에 자녀는 22명이며, 그중 아들만 18명이다. 소헌왕후 심씨에게서만 8남 2녀를 두었고, 첫째 문종이 5대 임금, 둘째 세조(수양대군)가 7대 임금이다. 맏딸 정소공주가 14세 때 세상과 이별했고, 문종이 재위 2년 3개월 만에 병사했다. 손자 단종이 수양대군에게 권좌를 빼앗기던 시기에, 셋째 안평대군과 여섯째 금성대군이 목숨을 잃었다. 그전에 다섯째 광평대군과 일곱째 평원대군도 요절했다. 자식들과 손자의 삶은 행복과는 거리가 멀었다.

즉위 직후에는 처가의 불행을 지켜봐야 했다. 군사권을 상왕인 태종이 쥐고 있었는데 병조참판 강상인이 군사문제를 세종에게 보고했다. 태종이 이를 조사하면서 심씨의 아버지 심온과 결부시켜 심온을 사사하고 장모를 공노비로 만들었다. 세종의 장인 심온에게 권력이 모이고 있다는 판단에서 이 사건을 벌였다. 소헌왕후를 폐비해야 한다는 의견이 있었으나 태종은 거기서 멈췄다. 태종은 자신이 죽은 후 세종의 처가 식구들이 권력을 농단하는 것을 차단하려 했다.

태종은 정도전이 추구했던 정치적 지향을, 왕권을 중심으로 한 제도로 정착시켰다. 그래서 아들 세종이 왕도정치를 펼 수 있는 토대를 마련했다. 세종의 왕도정치는 정도전의 신권 중심의 정치와 태종의 왕권 중심의 정치라는 두 정치이념을 바탕으로 가능했다. 몇 가지 사례를 살펴보자.

임파워먼트(Empowerment, 권한위임)

세종은 정치가 어느 정도 안정되자 아버지 태종이 시행했던 6조 직계제를 22년 만에 의정부 서사제로 바꾸었다. 6조 직계제는 6조가 나라의 일을 의정부를 통하지 않고 직접 임금에게 보고하고, 임금은 올라온 내용을 검토한 후 6조에 지시해 실행토록 한 제도다. 6조 직계제는 재상들이 나랏일을 협의하던 기구인 의정부의 기능을 약화시켜 왕권강화를 도모한 제도였다. 태종이 의정부의 권한을 약화시키려 한 것은 태조 당시 재상 중심의 정치를 펴려 했던 정도전의 정치문화를 없애려는 의도가 강했다. 그래서 태종 때 의정부는 명나라에 사대하는 외교문서나 중죄수의 재심으로 권한이 한정되어 있었다. 사실상 정치력은 6조의 판서가 행사했다.

의정부 서사제는 6조의 판서들이 의정부에 보고하면 의정부 재상들이 협의해 임금에게 알리고, 임금의 지시를 재상들이 협의한 후 결정된 정책을 6조에서 추진하는 제도다. 6조 직계제에 비해 재상의 역할이 중요해졌다. 그렇다고 임금의 권한이 약해진 것은 아니다. 임금은 관리를 임명하는 권한과 군사권, 사형수 판결 등 중요한 권한을 행사했다. 또한 의정부가 정치의 중심이지만 6조의 자율권도 어느 정도 보장해 주고 있다.

세종이 의정부 서사제를 시행한 이유는 황희나 맹사성, 집현전 학사 등 능력 있는 재상들과 젊고 유능한 인재들이 각기 맡은 직책에서 자신들의 경험과 능력으로 일하고 있었기 때문일 것이다. 세종은 그들에게 권한을 위임했다. 권한의 위임은 책임을 수반한다. 권한과 책임이 있어야 자율성을 가지고 창의적으로 업무를 할 수 있다. 세종 대의 눈부신 과학기술의 발달도 자율성이라는 기반 위에서 가능했다.

한글 논쟁

세종이 백성을 사랑하는 마음에서 현실로 나타난 정책은 셀 수 없을 정도로 많다. 그중 대표적인 것이 한글 창제다. 세종은 "어리석은 백성이 말하고자 할 것이 있어도 말하지 못하는 경우가 많기" 때문에 "백성들을 편안하게 하기 위해서"라고 한글 창제 이유를 밝혔다. 동·서양사에서 문자는 지배층의 전유물이었다. 식자층의 지배수단이 바로 글자였다.

세종의 비밀 프로젝트였던 훈민정음 창제는 반포과정에서 집현전 부제학 최만리가 대표로 반박했다. 최만리는 세종의 최측근인 집현전 학사의 대표격이었고 최고의 학자였다. 그만큼 세종이 그 능력을 아껴왔던 인물이다. 세종과 최만리 간의 아름다운 논쟁을 정리해 보자.

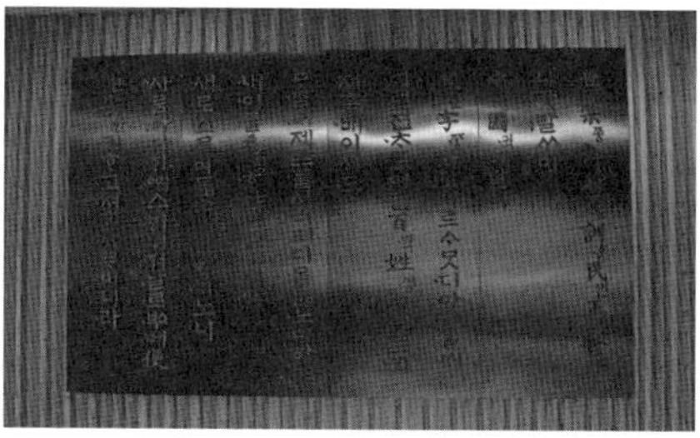
세종대왕역사문화관 로비의 한글 액자.

최만리는 한자사용이 중국에 대한 사대의 예(禮)라는 관점에서 한글을 비판했고, 이에 세종은 한글이 우리나라 사람들의 실정에 맞는 것이라 반박했다. 최만리는 한글사용이 우리 스스로를 오랑캐로 만들 것이라는 논리로 맞섰다. 이에 대해 세종은 지세, 기후가 다르면 발음도 달라지니 언어가 다른 것은 당연하다는 관점에서 논박했다.

> 최만리: …… (설총의) 이두는 수천 년 동안 써 오면서 문서나 계약서 등을 작성하는 데 어떠한 장애도 없었는데 어찌하여 이런 이두를 바꾸어 따로 속되고 무익한 글자를 만든단 말씀이옵니까? …….
>
> 세종: …… 가령 형을 집행하고 죄인 다스리는 문서를 이두와 한문으로 써 왔던 바 글의 정확한 의미를 이해하지 못하는 어리석은 백성들이 한 글자의 차이로 인하여 억울한 일을 당하는 일이 부지수이니라. …….
>
> –『세종실록』 26년(정도상·최재혁, 『백성을 섬긴 왕, 세종이 꿈꾼 나라』, 188~192쪽 재인용)

최만리는 백성이 지금까지 사용해 온 설총이 만든 이두로 의사표현을 충분히 해왔다고 말한다. 세종은 이두로는 백성들이 정확히 이해를 할 수 없어 억울한 일을 당하는 경우가 많았다고 반론을 폈다. 이두는 한자를 어느 정도 알아야 그 뜻을 헤아려 알 수 있는 글자다.

임금과 신하가 팽팽히 맞서 긴장감이 느껴지는 대토론이었다. 세종은 최만리 등 한글 반포에 반대하는 신하들을 설득하는 데 실패했다. 세종은 반드시 해야만 하는 정책이나 프로젝트에 대해 시간이 걸리더라도 신하들과 끊임없이 소통하려 했다. 그러나 그 정책이 백성을 위한 것이라면 뜻을 굽히지 않았다.

최만리와의 논쟁은 사상과 세계관의 충돌이었다. 단순한 의견 대립이 아니었다. 한글을 사용한다는 것은 중국 중심의 세계관이 조선 중심의 세계관으로 바뀐다는 것을 의미한다. 한글사용이 최만리는 성리학에 기반을 둔 사회질서의 동요를 가져올 것이라 본 것이다. 당시 양반층의 사회·경제적 특권을 유지하는 데 가장 중요한 것이 문화의 독점이다. 그것의 주된 수단이 한자였다. 한글의 유포는 양반층의 문화 독점을 깰 우려가 있었던 것이다.

한글은 세종이 백성과 소통하기 위해 심혈을 기울여 만들었다. 백성과 관리의 소통을 위한 목적이 보다 강했다. 그러나 이후 한글은 나라 전체에 뿌리내리지 못하고 백성들의 의사표현 수단으로 자리 잡았다. 한글소설을 비롯하여 많은 서민문화가 태동하는 데 중요한 역할을 한 것이 한글이다.

공법(貢法) 논쟁

세종은 '백성을 사랑하는 일이 다스림의 요체'라 하며 백성을 사랑하는 근본적인 방법이 백성에게 취하는 제도에 있다고 보았다. 그리고 그것이 세금제도라고 밝혔다. 세종은 세금문제에 대해 과거시험의 논제로 제시했다. 그는 태조 때 마련된 '손실답험법'을 '정액제(1결당 10두)'로 바꾸고 싶었다. 손실답험법은 세금조사관인 아전이 논과 밭에 나가 직접 농사상황을 파악하고 수확량을 기준으로 10분의 1을 세금으로 매기는 변동세제였다. 아전이 권력과 신분이 높은 사람의 토지에는 세금을 낮추고 힘없는 백성들에게는 수확량을 높게 잡아 세금을 더 많이 걷는 일이 비일비재했다. 이러한 폐단을 없애려고 세종이 정해진 액수만큼 세금(정액제)을 내도록 고안한 것이다.

어전회의에서 황희가 먼저 반대하고 나섰다. 좋은 토지에서 수확량이 많고 거친 토지에서 수확량이 적은데 똑같이 정해진 세금을 내자고 한다면 수확량이 적은 백성들의 불만이 많을 것이라 이유를 달았다. 일리가 있다고 판단한 세종은 "정 그렇다면, 백성들에게 어떤 제도가 더 좋은지 여론조사를 실시하는 것이 어떻겠소?"라고 제안했다. 백성의 마음이 어떤지 알고 싶었던 것이다.

세종 12년(1430)에 17만여 가구를 대상으로 장장 6개월에 걸쳐 여론조사가 실시되었다. 공정성을 기하기 위해 세종은 여론조사관을 직접 임명하여 파견했다. 조사결과, 찬성이 9만 8천여 가구, 반대가 7만 4천여 가구였다. 특히 비옥한 전라도·경상도·충청도 지역에서 찬성이 압도적으로 많이 나왔고 척박한 한강 이북에서는 반대가 많았다. 세종은 찬반의 편차가 크지 않고 토지를 많이 갖고 있던 신하들의 반대도 있어 일단 세제개혁을 유보했다.

신하들의 의견을 경청한 세종은 "땅이 척박한지 비옥한지 조사해서 거기에 따라 세금을 부과하면 공평하다"는 견해를 내며 개혁안의 수정을 지시했고 세제개혁을 제안한 지 15년 만에 새로운 세금제도를 마련했다. 그것이 공법, 즉 전분6등법과 연분9등법이다. 토지의 비옥도에 따라 6등급으로 나누고 풍흉에 따라 9등급으로 나누어 세금을 부과

하는 제도다.

관료와 소통방식

세종은 신하들과 어떻게 소통했을까? "의논하여 보고하라!"라는 말은 세종이 신하들과 정치를 하면서 가장 많이 사용한 용어다. 동반(문반)과 서반(무반) 관제를 마련할 때 외척인 동녕부는 동반에 두고, 종실의 종친부는 서반에 둔 것에 대해 불합리한 면이 있다고 정초가 말했다. 이에 세종은, 자신도 부당하다고 여겼으나 태종 때 마련된 제도임을 말하며 "경은 이에 대하여 다시 의논하여 올려라"[『세종실록』 12년(박영규, 『국가경영은 세종처럼』, 126쪽 재인용)]라고 지시했다.

세종은 이처럼 대부분의 나랏일에 대해 관계기관의 관료들이 논의한 후, 보고토록 했으며 합당하면 수용하고 의문점이 생기면 다시 논의하게 한 후 보고하게 하였다. 그는 합리적인 결론에 이를 때까지 토의를 지속하도록 했다. 이 과정에서 세종도 그것의 문제점을 짚고 계속 질문함으로써 사안의 완결성을 기하고자 했다.

> …… 지나간 옛날을 두루 살펴보니 비록 태평한 시대에 있어서도 관료가 오히려 임금의 옷을 붙잡고 강력하게 간언하는 자가 있었으며, 또 그 말한 바가 사람의 마음을 두렵게 하여 움직이게 함이 있었다. 지금으로 말하면 비록 무사하고 평안하다고 하나, 옛날에 미치지 못함은 분명하다. 그런데 아직 과감한 말로 임금 앞에서 논쟁하는 자를 보지 못하였으며, 또 말하는 것이 매우 절실 강직하지 않다. 어째서 지금 사람은 옛사람 같지 못한가? 각자가 힘써 생각하

여 나의 다스림을 도우라. …… 내가 이미 어질지 못하고 사물의 처리에 어두우니 반드시 하늘의 뜻에 맞지 않는 것이 있을 것이다. 힘써 그 허물을 생각하여 하늘의 꾸짖음에 대답하게 하라.

– 『세종실록』 30년(정영현, 『세종의 정치와 리더십』, 119~120쪽 재인용)

세종이 신하들과 소통을 강조하고 있다. 태평한 시대에도 관료가 임금에게 간언했는데 지금은 그에 미치지 못한다고 한다. "아직 과감한 말로 임금 앞에서 논쟁하는 자를 보지 못하였"다는 것은 그렇게 하는 것이 신하된 도리이며 책임이라고 책망하고 있다. 그는 어떤 부분에서 신하가 임금 앞에서 눈치 보지 않고 소신 발언해야 한다고 생각했을까? 바로 '하늘의 뜻', '하늘의 꾸짖음'이다. 민본주의의 이념을 내세운 조선왕조에서 하늘은 곧 '백성'을 말한다. 세종은 민본주의를 정치적 구호로만 생각하지 않고 현실에서 구현해 내어야 하는 실천과제로 인식했고, 이를 위해 신하들을 정치적 동반자로 기꺼이 대우하고 있다. 즉, '민본주의'라는 비전을 신하들과 공유함으로써 그것을 실현하려 했던 것이다.

세종은 간쟁제도와 더불어 경연제도를 중시했고 이 제도를 활성화시켰다. 경연은 세종 대에만 무려 1900여 회나 개최되었다. 경연은 임금과 신하가 유교 경전[經]을 토론하는 모임[筵, 자리]이다. 여기서 유교 경전이란 유교의 이상정치인 왕도정치를 말한다. 즉, 민본주의와 관련된 정책들을 토론하는 세미나 같은 것이 경연제도다. 세종은 경연 자리에서 훈계나 지시를 자제하고 발언권을 독점하지도 않았으며 신하의 의견을 최대한 들으려 했다. 과하게 논박하는 신하의 언사에 때로는 불같이 화를 내기도 했으나 그렇다고 대개의 경우 처벌권을 행사하지도 않았다. 또한 이 제도는 신하가 임금의 독단을 견제하는 역할도 했다. 한마디로 말해 경연제도는 임금과 신하의 소통을 위한 주된 창구였던 셈이다.

세종이 성군인 이유

세종은 백성을 위한 정치를 실현하려고 힘썼다. 이러한 정치를 위해 능력 있는 신하들을 등용하여 그들과 정치권력을 균분(均分)했다.

이제 왕도정치에 대해 말하자. 왕도정치란 무엇인가? 도덕정치를 말한다. 도덕정치란 무엇인가? 인(仁)에 의한 정치다. 인정(仁政)이란 무엇인가? 백성을 사랑하는 마음에 따른 정치다. 애민(愛民)을 위해 어질고 능력 있는 인물을 선발하여 그 능력을 최대치로 발휘할 수 있도록 왕권과 신권을 조화시켰던 것이다.

세종의 많은 업적 중에서 가장 뛰어난 점은 인재를 알아보고 발탁하는 능력과 신하들과 끊임없이 소통하려는 자세다. 이 능력은 세종 자신에 대한 진지함과 성실성에서 나왔다. 세종은 맡은 일에 고민과 연구를 거듭했고, 이를 실현할 인재와 신하들의 의견을 구했다. 세종의 인사정책은 업무의 특성을 파악하고 그 업무와 관련된 능력을 가장 우선시한 것이다. 또한 세종의 소통의식은 일의 실행과 완결성을 기하기 위함이었다. 당연한 결과로 그의 생각에는 항상 백성들이 있었다. 능력만 있으면 가문이나 신분을 초월하여 능력을 발휘하게 했고 경연에서 심하게 신하들과 논쟁했지만, 비판의견을 충분히 고려했다. 그래서 세종이 성군인 것이다.

영릉의 비각 옆으로 '왕의 숲길' 가는 길이 있다. '왕의 숲길'은 효종릉과 인선왕후릉으로 가는 길이다. 영릉에서 300m는 완만한 오르막길이다. 주위에 소나무가 가득하다. 정상에서 반대편으로 내려올 때에는 참나무숲길이다가 이내 소나무숲길로 바뀐다. 영릉에 있던 그 많던 사람들은 모두 되돌아갔는지 이 길을 걷는 사람은 세 사람 정도라서 아쉬웠다.

녕릉

17대 효종의 능은 동구릉 건원릉 서쪽 산줄기, 현재 원릉(영조)이 있던 자리였다. 1673년 현종 때 석물에 틈이 생겨 빗물이 스며들 염려가 있다고 하여 이곳으로 천릉했다. 그런데 이것은 핑계에 불과했다. 동구릉 영역에 터를 잡은 이들은 송시열 등 서인세력이다. 인선왕후가 승하하자 남인들이 조정에서 힘을 얻으면서 동구릉 영역이 좋지 않다고 하면

동원상하봉. 효종릉은 위쪽에, 인선왕후릉은 아래쪽 언덕에 모셨고 효종릉에만 곡장을 둘렀다.

무석인의 투구와 갑옷은 청나라 군제에 영향을 받은 것이라 추정되고 효종의 북벌정책 당시의 무인을 연상할 수 있다.

인선왕후릉의 석호와 석양.

서 이곳 여주로 옮겨 모셨다. 녕릉의 천릉은 뒤편에서 살펴볼 서인과 남인 간 두 차례에 걸친 예송과 밀접히 관련된다.

녕릉의 참도는 좌우측 2단으로 되어 있다. 특이한 점은 참도 중간에 금천교가 있다는 것이다. 아마 이쪽으로 물길이 있어 그렇게 설치한 것으로 짐작된다. 정자각 좌우에 수라간과 수복방이 있고 뒤쪽 좌우측에 예감과 산신석이 있다. 산신석 앞에 효종의 업적을 적어놓은 비각이 있다. 정자각에 오르는 계단은 동쪽에 있는 영릉과 마찬가지로 계단이 세 개고, 서쪽에는 한 개다.

녕릉은 같은 능선에 왕의 능침을 위쪽에, 왕비의 능침을 아래쪽에 조성했다. 이를 동원상하봉이라 한다. 보통 좌측에 왕의 능, 우측에 왕비의 능을 두는 쌍릉형식이 많다.

위쪽의 효종릉에는 삼면을 곡장으로 둘러 보호하고 있다. 그런데 인선왕후릉에는 곡장이 없다. 부부가 한 담장 안에서 살아야 한다는 뜻이 담겨 있다. 두 능의 문무석인은 매우 우람하다. 북벌정책을 폈던 효종의 의지를 반영한 듯하다. 또한 무석인의 투구와 갑옷은 이전 왕릉의 무석인과 차이가 있다. 조선 전기 중앙군이 5위에서 양난(임진왜란·병자호란) 이후 5군영 체제로 정비되어 가는 과정에서 청의 군제에 영향을 받아 새롭게 제작된 투구와 갑옷이라 생각된다.

이곳도 관람객의 문화향유권을 위해 효종릉 아래까지 도래솔길을 내었다. 학생들을 인솔하고 왔을 때에는 효종릉과 인선왕후릉 가운데까지 오를 수 있었는데 지금은 가까이 갈 수 없어 아쉽다. 멀리서 조망할 수밖에 없다. 영릉과 마찬가지로 능침의 봉분 주위에는 난간석만 둘렀다. 인선왕후릉의 석양과 석호는 비교적 자세히 관찰할 수 있다. 석양은 양쪽 머리를 곱게 뒤로 빗어올린 왕비처럼 양 뿔이 귀 뒤로 원을 그리고 있다. 석호는 해학적인 모습으로 조각되었는데, 양쪽 송곳니를 드러내고 있다. 큰 눈망울로 잡귀가 들어오는 것을 막는 중이다. 이 동물상들은 선왕에게 있어 임금의 그림자인 내시나 경호무사들이다. 그래서 능침에서 밖을 바라보는 모습으로 세웠다.

북벌에 대한 효종과 송시열의 동상이몽

병자호란의 패배로 소현세자와 봉림대군이 청에 인질로 끌려갔다. 소현세자는 청나라에서 외교관의 업무를 수행하며 서양의 문물을 보고 조선의 변혁을 생각했지만, 봉림대군은 복수의 칼날을 갈았다.

소현세자가 의문을 남긴 채 죽자, 봉림대군이 즉위했다. 효종이다. 북벌을 꿈꾸었던 효종은 김자점 등 친청파를 쫓아내고 김상헌, 송준길, 송시열 등 친명파로 조정을 채웠다. 또 이완을 총대장으로 삼아 훈련도감과 어영청을 개편해 군사를 증강하고 총과 포로 군대를 무장시켰다. 그런데 효종과 송시열이 생각하는 북벌론에는 근본적인 차이가 있었다.

효종은 청에 당한 치욕을 갚는 군사적인 것인 데 반해, 송시열은 오

효종대왕릉 주차장에서 세종대왕릉 주차장으로 가는 가티길.

랑캐인 청나라를 배척하고 중화적인 질서를 회복하고자 하는 데 방점이 찍혀 있었다. 북벌에 대해 효종은 진심이었고, 송시열은 성리학적 위계질서를 강화하여 양난 이후 무너져가는 양반 중심의 사회질서를 재건할 이념으로 북벌을 내세웠을 뿐이다. 북벌에 대한 둘의 간극이 너무 컸다. 한마디로 군사적 북벌에 대해 송시열은 반대하는 입장이었다. 효종은 사관과 승지까지 물리고 송시열과 독대하며 설득하려 했다. 두 달 후 효종이 어의의 침을 맞다가 급작스럽게 눈을 감았다. 이 때문에 효종 독살설이 퍼졌다. 효종의 사망으로 북벌 열기는 순식간에 식어버렸다.

걸어 내려오다 보면 매우 큰 한옥집을 만난다. 녕릉의 재실이다. 왕릉의 재실 중에서 원형이 가장 잘 보존되어 있어 보물로 지정되었다.

재실 앞마당에는 천연기념물로 지정된 회양목 한 그루가 있다.

넝릉 매표소로 나가면 녕릉 주차장이다. 영릉 주차장으로 가는 길이 따로 있다. 가티길이라 불리는데 데크길로 만들어 놓았다. '가티'는 '같이'의 방언이다. 두 임금의 여운을 느끼며 동행과 함께 걸을 만하다. 여주에 오면 여주 쌀밥이 먹고 싶어진다.

참고문헌

박영규, 『세종대왕과 그의 인재들』(들녘, 2002)
박영규, 『국가경영은 세종처럼』(통나무, 2021)
박현모, 『세종, 실록 밖으로 행차하다』(푸른역사, 2009)
박현모, 『세종의 수성守成 리더십』(삼성경제연구소, 2014)
정영현, 『세종의 정치와 리더십』(북랩, 2012)
이한우, 『세종 조선의 표준을 세우다』(해냄, 2006)
정도상·최재혁, 『백성을 섬긴 왕, 세종이 꿈꾼 나라』(시대의창, 2009)
김정남, 『36시간의 한국사 여행 2』(노느매기, 2016)
이덕일, 『조선 왕을 말하다 2』(역사의아침, 2011)
장영훈, 『왕릉풍수와 조선의 역사』(대원사, 2015)
신병주, 『조선왕실의 왕릉 조성』(세창출판사, 2017)
이규원, 『조선왕릉실록』(글로세움, 2012)
이수광, 『조선을 뒤흔든 16인의 왕후들』(다산초당, 2009)

단종애사를 찾아가는

단종대왕 유배길

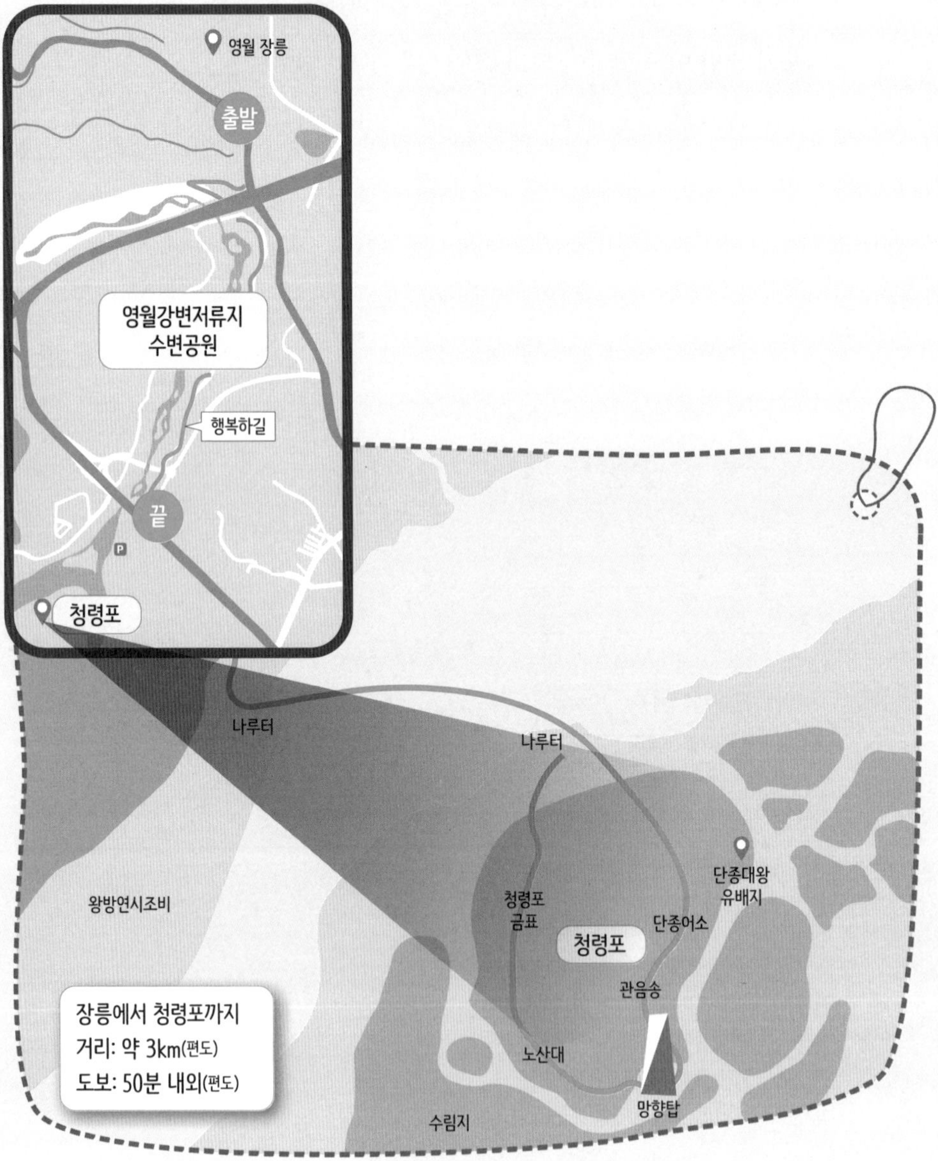

일반적으로 영월의 단종애사(端宗哀史) 답사는 자가용을 몰고 온다. 영월에서 단종애사와 관련된 답사장소는 장릉, 청령포, 관풍헌 등이 있지만 보통 장릉과 청령포를 둘러본다.

장릉은 사계절이 볼 만하지만 특히 가을 단풍철이 절경이다. 학생들과 답사왔을 때에는 그 절경 속을 거닐었다. 이곳에는 김삿갓묘, 동강, 어라연과 한반도 지형도 있으니 묶어 돌아봐도 괜찮을 것이다. 영월에서 식사는 항상 장릉 오른쪽 골목길에 있는 '장릉 보리밥집'에서 했다. 학생들도 선생님들도 만족도가 좋았다.

장릉 주차장에 주차하고 나서 단종대왕 유배길 중 '행복하길'을 걸어가면 된다. 이 길은 장릉입구에서 청령포 선착장까지의 길이다.

외로운 영혼이 잠든 곳, 장릉

단종역사관에 들렀다. 6대 단종과 왕비 정순왕후와 관련된 것들이 전시되어 있다. 계단에 '단종대왕 영정'이 걸려 있다. 추익한이 백마 탄 단종에게 머루를 진상하는 모습이다. 한편에 금부도사 왕방연과 시종을 양쪽에 둔 어린 단종의 모습이 있다. 당시의 표정을 잘 그려낸 것 같다. 야무지지만 표정이 없어 슬픔이 느껴진다.

재실에 이어 엄홍도 정려각에 마주 섰다. 영월호장 엄홍도는 삼족을 멸한다는 어명에도 불구하고 동강변에 버려진 단종의 시신을 들쳐업고 동을지산에 모셨다. 엄홍도가 아니었다면 단종의 시신은 까마귀밥이 될 뻔했다. 이 비각은 영조 때 엄홍도의 충절을 기려 세웠다. 그래서 정려각 앞에 홍살문이 있다.

장릉의 구조물 배치는 일반 왕릉과 다르다. 그럴 수밖에 없는 것이

장릉으로 들어가는 단풍나무길.

능침공간을 중심으로 후대에 꾸몄기 때문이다. 언덕 위 공간이 능침영역이고 아래 공간은 제향영역이다. 제향영역에는 정자각을 중심으로 장판옥, 배식단, 수복실, 단종비각, 홍살문, 판위, 참도, 수라간, 영천 등이 있다.

장판옥은 정조가 단종을 위해 목숨을 바친 268명의 위패를 모시도록 한 건물이다. 앞쪽에 충신 영령들에게 제향을 올리는 배식단이 있다. 다른 왕릉에서는 볼 수 없는 구조물이다. 홍살문을 앞에 둔 참도는 공간을 염두에 두고 'ㄴ' 자로 꺾어 정자각으로 길을 내었다. 참도 건너편에 영천(靈泉)이 있는데 매년 한식 때 이곳에서 물을 길어 제사음식을 준비했다. 지금도 매년 4월 마지막 주 토요일 오전 11시부터 제향이 거행되고 있다. 장판옥 오른쪽 계단으로 올라서면 단종릉으로 갈 수 있다.

단종대왕 영정.

능침공간에는 유독 소나무들이 많다. 그런데 희한하게 소나무 가지들이 단종릉을 향해 예를 올리듯 뻗어 있다. 오른편에 '정령송(精靈松)'이 눈에 띈다. 1999년 4월에 경기 남양주의 정순왕후 사능에서 두 분의 영혼이라도 함께하라는 뜻을 담아 옮겨 심은 소나무다.

장릉 앞에 섰다. 장명등석, 망주석, 혼유석, 석양, 석호에 문석인과 석마도 있지만 왕릉의 필수 구조물인 무석인이 보이지 않는다. 무석인이 없으면 세자묘인 원이다. 계유정난으로 칼을 든 자들에게 왕위를 빼앗겼기 때문에 무석인을 세우지 않았다고 한다. 장릉의 능침공간은 곡장, 즉 능침을 둘러싼 담장이 압권이다. 뒷부분부터 차츰차츰 단을 낮춰 담장을 쌓아 내려갔다. 벽돌로 쌓았고 화강암으로 꽃무늬까지 넣었다. 돌아서 보는 전망이 시원하다. 산들이 층층이 이어져 이곳이 강원도라는 느낌이 절로 든다. 단종릉은 남쪽으로 향해 있어 일 년 내내 따뜻한 햇볕 품 속에 있다.

능침에서 반대로 내려오는 시멘트길엔 소나무들이 줄지어 있다. 나무데크 계단으로 내려오니 박충원 낙촌비각이 자리 잡고 있다. 여기에

언덕 위에 능침이 있고 아래에 정자각 등 제향 건물이 있다.

장릉의 능침공간. 무석인이 보이지 않는데, 왕위를 쿠데타로 찬탈당했기 때문이라 한다.

도 이야기가 전한다. 단종이 죽고 나서 영월에 부임한 군수마다 급사했다. 일곱 명이나 된다. 중종 36년(1541)에 박충원이 영월군수로 왔다. 그는 피신하라는 아전들의 말에 아랑곳하지 않고 정사를 폈다. 어느 날 꿈에서 박충원은 어린 임금과 여섯 명의 신하들이 있는 곳으로 끌려갔다. 어린 임금이 그를 처형하라고 명하자 한 신하가 살려두자고 했다. 잠에서 깨어, 어린 임금이 단종이라 여긴 박충원은 엄홍도의 후손을 어렵게 찾아내어 단종이 묻힌 곳에 묘를 단장하고 제사를 올렸다 한다.

행복하길

장릉에서 청령포에 이르는 길은 이름이 세 개다. 단종대왕 유배길, 바람스친 향기길, 행복하길 등이다. 그러나 이 셋도 딱히 길 이름이라고

하기에도 멋쩍다. 단종대왕 유배길은 솔치재 옛길에서 선돌까지이고, 바람스친 향기길은 영월강변저류지 수변공원을 포함하여 매우 규모 있는 세 공원을 연결하는 길이라 이해된다. 그중 행복하길이 그래도 장릉에서 청령포에 이르는 길에 있다. 행복하길은 장릉 방향 저류지 입구에서 청령포 선착장에 이르는 길 이름이다. 왜 '행복하길'이라고 했을까? 길을 안내하는 입간판에는 정순왕후와 관련된 글을 짤막하게 써놓았다. 단종을 먼저 보낸 불우의 여인이지만 지조를 지킨 정순왕후가 행복했으면 하는 염원이 담겨 있는 것 같다.

장릉 주차장에서 영월로를 따라 약 400m 가면 영월가정교회가 나온다. 이 교회를 지나 삼거리에서 오른쪽 도로로 꺾어 내려가다가 좌측으로 들어가는 차도 중 두 번째 좁은 차도(삼거리에서 약 270m)로 걸어 들어가면 38번 국도 아래의 굴다리를 만난다. 이 굴다리를 통과하여 내려서면 수변공원이고 행복하길이다.

공원에 내려서 저류지를 가운데 두고 오른쪽으로 길을 잡아 청령포로 가도 되고 그냥 가까운 왼쪽길을 택해도 된다. 조금 더 걷고 싶어 나는 오른쪽으로 돌아가는 길을 택했다. 길은 자전거길과 산책길이 분리되어 있어 걷기에 안전하다. 두 길이 하나로 만나는 곳도 있지만 산책길은 충분히 확보되어 있다. 자전거길은 순환형 일주코스지만 산책

영월강변저류지 수변공원. '행복하길'이라 불리며 청령포로 연결된다.

길은 아기자기하다. 벤치에 앉아 물을 바라볼 수 있고 데크를 물 안쪽에 설치하여 마치 배를 타고 있는 듯하다. 또 돌로 징검다리를 놓아 건는 재미가 있다. 저류지를 연못이라고 해야 할까. 연꽃잎들이 넓게 자리를 차지하고 있어 연꽃이 필 철이면 볼 만하겠다.

청령포로 가는 오르막 옆에는 조경석 사이사이로 패랭이꽃들이 멋지게 피었다. 오르막의 끝지점, 청령포 매표소 맞은편에 자전거를 빌려 탈 수 있는 곳도 있으니 청령포에서 산책을 시작한다면 자전거의 도움을 받으며 장릉까지 갔다와도 좋을 것 같다. 장릉으로 되돌아갈 때에는 아무래도 직선길이 좋다.

두견새 우는 청령포

단종은 작은아버지 수양대군에게 왕위를 빼앗기고 상왕으로 밀려났다. 1456년 성삼문, 박팽년 등 사육신의 거사가 실패하면서 노산군으로 강등되어 원주, 주천을 거쳐 이곳 청령포에 유배됐다. 청령포는 동, 남, 북이 서강으로 둘러싸여 있고 서쪽은 66개의 봉우리가 용의 등지느러미처럼 험준하게 늘어선 곳이다. 나룻배를 이용하지 않고는 나갈 수 없는, 섬과도 같은 최적의 유배지다. 당시 이런 곳이 있다는 것을 세조와 측근들은 어떻게 알았을까?

청령포의 전체 조망은 매표소가 있는 건물 옥상이 가장 좋다. 이곳은 소나무숲이 유명하다. 2004년 '제5회 아름다운 숲 전국대회'에서 공존상(우수상)을 수상했다는 안내표지판이 없더라도 송림 때문에 계절 불문하고 사람들이 찾는다. 나무데크길을 따라가면 단종어소와 마주친다. '어(御)'는 어거하다는 뜻으로 임금을 나타낸다. 15칸 기와집에서 단

청령포 단종유배지. 동, 남, 북은 서강으로, 서쪽은 66개의 봉우리로 막혀 있는 곳이다.

종이 거처했고 담장을 경계로 건너편에 있는 초가집은 궁녀와 관노들이 생활하던 행랑채다. 어소 앞에 '단묘재본부시유지비'가 있다. 앞면에는 단종이 이곳에 계실 때의 옛터라 씌어 있고 뒷면에는 "영조 39년 계미년 가을 울면서 받들어 쓰고, 어명에 의하여 원주감영에서 세웠다. 지명은 청령포다"라고 기록되어 있다.

이제 관음송(국가지정 천연기념물 제349호)과 마주했다. 어린 단종이 갈라진 소나무에 걸터앉아 지내던 곳이라 한다. 단종의 슬픈 생활을 보

단종어소로 가는 나무데크길.

관음송. 단종의 슬픈 생활을 보고, 오열하는 울음소리를 들은 소나무다.

고[觀], 오열하는 울음소리를 들은[音] 소나무다. 유배 전부터 있었으니 600년은 족히 넘었을 것이다.

관음송을 지나 계단으로 올라서면 망향탑을 만난다. 한양에 남겨진 부인 정순왕후 송씨의 안위를 걱정하며 주위의 돌들을 모아 차곡차곡 쌓은 탑이다. 정순왕후는 단종보다 한 살 연상이고 수양대군이 간택에서 주도적인 역할을 했다. 그는 아버지와 남편을 잃고 단종이 사사된 해에 서인이 되어 눈물을 삼키며 살아야 했다. 망향탑에서 내려와 절벽길을 따라 오르면 '노산대'가 나온다. 단종이 여기에 올라 한양을 바라보며 혹시나 모를 기쁜 소식을 기다렸다고 한다.

계속 내려가면 세월의 흔적이 역력하게 묻어 있는 비석을 만나는데 '청령포금표(淸泠浦禁標)'라 씌어 있는 금표비다. 이 비도 영조 때 세웠다. 뒷면에 이곳은 임금이 계셨던 곳으로 "동서로 300척, 남북으로 490척과 이후에 진흙이 쌓여 생기는 곳도 또한 금지하는 데 해당된다"고 씌어 있는 일종의 출입금지 푯말이다. 청령포 배 타는 곳에서 서강 건너 왼편 언덕에 왕방연시조비가 있다. 왕방연시조비까지 봐야 청령포 답사가 마무리된다.

거사의 실패

계유정난은 계유(癸酉)년에 혼란[亂]한 정국을 안정시켰다[靖]는 말이다. 논공행상, 즉, 공을 따져서 상을 줘야 한다. 수양대군과 정인지, 한명회, 권남 등 14명에게는 1등 공신, 신숙주, 홍윤성 등 11명에게는 2등 공신, 이홍상 등 20명에게는 3등 공신이 주어졌다. 성삼문도 3등 공신으로 이름이 올랐다. 계유정난 당시 성삼문 등 집현전 학사 출신들은 중립을 지키거나 동조했다. 이는 황보인, 김종서 등 재상들이 국정을 농단하고 있었다는 사실을 방증한다. 그들은 일단 상황이 돌아가는 것을 지켜보자는 입장이었을 것이다.

수양대군은 김종서의 수하인 이징옥이 일으킨 난을 진압했다. 형제들 중 뜻을 달리하는 넷째 동생 금성대군을 삭녕으로 유배 보냈다. 불안감에 휩싸인 단종은 결국 수양대군에게 선위했다. 1455년(단종 3) 6월이었다.

성삼문 등 집현전 학사 출신들은 세조의 즉위를 축하하러 온 명나라 사신을 위한 환영연에서 세조와 그 일당들을 죽이기로 계획했다. 성삼문, 박팽년 등은 세손시절 단종을 가르쳤고, 이개와 유성원은 왕세자 시절 스승이었다. 주요인물은 성삼문, 박팽년, 하위지, 이개, 유성원 등 문관들과 유응부, 성승 등 무관들이었다. 성승은 성삼문의 아버지다. 마침 유응부가 환영연에서 칼춤을 추는 별운검에 임명되었다. 성승과 유응부가 그 자리에서 임금과 세자, 대신들을 모조리 죽일 예정이었다. 그러나 한명회가 낌새를 알아차렸는지 별운검 행사를 생략하자고 했고 세조도 의견에 따랐다. 성승과 유응부는 끝까지 실행하려 했으나 문신들이 연기할 것을 주장했다. 첫 거사일이 미뤄지자 거사에 함께하기로 했던 김질이 장인 우찬성 정창손에게 단종복위계획을 알렸다.

'六臣(육신)의 해'를 꿰뚫은 충성

성삼문 등 연루자 17명이 줄줄이 잡혀 국문을 받았다. 세조도 인재를 죽이고 싶지 않았나 보다. 김질을 시켜 그들을 설득하려 했다. 김질이 이방원이 지은 "이런들 어떠하리 저런들 어떠하리 ……"를 읊자 성삼문은 다음과 같이 화답했다(시는 모두 현대어로 바꿨음).

이 몸이 죽어 가서 무엇이 될꼬 하니 / 봉래산 제일봉에 낙락장송 되어 있어 / 백설이 만건곤 할제 독야청청하리라

– 임형선, 『이야기로 읽는 고시조』, 186쪽

자신이 죽어 봉래산의 제일 높은 봉우리에 큰 소나무가 된다 한다. 세조의 권력이 온 세상에 가득할 때 홀로 맑고 푸르게 지조를 지키겠다는 뜻이다. 박팽년도 김질의 회유에 다음 시로 답했다.

까마귀 눈비 맞아 희는 듯 검구나 / 야광명월이 밤인들 어두우랴 / 님 향한 일편단심이야 고칠 줄이 있으랴

– 임형선, 『이야기로 읽는 고시조』, 195쪽

집현전의 수장격인 정인지, 동료인 신숙주, 김질 등이 수양대군 편에 붙었다. 간신(까마귀)은 간신일 뿐이다. 계유정난과 세조 즉위(눈비)에서 공을 세웠다고 해서 충신(희는 듯)이 되는 것은 아니다. 충성(야광명월)은 어려울 때(밤) 더욱 빛난다. 단종을 향한 일편단심은 변할 까닭이 없다. 박팽년은 죽음을 앞두고 다음과 같이 읊었다.

여수 물에서 금이 난다고 물마다 금이 나며 / 곤륜산에서 옥이 난다 하여 산마다 옥이 나겠는가? / 아무리 아내는 남편을 쫓아야 한다고 말 하지만 / 어찌 아무 남자나 뒤따를 수 있겠는가

– 권오성 외, 『고전시가의 모든 것』, 185쪽

'금생여수(金生麗水)' '옥출곤강(玉出崑崗)'이라는 말을 통해 아무나 임

금이 될 수 없다고 말한다. '여필종부(女必從夫)'라는 한자성어를 인용해 부인은 남편을 따라야 하지만 아무 남자나 따를 수 없다고 썼다. 세조를 용납하지 않고 단종에게만 충성을 다하겠다는 강한 신념이 느껴진다. 유응부와 성승도 마음을 남겼다.

> 간밤의 불던 바람에 눈서리 치단말가 / 낙락장송이 다 기우러 가노매라 / 하물며 못다 핀 꽃이야 닐러 므슴 하리오
>
> – 권오성 외, 『고전시가의 모든 것』, 166쪽

유응부는 계유정난과 상왕복위사건으로 김종서, 황보인 등 낙락장송(충신)이 모두 쓰러졌다고 썼다. 그는 충절을 지닌 성삼문, 박팽년, 이개 등 집현적 학사(못다 핀 꽃)들도 뜻을 펴지 못한 현실을 안타까워했다. 다음 시조는 성승이 지었는지 성삼문이 지었는지 확실하지 않다.

> 임이 주신 밥을 먹고 임 주신 옷을 입었으니 / 일평생 한 마음이 어길 줄 있었으랴 / 한 번 죽음이 충의인 줄 알았으니 / 현릉의 송백(松柏)이 꿈속에 아련하네
>
> – 출처(https://blog.naver.com/hiskjn/221654321043)

문종(현릉)에게 입은 은혜에 단종을 위해 죽음으로써 보답한다는 뜻이 잘 나타나 있다. 다음은 이개다.

> 방 안에 켜 있는 촛불 누구와 이별하였기에 / 겉으로 눈물 디고 속 타는 줄 모르는고 / 저 촛불 날과 갓트여 속 타는 줄 모로도다
>
> – 권오성 외, 『고전시가의 모든 것』, 169쪽

이개는 촛불을 자기로 의인화했다. 겉으로 촛농이 떨어지면서 안으로 타고 있는 것을 자기의 마음이라 했다. 단종과 이별해야 하는 이개의 비통한 심정을 촛불로 잘 표현했다.

피를 토하는 세 사람의 울음소리

세조의 넷째 동생 금성대군이 단종복위를 계획하다가 그도 사사된다. 이를 계기로 세조의 측근들이 단종에게 사약을 내려야 한다고 주청했다. 단종은 청령포의 홍수로 영월객사 관풍헌으로 거처를 옮겼다. 그곳에서 시 두 편을 남겼다.

> 달 밝은 밤 소쩍새 울면 / 시름에 겨워 다락에 기대었네 / 네 슬픈 울음, 내 듣기 몹시 괴롭구나 / 네 소리 없었던들 내 근심도 떠오르지 않았으련만 / 근심에 싸인 사람들에게 이르노니 / 춘삼월에는 자규루에 오르지 말아 주오
>
> – 단종, 「자규사」(자규루 편액 원본 참조)

「자규사」라는 시다. 자규(子規)는 소쩍새로 울음소리가 피를 토하듯 한다. 소쩍새의 울음소리가 자신의 신세 같아 몹시 괴로웠나 보다. 자기처럼 근심걱정이 많은 사람들은 봄에 자규루에 오르지 말라고 당부한다. 또 한 편의 시를 보자. 단종의 「자규시」다.

> 한 마리 원한 맺힌 새 궁중을 떠나와 / 홀로 짝 없이 푸른 산속 그림자로 있소 / 밤마다 자려 해도 잠은 오지 않고 / 해마다 한을 끊으려 해도 한이 끝없소 / 소쩍새 울음소리 끊어진 새벽 봉우리에 달

만 희게 비추고 / 피를 뿌린 듯 봄 골짜기에 떨어진 꽃들만 붉소 / 하늘은 귀가 멀어 애달픈 탄식 듣지 못하는데 / 어찌하여 근심 어린 사람의 귀에만 홀로 들리는고

– 단종, 「자규시」(한국문화유산답사회, 『답사여행의 길잡이 3, 동해·설악』, 83~84쪽 원본 참조)

'원한 맺힌 새'는 단종의 심정을 나타낸다. 충성스런 신하들도 없고 마음의 벗인 왕비 송씨도 이제는 만날 수 없다. 핏물인양 철쭉들만 붉고 나의 마음을 하늘은 왜 알아주지 않는가 하고 하소연한다. 살아 있을 것 같은 부인 정순왕후를 그리며 한양 쪽을 바라보고 지은 시다. 엄홍도가 대신 답한다.

한번 영월에 오시더니 환궁치 못하시옵고 / 드디어 홍도로 하여금 두려운 가운데 돌보시게 하였도다 / 작은 벼슬아치 육순에 충성을 다하고자 하거늘 / 대왕은 17세의 운이 어찌 그리 궁하신지 / 높이 뜬 하늘에는 밤마다 마음의 별이 붉고 / 위태로운 땅에는 해마다 눈물비가 붉도다

– 이우상, 『조선왕릉 잠들지 못하는 역사 1』, 122쪽

엄홍도는 단종의 명이 다한지 알았나 보다. 1457년 10월 21일, 금부도사 왕방연이 사약을 가지고 영월에 왔다. 왕방연은 엎드려 울 뿐이었다. 단종은 시종을 시켜 노끈을 목에 묶게 하고 잡아당기라 했다. 그의 나이 열일곱이다. 문종의 신하이기도 했넌 금부도사 왕방연이 형을 집행하고 울창한 소나무숲인 솔모정에 앉아 청령포를 바라보며 깊은 한숨을 토해냈다.

천만리 머나먼 길에 고운 님 여의옵고 / 내 마음 둘 데 없어 냇가에 앉았으니 / 저 물도 내 인 같아 밤길 예놋다 – 왕방연 시조비

왕방연은 단종의 죽음을 지켜보며 자기의 애달픈 심정을 시냇물에 감정이입했다. 무심히 흐르는 서강의 강물도 마치 자기의 마음처럼 밤길을 울면서 간다고 썼다.

숙종, 단종을 임금으로 받들다

단종의 무덤은 중종의 명령에 따라 찾게 되었고 숙종은 단종을 임금으로 복권시켰다. 숙종도 단종을 추모하는 글을 여러 편 남겼다.

어리실 때 임금 자리 내려놓으시고 / 먼 벽촌에 계실 때 / 마침 비색한 운 만나니 / 임금의 덕 이지러지도다 / 지난 일 생각하니 / 목메고 눈물 마르지 않는다 / 시월달에 뇌성과 바람 이니 / 하늘의 뜻인들 어찌 끝 없으리오 / 천추에 한이 없는 원한이요 / 만고의 외로운 혼이로다 / 적막하고 거치른 산속에 / 푸른 소나무 옛 동산에 우거졌네 / 높은 저승에 앉으시어 / 엄연히 곤룡포 입으시고 / 육신들의 해를 꿰뚫은 충성을 / 혼백 역시 상종하시리라

– 한국문화유산답사회, 『답사여행의 길잡이 3, 동해·설악』, 85~86쪽

단종의 삶에 대한 숙종의 애달픈 마음이 잘 표현되어 있다. 그는 단종보다 두 살 많은 열넷에 왕위에 올랐으니 단종을 대하는 마음이 남다를 것이다. 억지로 임금의 자리에서 내쫓겨 영월 땅에 유배당해 10월

21일에 자결한 단종을 위로한다. 단종은 죽었으나 장릉 주위에 여전히 충신들(푸른 소나무)이 가득하다고 한다. 다시 임금으로 복권되었으니 성삼문, 박팽년, 이개, 성승, 유성원, 유응부 등 사육신들을 반갑게 만나라 한다. 단종애사를 찾아가는 단종대왕 유배길, 항상 마음을 숙연하게 한다.

참고문헌

김정남, 『36시간의 한국사 여행 2』(노느매기, 2016)
한국문화유산답사회, 『답사여행의 길잡이 3, 동해·설악』(돌베개, 1996)
연호흠, 『동강에 어린 충절 영월』(신서원, 2004)
이우상, 『조선왕릉 잠들지 못하는 역사 1』(다홀미디어, 2010)
임형선, 『이야기로 읽는 고시조』(채륜, 2016)
권오성 외, 『고전시가의 모든 것』(꿈을담는틀, 2006)
https://blog.naver.com/hiskjn
청령포 안내표지판

불교 원찰 봉선사와 유교이념 광릉을 이어주는

광릉 숲길

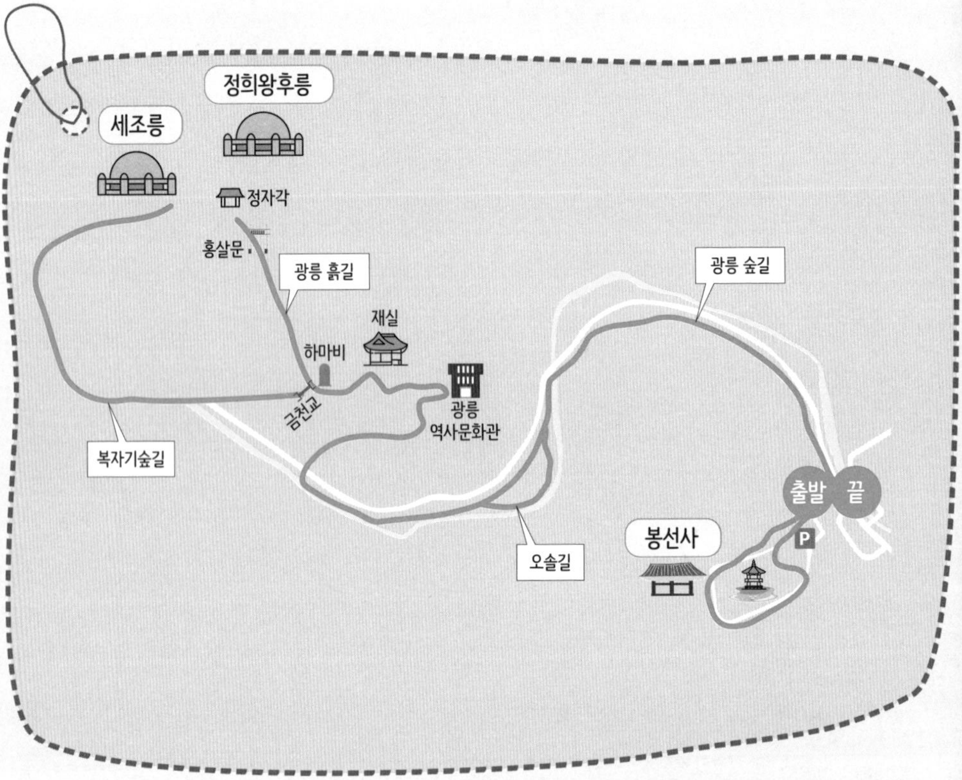

봉선사 입구에서 광릉 입구까지
거리: 약 1.6km(편도)
도보: 25분 내외(편도)

광릉 숲길은 차를 몰고 가도 되고 버스를 타고 가도 된다. 버스를 탈 경우 봉선사 입구에서 하차하면 된다. 자가용일 경우에는 봉선사와 광릉 주차장에 주차할 수 있는데 봉선사는 무료이고 광릉은 유료다. 어디서든 국립수목원 광릉숲이 베푸는 피톤치드를 만끽할 수 있고 푸르른 녹지가 마음을 편안하게 한다. 이전에는 국립수목원을 예약하지 못하면 아쉬운대로 차를 몰고 봉선사나 광릉을 따로 보고 갔는데, 이제는 광릉 숲길이 봉선사와 왕릉을 연결해 주어 세조와 정희왕후의 능인 광릉, 그리고 광릉의 원찰(願刹, 능찰)인 봉선사를 묶어 산책 겸 답사할 수 있다.

서울과 경기 인근에 왕릉이 많지만 유교를 근본으로 삼은 조선의 왕릉에는 원찰이 별로 없다. 원찰로는 봉은사(선정릉), 용주사(융건릉), 신륵사(영릉) 등도 있지만 산책 삼아 걷기에는 거리가 좀 멀다. 이에 반해 봉선사 초입에서 광릉 숲길을 걸어 광릉 초입까지 걸어가는 길은 1.6km로 25분 정도 걸린다. 봉선사나 광릉에서 출발하여 되돌아오는데 힘들지 않은 산책코스다.

봉선사 연꽃

봉선사에 주차하고 일주문을 지나 연꽃정원으로 발을 내디뎠다. 매년 7월 중순 이후에 연꽃이 만발해 불자가 아니더라도 사람들의 마음을 정화시킨다. 연꽃은 강한 생명력을 지니고 있기 때문에 생명의 창조, 번

봉선사 연꽃. 생명의 창조, 번영의 상징이며, 불교에서 진리의 꽃이라 불린다.

영의 상징으로 여겨졌다. 연꽃은 흙탕물에서 자라나지만 오염되지 않고 깨끗하고 아름다운 꽃을 피운다. 그래서 불교에서는 혼탁한 사바세계에서 부처가 진리의 꽃을 피운다는 의미로 해석한다. 유교에서도 선비들의 청빈과 고고함에 비유되는 꽃으로 사랑받아 온 꽃이 연꽃이다.

두 대비와 봉선사

봉선사는 왕실과 인연이 깊은 사찰이다. 고려 광종 때 스승격인 법인국사 탄문이 운악사로 처음 창건했다. 운악사가 현재의 절로 거듭나는 데 큰 역할을 한 사람이 7대 세조의 왕비인 정희왕후다. 아들 예종이 집권하고 있을 때 정희왕후는 자그마한 운악사를 89칸 규모로 중창하고 봉선사라 고쳐 불렀다. 봉선사는 '선왕의 능을 받들어 모신다(奉護先王之陵)'에서 따온 말이다. 즉 광릉의 원찰로 거듭난 것이다.

이후 봉선사는 11대 중종의 비인 문정왕후가 어린 명종을 대신해

봉선사 일주문 뒤에 '교종본찰봉선사(敎宗本刹奉先寺)'라는 현판이 붙어 있다. 명종 때 교종의 최고 사찰임을 나타낸다.

수렴청정할 때 교세가 크게 확장된다. 문정왕후는 승려 보우를 앞세워 친불교정책을 폈고 그때 봉선사는 교종의 최고 사찰로 승격됐다. 그래서 일주문 뒤에 '교종본찰봉선사(敎宗本刹奉先寺)'라는 현판이 붙어 있는 것이다. 문정왕후가 죽은 후 봉선사는 쇠락의 길을 걷지만 지금은 대한불교 조계종의 제25교구 본사다.

원찰의 징표를 찾아보는 봉선사 답사

봉선사 답사는 불교신앙적 측면에서도 중요하지만 원찰로서의 징표를 찾아나가는 과정이 쏠쏠한 재미다. 원찰은 제사음식을 준비하고 왕릉을 관리하는 역할을 하는 사찰이다. 일반 사찰이 원찰로 지정되면 절에 소속된 승려들은 관리나 양반의 횡포에서 벗어날 수 있고, 노역에 동원되지 않으며 승려 신분도 보장되었다.

연꽃연못을 지나 분수대 연못 뒤편 찻집 앞에 커다란 느티나무가 있고 바로 옆에 하마비가 있다. 느티나무는 정희왕후가 세조를 광릉에 모시고 봉선사로 중창하면서 심었다 한다. 수령이 500년이 넘었다. 하마비에는 '대소인원개하마(大小人員皆下馬)'라고 써 있다. 하마비는 왕릉이나 사당, 성균관, 향교, 서원 등에 주로 세우지, 사찰에는 세우지 않는다. 하마비는 이곳이 원찰임을 말해주는 비석이다.

느티나무와 하마비. 느티나무는 정희왕후가 세조를 광릉에 모시고 나서 심었다. 하마비는 봉선사가 원찰임을 나타내는 징표 중 하나다.

조선시대를 대표하는 범종, 봉선사 동종

청풍루 앞으로 가면 안쪽에 봉선사 동종이 있다. 이 동종은 봉선사에서 유일하게 보물로 지정된 문화재다(보물 제397호). 조선시대를 대표하는 범종양식 중 하나이며 봉선사 창건 당시 정희왕후의 명으로 세조의 명복을 빌기 위해 주조되었다(예종 1년, 1469). 통일신라의 범종양식을 충실히 계승한 한국의 종이다. 특히 원형 두광을 하고 두 손을 맞잡고 있는 네 분의 보살입상이 멋지다.

청풍루 건물에는 설법전, 중해운집, 불천회관 등 사방에 현판이 걸려 있다. 봉선사 본마당으로 들어가는 청풍루 통로 좌우에는 금강역사와 사천왕이 그려져 있다. 금강문과 천왕문까지 곁들여 이 건물이 다용도로 쓰이고 있음을 알 수 있다.

청풍루를 나와 오른편에 대의왕전(大醫王殿)이 새롭게 들어섰다. 대리석으로 조각했고 몸과 거신광배에 금색을 입힌 약사여래다. 거신광배 뒤에는 법륜(法輪)이 조각되어 있다. 법륜은 부처의 가르침이 쉬지 않

봉선사 동종. 세조의 명복을 빌기 위해 주조했다. 동종에 새겨진 보살상이 멋지다.

고 굴러가는 수레와 같다는 것을 나타낸다.

우리나라 최초의 한글 현판, 그리고 어실각과 개건당

사찰의 주 공간에 들어왔다. 북쪽 가운데에 '큰법당'이라는 현판을 단 건물이 주 법당이다. 큰법당은 대웅전을 말한다. 우리나라에서 가장 먼저 법당의 현판을 한글로 써서 단 사찰이 바로 이곳 봉선사다. 한글 현판을 붙이는 데 큰 역할을 한 스님이 운허 대사다. 운허 대사는 일제강점기에 독립운동과 교육활동에 헌신하고 불경을 한글로 번역하는 일에 온 정열을 쏟은 분이다. 큰법당 내부 오른쪽 벽면에도 한글 경판들이 붙어 있다.

큰법당 앞에 잘생긴 3층 석탑이 있는데 경북 금릉군에 있던 갈항사 터의 갈항사삼층석탑(국보 제99호, 현재 국립중앙박물관 외부 전시)을 본떠 만든 탑이다. 1972년 4월에 건립되었고 운허 대사가 1975년에 스리랑카에서 석가모니 사리를 모셔와 탑 안에 안치했다 한다.

큰법당 좌우에 관음전과 지장전이 있다. 특이하게 지장전 건물 왼편에 '어실각(御室閣)'이란 현판이

봉선사는 우리나라에서 가장 먼저 법당에 한글 현판을 단 사찰이다.

지장전 건물 왼편의 '어실각' 현판. 세조와 정희왕후의 사당이었음을 의미한다.

걸려 있다. 어실각은 일종의 사당으로 원래는 세조의 영정이나 위패를 봉안해야 한다. 지장전 건물에 '어실각' 이름표만 붙어 있는 꼴이다. 지장전 뒤편에 개건당(改建堂)이 있다. 개건당은 봉선사를 사실상 개창한 정희왕후 윤씨를 모시는 건물이었다. 개건당 옆으로 이곳의 유명한 스님들의 영정을 모신 조사당이 있고, 그 옆에 삼성각이 있다. 삼성각은 하나의 건물이면서 현판은 산령각(山靈閣), 북두각(北斗閣), 독성각(獨聖閣)으로 따로 걸었다. 청풍루의 네 개 현판, 지장전과 어실각, 삼성각의 세 개 현판, 참 알뜰하면서도 재미있는 구성이다.

매혹적인 관음보살상과 춘원이광수기념비

서울 길상사의 관음보살상과 자매처럼 닮은 관음보살상.

청풍루 건물 오른편 쪽문으로 나가면 마음을 빼앗길 만한 관음보살이 기다린다. 마치 서울 성북동에 있는 길상사의 관음보살상과 자매처럼 닮았다. 삼상관을 쓰고 달걀형 얼굴에 가는 눈, 반달 같은 눈썹에서 이어지는 오뚝한 콧날, 가느다란 입술이 조화를 이룬다. 늘씬한 몸매에 왼손에는 비교적 큰 정병을 들고 오른손은 손바닥을 앞쪽으로 하여 마치 손인사를 건네는 것 같다. 2017년 5월에 봉선사에서 맞이한 보살상이다.

내려가는 길은 느티나무와 은행나무 사이 도로로 잡아보자. 왼편에 부도밭이 나온다. 두 번째 비석에 한글로 굵직하게 '춘원이광수기념비'라 씌어 있다. 문학적 재능은 인정하지만 대표적 친일파의 기념비를 이곳에서 보니 영 마음이 찜찜하다. 해방 직후 이광수는 운허 대사의 권유로 이곳에 피신해 있으면서 불교에 귀의했다. 운허 대사는 이광수의 친척이다. 부도밭에는 1522년에 세워진 것으로 보이는 보운당 승탑, 한국 근대불교의 선각자로 평가되고 봉선사를 다시 크게 일으켜 세운 월초 스님, 독립운동가이며 민족교육자였던 운허 대사 등 많은 스님의 승탑이 있다.

광릉 숲길

광릉 숲길은 도로가로 나와 경희대학교 평화복지대학원 옆에서 시작된다. 일단 이 길이 고마운 이유는 국립수목원에 예약하지 못하고 왔을 때다. 평일이야 여유가 있지만 주말에는 예약하기가 여간 어려운 일이 아니다. 그런 곳에 광릉 숲길이 생겼으니 편안하게 숲속의 자연을 걷는 기분으로 즐긴다.

봉선사 입구에서 '국립수목원 광릉 숲길'에 들어서면 아름드리나무가 길손을 맞는다. 큰 나무를 먼저 대하니 한껏 기대감이 마음에 찬다. 광릉 숲길은 거의 나무데크길이다. 차도를 옆에 끼고 걷기도 하고 또 멀리 두고 걷기도 한다. 차량이 많지 않고 차량의 제한속도가 30km/h 이하다. 광릉 숲길이나 광릉을 걸을 때에는 숲속이나 데크 옆을 두리번두리번하면서 걷는 게 좋다. 베어낸 고목에서 새 생명들이 자라고 있는데 이것을 보는 것도 재미다. 마치 죽음이 새로운 삶의 거름이 되는 것처럼 보인다.

광릉을 보고 돌아가는 길은 지금까지 왔던 길과는 또 다른 느낌이

고목에서 새 생명이 자라고 있어 죽음이 새로운 삶의 거름이 되는 듯 보인다.

다. 이제 오른편에 숲을 끼고 걷는다. '산새관찰'하는 곳을 지나면 오른쪽 흙길로 빠진다. 흙길로 들어서기 전, 도로가에 야생화가 곱게 핀 고목이 보인다. 여기저기 고목들이 새 생명에게 자리를 내어준다. 이 흙길은 능내교 약간 못 미쳐 다시 데크길과 만난다. 광릉으로 갈 때든 봉선사 입구로 돌아갈 때든 한 번은 걸어보기를 권한다. 색다른 맛이 나는 산책길이다. 숲을 둘러보며 걸으니 나무들은 자리다툼을 하지 않는다. 서로 어울려 잔잔히 화음을 창조하는 듯하다. 키 큰 나무는 하늘 가까이에, 키 작은 나무는 큰 나무 중허리에서 산들산들 길손들에게 인사한다.

광릉길에서 보는 하마비, 금천교, 그리고 지당

광릉에서 가장 먼저 마주하는 것이 광릉역사문화관이다. 조선왕릉에 관한 다양한 지식을 접할 수 있다. 광릉종합안내도를 보고 광릉의 전체 구조를 살펴보자. 마치 귀여운 토끼처럼 보이는데 왼쪽 언덕에 세조를, 오른쪽 언덕에 정희왕후 윤씨를 모셨다. 안내도 지근거리에 보이는 것이 재실이다. 재실을 보고 다시 나와 왼쪽길 하마비 쪽으로 가야 한다. 5월에는 파란 붓꽃들의 유혹을 받으며 걷는 길이다.

원래 이곳에는 영의정을 지냈던 정창손의 조부모와 부모 등 모두 8

광릉의 금천교. 나무다리에 흙길로 만들어 놓았다.

기의 묘가 있었다. 1468년 9월 세조가 세상을 떠나자 예종은 신하들에게 능으로 쓸 만한 땅을 알아보게 했고 후보지로 올라온 이곳을 직접 둘러보고 세조의 묫자리로 정했다. 결국 정창손 조상의 묘들은 모두 이장해야 했다. 조정의 최상위 실세도 왕릉의 묫자리에 어떤 토도 달 수 없을 정도로 왕릉의 택지는 존엄했다.

'조선왕릉 세계유산' 표지석 옆에 하마비가 있다. 하마비에서 도로 쪽으로 충북 보은의 정이품송후계목도 있다. 하마비 왼편으로 다리가 있다. 금천교다. 다른 왕릉의 금천교는 돌다리로 되어 있는데 이곳은 나무다리에 흙길이다. 이 다리는 왕릉은 신성한 곳이니 함부로 건널 수 없다는 뜻과 풍수지리상 명당수를 나타낸다. 금천교 오른쪽 한편에 지당이라는 연못이 있다. 조경의 의미와 더불어 소방용 물이다.

숲터널의 광릉 흙길

비교적 넓은 흙길이 정자각까지 뻗어 있다. 광릉 숲길이 나무데크여서 걷기 편하지만 단조로운 면도 있다. 그 단조로움을 잘 보완해 주는 길

광릉 흙길. 숲터널이어서 여름철에도 걷기 좋다. 일명 '사랑나무'.

이 광릉 흙길이다. 더군다나 숲터널이어서 좋다. 원형초석 근처 오른쪽 숲에 서로를 아끼며 깊이 사랑에 빠진 나무가 눈길을 끈다.

홍살문 지나 오른쪽에 벽돌로 깔아놓은 작은 사각형의 판위(版位, 제향 전에 임금이 대기하는 자리)가 있어야 하나 이곳에는 복원하지 않았다. 또 이곳에 복원되지 않은 구조물이 참배로다. 원래부터 광릉의 참배로가 흙길이었을 가능성도 있다. 금천교가 다른 왕릉에는 돌판석으로 놓였는데 이곳에는 나무다리 흙길이기 때문이다. 원형이 어떤 모습인지 몰라서인지, 원래부터 흙길이어서인지 하여간 정확한 사정은 모르겠다.

정자각과 주위의 건물

선왕에게 제향을 올리는 공간이 중앙에 있는 정자각이다. 정자각을 앞에 두고 오른쪽에 수복방, 왼쪽에 최근에 복원한 수라간이 있다. 수복방은 왕릉을 지키는 군졸들이 상시 거주하는 집이다. 그래서 내부에 부뚜막이 있다. 정자각 오른쪽 뒤편에는 비각이 있다. 선왕의 비석이나 신도비를 보호하는 건물이다. 정자각 왼편에서 조금 떨어진 뒷공간에

광릉은 왼편 언덕에 세조릉이, 오른편 언덕에 정희왕후릉이 있는 조선 최초의 동원이강릉이다.

예감(묻을 瘞, 구덩이 坎; 축문을 불태우는 곳)이 있다. 정자각에서 제관이 제향을 주관하고 이곳에서 축문을 불태운다.

이제 정자각에 대해 이야기하자. 정자각에 오를 때에는 우측 계단을 이용해야 한다. 왼쪽의 구름무늬 소맷돌 계단은 선왕의 혼령이, 오른쪽의 일반 계단은 임금과 신하들이 오른다. 제향을 올릴 때에는 앞의 빈 공간 2칸에 신하들이 양쪽으로 도열한다. 정자각 좌측의 계단은 일반 계단 하나만 있다. 제관이 예감으로 가기 위한 계단이며 제향을 마치고 임금과 신하가 내려오는 계단이다. 선왕의 혼령은 이미 정자각 뒤편에 있는 신도(神道)를 통해 능침공간의 혼유석에 앉아 제향을 지켜보고 있기 때문이다. 왕릉의 꽃은 능침영역이다. 볼거리가 많지만 대부분 출입금지다.

광릉의 능침영역

능침은 가운데 정자각을 중심으로 왼쪽에 세조를, 오른쪽에 정희왕후를 모셨다. 이 같은 양식을 동원이강릉이라 한다. 동원이강은 근원[原]

이 같은[同] 한 줄기의 산맥에서 서로 나뉘진 다른[異] 언덕[岡]이라는 뜻이다. 광릉은 조선시대 최초의 동원이강릉이다. 풍수상으로 양쪽 젖무덤에, 좌청룡·우백호의 산능선이 두 팔로 어린아이를 감싸안은 듯한 형국이라 한다. 아주 좋은 명당이라는 말인데, 명당에 모시는 이유는 죽은 자의 명복과 후손의 발복(發福)과도 관련된다. 후손 발복은 후손에게 복을 준다는 말이다. 그러나 세조의 첫째 아들 의경세자가 20세의 젊은 나이로 요절했고, 둘째 예종도 재위 1년 2개월 만에 눈을 감았다. 명당 풍수가 꼭 들어맞는 것이 아니라는 생각이 든다. 능침영역에 올라가면 다른 왕릉에 비해 초라하다는 느낌을 받는다.

세조릉의 능침영역.

무석인.

석호.

세조는 "내가 죽으면 속히 썩어야 하니 석실과 석곽을 사용하지 말 것이며, 병풍석을 세우지 말라"(장영훈, 『왕릉풍수와 조선의 역사』, 102쪽)는 유언을 남겼다. 왕좌를 위해 피를 많이 본 인물이지만 죽음에 임해 속죄하고 싶었나 보다. 능역을 조성하는 일은 국가에서 매우 큰 공사였다. 많은 백성들을 동원하여 능역을 조성하면 백성들에게 부담이 크다. 오랜 기간 백성들은 농사일을 돌보지 못하고 부역을 제공해야 한다. 세조의 유언은 능역 조성에 동원된 인력을 줄이고, 비용을 절감하여 백성들의 고통을 덜게 해주었던 것이다.

세조의 능에 있는 문무석인은 태조 건원릉을 참고했는지 크기가 작고 관복과 갑옷도 비슷하다. 문석인 관복의 옷주름선이 매우 사실적이다. 앙다문 입술에선 금방이라도 미소가 피어오를 듯하다. 팔각형의 장명등석은 기단에서부터 하나의 돌로 다듬고 지붕돌을 따로 만들어 얹었었다. 기단에는 연꽃잎으로, 화사석에는 당초문을 장식하고, 화창을 조그맣게 내었다. 혼유석 받침돌은 북을 닮았다 하여 고석(鼓石)이라 한다. 고석 사면에 잡귀를 막는 귀면(鬼面) 조각이 예술이다. 능침은 유언에 따라 병풍석을 돌리지 않았고 난간석만 세웠는데, 이후 왕릉 축조에 좋은 모범이 되었다. 이전 왕릉의 병풍석에 새겼던 십이지신상은 난간석 중간기둥(난간동자석주)에 옮겨 새겼으나 마모가 심해 잘 볼 수 없다. 능 주위에는 네 쌍의 석양과 석호를 두었는데 석양은 새색시 같고 석호는 민화 호작도의 호랑이를 닮았다.

태종과 세조의 쿠데타, 어떻게 볼까

쿠데타

2017년 10월 중순, 중간고사 기간을 이용해 학부모 독서모임 회원 20여 명과 광릉·국립수목원 답사를 한 적이 있다. 가을이 절정이어서 학부모들이 여고시절로 돌아가 담임선생님과 가을소풍 온 느낌이었다고 한다. 광릉답사는 내가 안내했고 국립수목원 인솔은 숲해설사에게 맡겼다. 답사안내를 마칠 무렵, 한 학부모가 질문한다. 태종과 세조 둘 다 쿠데타를 통해 왕이 되었는데 이 둘을 비교하면, 선생님의 생각은 어떻냐고 말이다. 그냥 느끼는 그대로 말했다.

이방원(태종)은 이성계의 다섯째 아들이고 어머니는 신의왕후 한씨다. 이성계가 열여섯에 맞은 두 살 연하의 한씨는 촌의 아낙이었지만 공민왕 당시 이성계가 화주 이북의 땅을 수복할 때 6남 2녀를 돌보며 어렵게 내조했다. 출세가도를 달리고 있던 이성계에게는 든든한 뒷배가 필요했다. 그때 이성계는 스물한 살 연하인 권문세족 가문의 딸인 강씨를 둘째 부인으로 두고 있었다. 한씨는 조선왕조 건국 직전에 눈을 감았고 신덕왕후 강씨는 현비로 책봉되었다. 그녀에게는 방번과 방석, 그리고 딸 경순공주가 있었다. 그러니 이성계의 눈과 마음은 방번이나 방석에게 닿아 있었다. 수양대군(세조)은 세종의 18남 4녀 중 둘째 아들이다. 형은 문종이었고 조카는 단종이다. 세종 때 그는 불경언해 작업에 참여하는 등 문인으로서의 자질도 보였다. 그러나 그에게는 왕좌에 대한 집념이 너무 강했다. 할아버지 태종을 닮으려 했다.

이방원은 왕자시절 무인으로서 이성계를 측근보좌했다. 온건파 신진사대부 정몽주 등이 정도전을 죽이려 했을 때에도 기지를 발휘해 구해냈다. 왕조개창과정에서 이성계에게 가장 어려웠던 정몽주도 자신의 손에 피를 묻히며 해결했다. 새 왕조건설에 그에게도 정도전 못지않은 지분이 있었지만 이성계에게는 항상 찬밥이었다. 공신목록에서도 이름이 빠져 있었다. 더군다나 일곱째인 방석이 세자로 결정되자 정도전이 깊숙이 개입되었다고 판단했다. 정해진 수순에 따라 신의왕후의 자식들이 하나둘 제거될 거라고 예상했다. 권력의 속성을 그는 누구보다도 잘 알고 있었다. 정국의 칼자루는 이성계가 아니라 정도전의 손에 쥐어져 있었다. 권좌 앞에서 정도전과 이방원 둘 다 냉혈한이었다. 신생 왕조 조선은 정도전이 말한 신권(臣權) 중심의 정치체제가 아니라 왕권(王權)을 중심으로 국가체제를 다잡아야 한다는 것도 그의 지론이었다. 이 같은 배경에서 왕자의 난이 발생한 것이다.

세종의 첫째 아들 문종이 병으로 재위 2년 3개월 만에 승하했다. 단종이 12세로 즉위했다. 어머니 현덕왕후 권씨는 세자빈 시절 단종을 낳고 사흘 만에 눈을 감았다. 임금이 어렸기 때문에 수렴청정을 해야 하나, 대왕대비는 물론 대비도 없었다. 세종 때부터 정치는 의정부서사제로 운영되어 왔다. 재상 중심의 정치로 의정부가 정책을 실시하는 제도다. 군이 수렴청정이 없더라도 정치는 체제에 의해 굴러가게 마련이었다. 정치의 실권은 삼정승에게 모아졌는데 계유정난 당시 황보인이 영의정, 김종서가 좌의정, 정분이 우의정이었지만 사실상 정치는 황보인과 김종서의 손에서 움직였다. 임금의 권한은 인사권인데 황보인과 김종서는 황표정사(黃標政事)를 통해 관리들을 내정했다. 3배수로 추천하되 자신들의 의중에 있던 인물 이름에 황색 점을 찍어놓으면 단종은 원안대로 결재만 하는 형식이었다. "왕은 손 하나 움직일 수 없는 허수아비로 전락하고, 백관은 의정부는 알았으나 군주가 있는 것은 알지 못한 지가 오래됐다"(박영규, 『한권으로 읽는 조선왕조실록』, 97쪽 재인용)는 한 사관의 기록은 눈여겨볼 만하다. 심지어 성삼문 등 집현전 학사들도 김종서의 전횡에 곱지 않은 시선을 보내고 있었다는 사실을 통해서도 황보인, 김종서의 전횡이 어느 정도 있었던 듯싶다.

문제는 수양대군이었다. 그는 주도면밀했다. 명나라에 고명 사은사를 자처하며 대신들의 눈을 피했다. 그리고 신숙주를 끌어들이며 한명회를 중심으로 쿠데타를 진행시켰다. 계유정난에서 '정난'은 어지러운 것[難]을 바로잡는다[靖]는 뜻이다. 황보인, 김종서가 안평대군의 측근이 되어 조정을 사당화시켰다는 것이다. 곧이어 수양대군은 친동생 안평대군을 강화도에 유배 보내 사사시키고 단종을 상왕으로 밀어냈다. 사육신의 상왕복위사건을 계기로 단종을 노산군으로 강등시켜 영월로 유배 보냈다. 금성대군의 단종복위사건을 계기로 단종을 죽임으로써 왕좌를 굳건히 했다.

권력 다지기

정도전을 제거한 이방원은 둘째 형님 방과를 임금(정종)으로 추대하고 자신은 실권을 장악했다. 이성계는 상왕으로 밀려났다. 정도전이 추진하려 했던 사병혁파도 밀어붙였다. 왕족들의 사병이 왕권강화에 가장 큰 걸림돌이라 인식한 것이다. 이 과정에서 제2차 왕자의 난 때 친형 회안대군 방간을 제거했다. 태종으로 즉위 후 그는 공신들의 힘을 약화시키고 신문고를 설치하여 백성들의 목소리에 귀를 기울였다. 그도 고려 말에 문과에 급제할 정도로 민본정치가 무엇인지 알고 있었다. 비록 정도전을 제거했지만 왕권을 중심으로 정도전이 추진했던 정책들을 계승하여 제도로 정착시켜 나갔다. 이러한 통치체제화는 세종이 왕도정치를 펴는 데 중요한 토대가 되었다.

세조는 유교정치의 표본이었던 집현전을 없애고 임금과 신하가 유교정치를 토론하던 경연마저 폐지했다. 모든 권력은 왕의 비서실인 승정원에 모이도록 했다. 승정원과 육조는 모두 그의 심복들이 장악했다. 신숙주는 예조판서, 한명회는 병조판서, 권람은 이조판서, 조석문은 호조판서를 맡았고 동시에 이들은 승정원에도 소속되어 있었다. 철저히 측근정치를 폈다.

세조의 즉위는 유교적 명분이 약했다. 그래서 세조가 조선 역대 임금 중 친불정책을 강력히 내세웠는지도 모르겠다. 세조는 천민들의 출가를 허락하고 대원각사를 중창했다. 원각사지십층석탑도 세조 때 세웠다. 이외에도 신륵사, 해인사 등 수많은 절을 돌봤다. 이뿐만이 아니다. 『법화경』, 『금강경』, 『반야심경』 등의 한글화 작업도 이때 이루어졌으며, 세조가 대군시절, 편찬한 석가모니의 전기인 『석보상절』도 역작으로 평가받는다.

단종 재위 당시 비록 집현전 학사들의 반감을 사고 있었지만 황보인, 김종서의 전횡은 일종의 과도기였을 수 있었다. 단종이 친히 정치를 주관할 때에는 집현전 학사들도 단종시대를 열어가는 주역이었을 것이다. 성삼문, 박팽년 등 집현전 학사들이 세손시절 단종을 가르쳤고, 이개와 유성원은 왕세자 때 스승이었다. 더군다나 수양대군에게 붙었던 신숙주도 한몫 톡톡히 했을 것이다. 단종 때 조선은 세종이 심어놓은 집현전의 씨를 활짝 꽃피웠을 것이다. 역사에서 추정은 금물이지만 이 정도는 장밋빛으로 예상해볼 수 있다.

정치감각을 발휘한 정희왕후, 그러나…

마지막으로 봉선사, 광릉과 관련되니 정희왕후 윤씨에 대해 간략히 소개하자. 정희왕후 집안은 고려 윤관 장군의 후예이며, 위화도 회군 당시 윤호가 개국공신이었다. 태종은 사위 17명 중 4명을 파평 윤씨 집안에서 맞았을 정도로 왕실과 혼례로 이어져 왔던 집안이다. 아버지 윤번은 능력 있는 사람이 아니었지만, 가문의 배경으로 수양대군 혼사처의 하나로 여겨졌다. 궁녀인 감찰각시가 정희왕후의 언니를 보러 방문했다. 11세였던 정희왕후가 언니의 혼담자리에 함께하면서 감찰각시의 눈에 띄었다. 감찰각시는 궁궐에 돌아가 세종과 소헌왕후에게 언니보다는 정희왕후에 대한 칭찬을 늘어놓았다. 이렇게 해서 세종 10년(1428)

10월 13일, 12세의 수양대군과 11세의 정희왕후가 혼인했다. 그녀는 세종의 둘째 며느리가 되었다.

수양대군과 윤씨는 불교에 깊숙이 발을 들여놓았다. 세종의 5남 광평대군이 20세, 7남 평원대군이 19세로 요절하자 세종과 소헌왕후 심씨의 마음이 무너져 내렸다. 심씨도 마음의 병이 깊어 생명이 위태로워졌다. 세종은 전국의 고승들을 불러 내불당을 짓고 왕비의 쾌유를 빌었다. 신미 대사도 이때 알게 됐다. 수양대군이나 윤씨도 부처 앞에서 정성을 다했다. 그런데도 끝내 소헌왕후가 숨을 거뒀다. 세종과 왕족들은 소헌왕후의 명복을 빌기 위해 불교에 더욱 심취했다. 수양대군과 윤씨의 불교에 대한 관심이 이때 비롯되지 않았을까 한다.

문종이 병약하자 윤씨는 역모에 해당하는 왕위 찬탈을 마음에 품었던 것 같다. 수양대군이 권람 등을 자기 사람으로 만들고 있을 때 가마솥이 스스로 우는 이변이 있었다고 『문종실록』에 기록되어 있다. 수양대군은 '잔치할 징조'라고 여기고 큰아들의 혼사를 준비토록 했다. 평소 무당 '비파'와 관계하고 있던 윤씨는 무당으로부터 '수양대군이 39세에 등극할 징조'라는 말을 들었다. 윤씨는 큰아들을 한확의 막내딸과 혼인시켜 한확을 수양대군 사람으로 만들었다. 계유정난 때 한확은 정난공신 1등에 책봉되었다.

수양대군은 권람, 한명회 등과 자주 집에서 모여 의논했고, 그 결과를 윤씨와도 공유했다. 실록에 "계유년에 수양대군이 기회를 보아 정난(靖難)하였는데, 그때 부인이 계책을 함께 논하고 대군을 도와 대사를 이루었다"(신명호, 『조선왕비실록』, 160쪽 재인용)라고 기록되어 있다. 그도 수양대군의 계획에 중요한 참모였다. 표면적으로 전면에 나서지 않았지만, 윤씨도 수양대군만큼 야심이 가득한 인물이었다. 결행의 날, 태종의 왕비 원경왕후처럼 윤씨가 수양대군에게 손수 갑옷을 입혀주며 거사를 재촉했다. 쿠데타의 모든 과정에 윤씨가 있었음을 확인할 수 있다.

왕비의 자리에 올랐지만 그녀는 정치에 개입하지 않았다. 세조가 왕위에 오른 지 3년 만에 20세의 세자가 몸져누웠다. 세자를 위해 정성을 다했으나 소용이 없었다. 이어 둘째 며느리, 손자까지 줄초상이 났다. 재위 14년이 되던 해에 52세를 일기로 세조마저 세상을 떠났다. 또 둘째 아들 예종이 승하하자 일찍 죽은 첫째 아들(의경세자, 후에 덕종으로 추존)의 둘째이자 손자인 자을산군(성종)을 왕위에 앉히고 7년 동안 수렴청정했다. 자을산군의 장인이 권력의 실세인 한명회다. 예종의 아들 제안대군과 덕종의 첫째이며 자을산군의 형인 월산대군이 있었는데 그녀는 후임으로 자을산군을 지명했다. 한명회, 신숙주 등 원로대신들의 지지 속에 왕권을 안정시키고자 한 것이다. 그만큼 여장부이며 정치감각도 뛰어났다.

성종이 38세의 나이로 세상을 떠났다. 정희왕후가 66세로 눈을 감은 지 11년 후, 폐비 윤씨의 아들 연산군이 왕좌에 앉았다(1494). 의도하지는 않았겠지만, 정희왕후의 선택이 결과적으로 폭군의 대명사 연산군을 잉태한 것이다. 역사는 참 아이러니하다.

또 다른 광릉 숲길

광릉 정자각 왼편에서 숲으로 들어가는 산책길이 있다. 이름이 '복자기 숲길'이며 1.33km 거리다. 5월에서 6월, 10월에서 11월에만 개방하니 날짜는 문의해야 한다. 거니는 데 50분이 걸린다고 안내하나 어른 걸음으로는 30분이면 족하다.

복자기계단.

복자기숲길.

평지를 조금 걸어 들어가니 나무로 만든 짧은 다리[목교]가 나오고 이곳부터 오르막 계단이다. 계단 끝에서 야자매트길로 바뀐다. 그냥 참나무숲 속으로 빨려 들어가는 느낌이다. 오르막은 길지 않다. 능선길을 한동안 걷다가 내리막 계단길을 만난다. 복자기계단이다. 거리는 좀 돼 보이는데, 밑에서 오르는 사람들의 숨소리가 마지막 안간힘을 내는 것 같다. 계단을 피해 산책길을 잘 선택했다고 스스로 위안했다. 이 길은 정자각 왼편에서 시작하는 것이 좋다. 반대편에서 올라오면 등산을 경험하게 된다. 계단을 모두 내려서면 왼편으로 평지길이 펼쳐진다. 여기에 복자기나무가 길 양쪽을 완전히 뒤덮었다. 복자기가 군락을 이루고 있어 '복자기숲길'이라 이름 지었나 보다.

복자기를 찾아보니, 나무껍질이 회백색이고 어린가지는 붉은빛이 돈다고 한다. 잎은 마주나고 타원형 작은 잎 세 개로 되어 있다. 가을에 잎이 붉게 물들어 매우 아름답다고 소개한다. 단풍나무 중에서 가장 색이 곱고 진하며 조경수로 인기 있는 수종이다. 동구릉 능지에서 단풍나무처럼 보이는 나무가 복자기다. 열매가 떨어질 때 바람개비처럼 뱅글 뱅글 돈다.

거의 끝지점에 광릉 올라가는 길과 평행하여 숲길이 이어진다. 이 숲길은 수라간 바로 아래로 연결된다. 우리는 계속 직진해 광릉 흙길로 나섰다.

인근에 맛집이 즐비하고 고모리 저수지로 가서 차 한잔 앞에 놓고 물멍하는 재미도 있다. 특히 비 오는 날 운치는 느껴본 사람만이 안다.

참고문헌

장영훈, 『왕릉풍수와 조선의 역사』(대원사, 2015)

이우상, 『조선왕릉 잠들지 못하는 역사 1』(다홀미디어, 2010)

이호일, 『조선의 왕릉』(가람기획, 2003)

신병주, 『조선왕실의 왕릉 조성』(세창출판사, 2017)

박영규, 『한권으로 읽는 조선왕조실록』(들녘, 1999)

신명호, 『조선왕비실록』(역사의아침, 2008)

김정남, 『시인의 삶으로 역사를 읽다』(한권의책, 2020)

서민환·이유미, 『쉽게 찾는 우리나무 1』(현암사, 2005)

봉선사 안내표지판

문정왕후와 아들 명종을 이어주는

태강릉 숲길

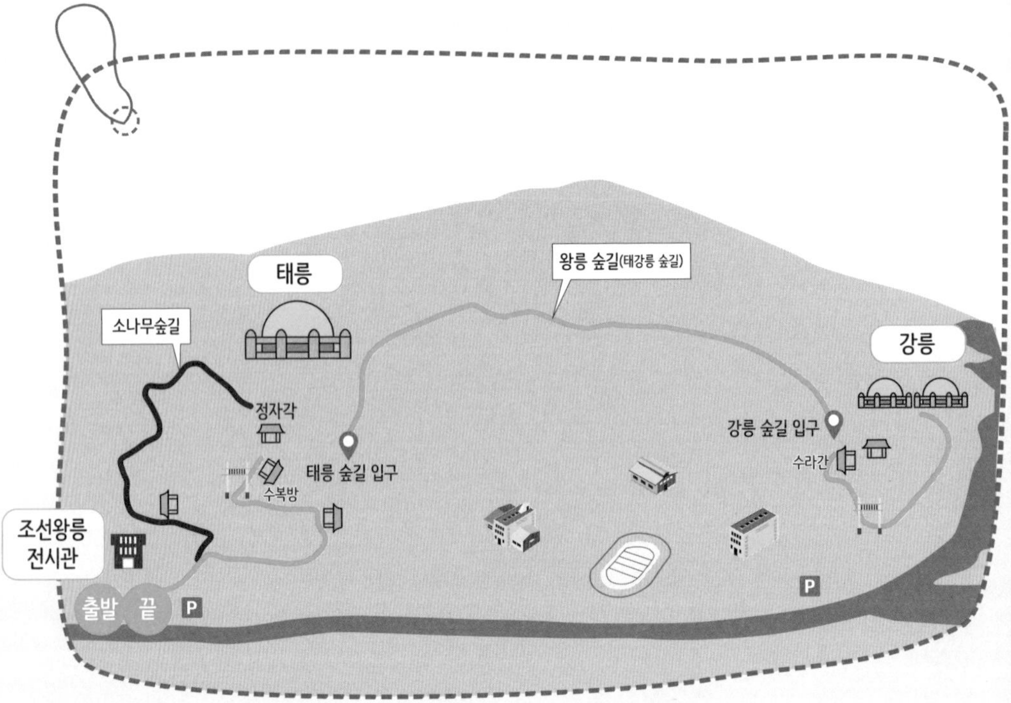

태릉 숲길
거리: 약 1.58km(편도)
도보: 30분 내외(편도)

태릉은 문정왕후를 모신 단릉이고, 강릉은 13대 명종과 인순왕후를 모신 쌍릉이다. 불암산의 갈래에서 나온 능선 중 우측에 문정왕후가, 좌측에 아들 내외가 있다. 태릉에서 강릉으로 이어지는 숲길을 개방하는 계절에는 태릉에 주차하는 것이 낫다. 주차장이 비교적 넓고 제2주차장까지 있다.

원래 문정왕후는 현재 서울 강남구 삼성동에 있는 남편 중종의 곁(정릉)에 함께 묻히고자 했는데 그 뜻을 이루지 못했다. 사연은 이렇다.

중종의 능은 경기도 고양시 덕양구의 서삼릉에 정릉이라는 이름으로 있었다. 서삼릉에는 중종의 둘째 왕비이며 인종의 어머니인 장경왕후의 희릉이 있다. 인종을 낳고 엿새 만에 죽은 장경왕후의 능이 이곳에 먼저 세워지고 중종이 승하하자 장경왕후 옆에 모시고 가운데 앞쪽에 정자각을 두어 중종과 장경왕후의 능 이름을 정릉이라 불렀다. 중종의 셋째 왕비인 문정왕후와 승려 보우는 정릉이 풍수상 좋지 않다고 하여 친부모인 성종과 정현왕후 윤씨가 잠들어 있는 선릉 옆으로 옮겨버렸다. 이미 원찰로 봉은사를 삼고 최측근인 승려 보우를 주지로 앉혀 놓았다. 아마 명종의 뿌리가 성종-중종-명종으로 이어진다는, 그래서 자기의 핏줄이 대대손손 왕위를 계승한다는 것을 강조하기 위한 것이 아니었을까 생각된다. 그런데 삼성동으로 옮겨온 정릉은 지대가 낮아 비만 오면 침수가 잦았다. 그런 중에 문정왕후가 승하했다.

풍수상으로 태릉이 있는 곳은 무후지지라고 소문이 나 있던 곳이었다. 후손[後]을 볼 수 없는[無] 땅[地]이라는 말이다. 이 소문을 명종도 들어 알고 있었다. 외삼촌인 윤형원이 그곳에 김사청의 무덤이 있는데 후손이 번성하고 있다며 그곳을 고집했다. 무후지지설로 흔들리던 명종이 결국 이곳을 어머니 문정왕후의 능지로 결정했다. 그러나 명종은 자식을 낳지 못하고 할머니가 후궁인 선조에게 왕위를 넘긴다. 이성계의 직계가 끊어지고 방계가 시작된 것이다.

능호를 태릉이라 했다. 동양에서 가장 큰 산이며 신비롭고 위엄 있는 산을 태산이라 하는데, 그 태(泰) 자를 썼다. 문정왕후의 거대권력이 능호에서도 나타난다. 태릉은 한양 북쪽의 태산인 셈이다. 엄밀히 말하면 태릉은 왕비의 무덤이고 강릉은 임금의 무덤이다. 그런데 사람들은 태릉은 알아도 강릉은 고개를 갸우뚱한다. 지금도 문정왕후의 힘이 명종을 능가하고 있다. 태릉갈비, 태릉선수촌 등등으로 말이다.

태릉 가는 산책길

조선왕릉전시관에 들어갔다. 2009년 6월, 조선왕릉이 유네스코 세계유산으로 지정되면서 태릉은 다른 왕릉보다 조선왕릉전시관을 규모 있게 잘 만들어 놓았다. 그러기에 학생들과 태릉답사를 오면 왕릉에 대해 조목조목 설명할 수 있다. 전시관 앞에 있는 포토존에 다른 왕릉의 능침공간에 있는 석물상들을 그대로 재현해 놓았다. 석호와 석양, 문석인, 그리고 장명등석과 망주석 들을 볼 수 있어 능침에 올라가지 못하는 마음을 그나마 달래준다. 이왕이면 무석인과 혼유석의 고석도 만들어 놓았으면 좋았을 텐데 아쉽다.

왕릉전시관 오른편으로 태릉 가는 길이 있다. 조금 가다가 삼거리에서 우측으로 꺾으면 산책길이 나온다. 산책길은 처음 참나무들이 자리했고 소나무가 듬성듬성하다가 소나무길로 바뀐다. 소나무길을 통과해서 가면 참나무숲과 뒤편에 소나무 군락지가 있다. 군락 왼편으로 따라 걸으면 홍살문을 마주하게 된다.

태릉 전경.

태릉은 능침공간까지 올라갈 수 있다. 물론 문화해설사와 함께해야 한다. 토요일 오전 10시와 오후 2시, 일요일 오후 2시에 홍살문 앞에서 기다리면 된다. 단, 1, 2월과 7, 8월에는 운영하지 않는다. 다른 왕릉에서도 능침영역까지 올라갈 수 있는 기회가 아주 드물기 때문에 능침을 보고 싶으면 태릉에 오는 것도 방법이다.

홍살문 앞으로 정자각까지 시야가 탁 트였다. 홍살문 오른쪽 참배로 옆에 판위가 있고 어로를 따라 정자각에 이른다. 정자각에서는 뒤쪽 창을 통해 능침을 봐야 한다. 봉분, 문무석인과 석마, 장명등석과 망주석이 한눈에 잡힌다. 이렇게 능침공간이 정면으로 잡히는 경우가 드물다. 정자각 오른편에는 수복방과 비각이 있는데 왼편에 있어야 할 수라간은 보이지 않는다. 정자각 뒤편 왼쪽에 축문을 불태우는 예감도 보인다.

권력을 실감케 하는 태릉의 능침영역

이제 능침영역으로 올라가 보자. 먼저 무석인이다. 무석인의 눈은 문석인에 비해 매우 크고 부리부리하게 묘사했다. 태릉의 무석인은 신체에 비해 머리가 크고 목이 없다. 특히 주먹처럼 큼직한 콧방울이 웃음을 자아낸다. 굳게 다문 입, 장검을 쥐고 있는 자세와 커다란 몸집에서는 장수로서의 믿음직함이 저절로 느껴진다. 투구와 갑옷이 섬세하게 조각되어 있어 조선 석조기술의 뛰어남에 감탄사를 연발하게 한다.

문석인은 능침공간에서 장명등석을 가운데 두고 좌우로 서 있다. 홀을 쥐고 관복을 입고 있으며 얼굴 표정뿐만 아니라 옷주름선까지 매우 섬세하게 표현되어 있다. 언제든 왕비의 명령을 받들겠다는 자세로 말이다. 문석인과 무석인 뒤에 석마가 있다. 석마 다리와 몸을 지탱해 주는 지지석에 풀이 조각되어 있는 경우가 많다. 이유는 말의 먹이이기 때문이다.

장명등석은 멀리까지 밝은 불빛을 비추는 등이라는 말로, 왕릉의

태릉의 능침공간.

태릉의 무석인. 주먹처럼 큼직한 콧방울이 웃음을 자아낸다.

장생발복을 기원하는 뜻으로 세운 것이다. 또한 능역에 불을 밝힘으로써 사악한 기운을 쫓기 위해 설치했다. 혼유석은 글자 그대로 혼이 노니는 곳이다. 제례 때 무덤의 주인인 혼백이 이곳에 앉아 정자각에서 제사 지내는 모습을 바라본다고 한다. 혼유석을 받치고 있는 기둥이 고석이다. 북을 닮았다는 의미로 북 '고(鼓)' 자를 붙여 지은 이름이다. 고석의 귀면(鬼面)도 반드시 보자. 귀면은 눈을 부릅뜨고 사방을 바라보고 있다. 사악한 귀신을 막고 있는 중이다.

혼유석의 고석과 귀면. 북을 닮아 기둥을 고석이라 하고, 귀면은 사악한 귀신을 막는 역할을 한다.

양옆으로는 망주석이 있다. 육신에서 분리된 혼이 멀리서 이 돌기둥을 바라보고 찾아온다고 한다. 이런 의미 외에도 음양의 조화를 이루는 기능을 한다는 주장, 왕릉의 풍수적 생기가 흩어지지 않게 하는 기능을 한다는 주장 등도 있다. 기둥 윗부분에 그려진 동물조각은 세호(細虎)다. 어떤 역할을 하는지 밝혀지지 않았다. 한 마리는 올라가고 한 마리는 내려오는 중이다.

능침 주위에는 석호와 석양이 있다. 석호는 문정왕후의 경호무사와 같은 존재다. 호랑이는 밤에도 눈에서 광채가 난다. 그래서 능침에 온갖 잡귀와 나쁜 기운이 들어오지 못하게 하고 있다. 제 역할을 충실히 수행했다고 여겼는지 항상 미소 띤 모습으로 앉아 있다. 석양은 문정왕후의 내시와 같은 존재다. 양(羊)은 발음이 볕을 뜻하는 양(陽)과 같다. 그래서 '빛'을 상징하기도 한다. 따라서 양은 어둠으로 상징되는 사악한 기운을 물리친다는 뜻이다.

이제 병풍석과 난간석이다. 봉분과 석관을 보호하고 무게를 받치기 위해 두른 돌 구조물이다. 병풍석에는 구름무늬에 십이지신상을 조각했는데, 각 방위를 지키기 위해서다. 즉, 무덤 안으로 잡귀와 부정한 기운이 들어오는 것을 막기 위한 조치다. 난간석 기둥 위에는 연꽃 한 송이씩 올려놓았고, 구름무늬 인물상 위에는 방위에 맞게 한자로 십이지 글자를 한 자씩 새겨놓았다. 이중으로 문정왕후의 시신을 보호한다. 그런데 문정왕후 능침공간의 석물들은 모두 크기가 거대하다. 마치 문정왕후의 살아생전의 권력을 보는 것 같다.

조선의 측천무후, 문정왕후

능침의 주인공 문정왕후에 대해 잠깐 설명하자. 안내에 따르면 명종의 어머니로 8년간 수렴청정했고 이후에도 문정왕후와 외척들이 정사를 좌우했으며 불교를 크게 후원했다는 것이 요지다. 역사지식을 어느 정도 아는 사람만이 행간의 의미를 읽어낼 수 있는 설명이다. 물론 공간의 제약이 있지만 말이다.

숙종이 14세 어린 나이에 왕위에 오르자 어머니 명성왕후 김씨가 국정에 관여하려 했다. 이에 윤휴가 "문정왕후를 다시 보겠구나"라고 꼬집어 비난했다. 윤휴의 이 말 한마디에 문정왕후의 통치가 어떠했는지 짐작할 수 있다.

문정왕후가 죽자 사관은 이렇게 평했다.

> 윤씨는 성질이 굳세고 모질었지만 문자를 해득했다. 하지만 온갖

부정과 비리를 저질러 사직의 죄인이 되었다. 기강이 깡그리 무너지고 나라의 형세가 문드러져 장차 구제하지 못할 지경이었다. 나라가 망하지 않은 것이 다행이었다.

– 『명종실록』 20년(이이화, 『왕의 길 신하의 길』, 78쪽 재인용)

문정왕후, 조선의 측천무후라 불린 인물이다. 그녀의 성격은 성질이 굳세고 문자를 해득했다는 말에 함축되어 있다. 아버지 윤지임은 어릴 적 문정왕후가 아들보다도 학문이 더 뛰어났다고 말한 바 있다. 문정왕후는 여자의 몸으로 실력이 쟁쟁한 유학자 관료들을 쥐락펴락했다. 즉, 남성 중심의 양반사회에서 임금인 명종을 뛰어넘는 권력을 휘두른 '왕위의 왕'이었다.

문정왕후 윤씨는 중종의 세 번째 왕비였다. 첫째 왕비는 연산군과 가까운 신하 신수근의 누이이기 때문에 쫓겨났다. 두 번째 왕비는 중종반정을 주도했던 윤임의 여동생 장경왕후 윤씨였으나 그녀는 원자(후에 인종)를 낳고 산후병으로 세상을 떠났다. 윤임은 원자를 키우는 일을 맡기기 위해 자기 집안 출신의 여인을 새 왕비로 강력하게 밀었다. 그녀가 문정왕후 윤씨이며 나이 열일곱이었다.

어린 나이에 국모가 된 문정왕후는 세자(후에 인종)를 극진히 키우며 매사에 조심했다. 이 방법만이 혹시 모를 위험과 위협으로부터 자신을 지키는 방법이었다. 그렇게 지낸 지 20년 만에 드디어 아들을 낳았다. 이때부터 그녀는 친자식(경원대군)을 세자로 앉히기 위해 술수를 썼다. 조정은 세자를 지지하는 윤임 일파(대윤)와 경원대군을 지지하는 윤형원 일파(소윤)로 갈려 치열하게 싸웠다. 조선역사상 처음으로 외척끼리의 권력다툼이다. 이 과정에서 문정왕후는 세자궁에 불을 지르기도 했고, 윤임은 문정왕후를 궁에서 내쫓으려는 음모를 꾀하기도 했다.

간신히 인종이 다음 왕위에 올랐다. 당연히 윤임 일파의 목소리가 커졌고, 이에 문정왕후는 경원대군을 지키기 위해 인종을 찾아가 "나와 내 자식을 언제 죽일 거냐?"고 하면서 인종을 끊임없이 괴롭혔다. 병약했던 인종이 신경쇠약까지 더해져 재위 8개월 만에 자식 한 명 남기지 못하고 눈을 감았다. 전하는 말에 의하면 문정왕후가 독이 든 떡을 인종에게 먹여 죽였다고도 한다.

다음 왕위는 경원대군 차지였다. 그가 1545년 12세 나이로 조선 13대 임금(명종)이 된 것이다. 이제 문정왕후는 꺼릴 것이 없었고 동생 윤원형이 절대권력을 행사했다. 명종이 나이가 어려 문정왕후가 수렴청정을 했다. 문정왕후가 명종 옆에서 발을 드리우고 조정의 관료들에게 일일이 나랏일을 지시했다. 신하들은 문정왕후의 눈치를 살폈다. 당연히 대윤인 윤임 일파가 첫 제거대상이었다. 소윤의 윤원형이 윤임 일당이 반역을 꾀했다고 거짓으로 꾸며 유배 보내고 사사하라고 청했다. 이때 선비 출신의 관료들(사림)이 항의했다. 소윤은 이들 선비 출신 관료들까지도 같은 무리로 몰아 죽이거나 관직에서 내쫓았다. 이후에도 꼬리에 꼬리를 물고 신하들이 죽어나갔다. '을사사화'이다.

이제 조선의 최고 통치권자는 문정왕후나 다름없었다. 명종이 성인이 되어 직접 나랏일을 처리해야 하나 여전히 모든 정책은 문정왕후의 입에서 나왔다. 문정왕후 앞에서 명종은 고양이 앞의 쥐나 마찬가지였다. 조선이 여인천하가 된 것이다.

조선은 불교를 배척하고 유교(성리학)를 나라의 근본으로 삼았다. 그 어떤 임금도 이 원칙을 무시할 수 없었다. 하지만 문정왕후는 이러한 조선의 풍토에서 불교를 크게 일으키려 했다. 그녀는 독실한 불교신자였다. 아무 거리낌 없이 승려 보우를 나라의 스승으로 삼아 불교부흥정책을 강하게 밀어붙였다.

봉은사를 화려하게 단장하여 보우를 주지로 앉혔다. 보우는 문정왕후를 등에 업고 승과제도를 다시 실시하여 승려들이 관직에 나아갈 수 있는 길을 터주고 선종과 교종을 부활시켰다. 임진왜란 때 승병장으로 이름을 날린 서산 대사 휴정과 사명 대사 유정도 승과 출신이다. 전국의 유학자들이 벌떼처럼 들고일어나 불교정책에 반발했지만 문정왕후는 무시해 버렸다. 문정왕후는 국고를 마음대로 쓰고 인사도 멋대로 했다. 이런 혼란을 틈타 임꺽정이 백성들의 마음을 휘저어 놓았다. 1565년(명종 20) 65세를 일기로 세상을 떠나는 그 순간에도 문정왕후는 불교의 앞날을 걱정하고 있었다.

태릉에서 강릉 가는 왕릉 숲길

다시 정자각 뒤편을 지나 비각 방향으로 가다가 멋진 향나무 세 그루 지나면 태릉에서 강릉으로 이어지는 숲길이 펼쳐진다. 편도 1.58km로 약 30분 정도 소요된다. 이 숲길은 5~6월과 10~11월에만 개방하는데 날짜를 정하지 않았기 때문에 미리 관리사무소에 문의해야 한다.

태릉에서 강릉으로 이어지는 숲길은 평지길이 아니다. 산길을 올라가는 느낌이지만 그렇다고 아주 힘들지는 않다. 태릉 능침 오른쪽에서 숲길이 시작된다. 군데군데 소나무들이 자리를 잡고 있지만 주인은 참나무다. 수령이 오래된 참나무들이 산책길에 그늘을 드리우니 더운 날에도 걷기에 부담스럽지 않다. 능선 고갯길까지 660m로 그중 560m 이상이 오르막이지만 완만하다. 옆에 내도 있으니 비 온 다음 날에는 물

왕릉 숲길. 태릉과 강릉을 산길로 연결한다.

소리가 경쾌할 듯하다. 걷다 보면 야자매트길이 나오는데 이곳부터 약 100m 정도가 급경사다. 급경사를 지나 올라서면 약 800m 정도 능선을 따라 걷는다. 평지나 다름없는 길이다. 아직까지 참나무가 많지만 서서히 길은 소나무길로 겹쳐진다. 길 양쪽을 완전히 소나무들이 장악했다. 그래서 그런지 능선에는 햇살도 더 잘 든다. 지금 태릉국제스케이트장 뒤편 산길을 걷고 있는 중이다. 소나무들의 휘어진 모습을 눈에 담으며 걷다보면 내리막길을 만난다. 여기서부터 약 100m 넘게 가파른 내리막길이다. 강릉에서 다시 태릉 쪽으로 올라올 때 힘들 것 같다. 강릉 능침 뒤편이 보이면서 이내 숲길은 강릉영역에 닿는다.

여전히 치마폭 안에 있는 강릉

숲길은 강릉의 정자각 오른쪽으로 이어진다. 강릉은 한동안 미개방 구역이었다. 학술연구나 취재의 경우 허가를 받아 들어가곤 했다. 조선왕릉이 세계유산으로 지정되면서 일반인에게 개방되기 시작했다.

강릉 산책은 수라간 뒤편에서 홍살문, 비각, 정자각으로 거닐어 보자. 야자매트가 깔려 있으니, 누구나 그렇게 걸을 수밖에 없다. 태릉에는 수라간이 없었는데 이곳에는 수라간이 있다. 대신, 수복방이 없으니, 태릉과 강릉을 묶어 답사한다면 아쉬운 대로 왕릉의 구조물을 모두 볼 수 있다. 키 큰 참나무와 소나무가 앞서서 숲터널을 만드니 자연 그 자체다. 야자매트길은 홍살문에서 끝난다.

홍살문 앞쪽으로 돌다리인 금천교가 있다. 홍살문 오른편으로 길이 나 있다. 이 길은 비각으로 이어진다. 비각 내림마루의 용두모양이 우습다. 입을 쩍 벌리고 눈망울은 튀어나와 있으며 수염 두 가닥은 말아 올라갔다. 혀를 둥글게 말아 내린 모습이 익살맞다. 그런데 왼쪽 위아래 이빨이 떨어져 나갔다. 늙어서 치아가 부실해졌나 보다. 정자각에 올라 홍살문 방향을 봐도 여전히 숲속의 별장에 온 느낌이다. 정자각이 좀 낮아서인지 맞배지붕 내림마루에 버티고 앉아 있는 잡상들이 더 잘 보인다.

왕릉 숲길에서 내려서면 마주하는 강릉 곡장과 능침.

정자각에서 홍살문 방향으로 바라보니 숲속의 별장에 온 듯하다.

잡상에 대한 설명을 잠시 하자. 잡상은 처마 지붕에 한 줄로 쭉 늘어선 진흙으로 만든 토우(土偶, 흙인형)들을 말한다. 잡상의 임무는 하늘을 떠도는 잡귀를 물리쳐 건물을 지키는 것이다. 그 잡귀 중에는 불 지르는 것을 좋아하는 화마(火魔)도 있다. 일반적으로 잡상은 『서유기』에 나오는 삼장법사, 손오공, 저팔계, 사오정 등을 앞부터 순서대로 배치했다. 맨 앞에는 언제나 도인(道人) 또는 선인(仙人)이 자리하고 있다. 도인이 앞장서서 잡귀를 물리치고 있는 모습이다. 도인의 얼굴이 많이 변해 지금은 무사 같은 분위기를 풍긴다. 능침공간이 낮아 문무석인과 석마, 장명등석, 망주석도 관망할 수 있다.

정자각의 잡상들.

비각 내림마루의 용두.

명종은 어머니의 치맛자락에서 벗어나지 못했다. 8년의 수렴청정과 성인이 돼서도 어린아이 취급을 당했다. 문정왕후가 죽자, 그는 외삼촌 윤원형을 내쳤다. 윤원형은 대윤과 싸울 때 한편이었던 친형 윤원로가 권력에 맞서자 유배 보내고 독약을 내려 죽였다. 또 아내가 죽자 기생첩인 정난정을 안방에 들였던 인물이다. 어머니의 치마폭에서 벗어난 명종은 언관들이 윤원형에게 죄를 내리라고 요구하자 이 기회를 이용해 제거해 버렸다. 을사사화 때 공신이 된 자들의 공신자격을 박탈하면서 왕비 인순왕후의 외삼촌인 이량을 중용했다. 외가세력을 몰아내고 처가세력을 끌어들인 꼴이다. 이량이 온갖 비리에 전횡을 일삼자, 명종은 처남 심의겸에게 이량을 제거하도록 했고 기대승의 탄핵을 계기로 이량을 유배 보냈다. 심의겸은 이황의 문인으로 사림을 보호했다. 그 결과 사림 출신들이 정계를 장악하면서 사림의 시대가 열리기 시작했다.

다시 숲길로 들어서 태릉으로 내려왔다. 갈 때의 느낌과 올 때의 느낌이 다르다. 원래 길은 그렇다. 태릉 정자각을 지나 소나무숲길이 펼쳐진다. 리기다소나무 등 외래수종을 벌채한 후에 전통 수종을 심었다 한다. 그래서 그런지 키 작은 소나무와 아름드리 소나무가 서로 잘 어울린다. 피톤치드를 만끽하며 건강의 활력소가 되라고 곳곳에 벤치가 놓여 있다.

태릉의 소나무숲길. 소나무는 왕조의 번영과 발전을 상징하는 나무다.

태릉은 유독 소나무가 많다. 태릉뿐만 아니라 왕릉에 가장 많은 나무가 소나무다. 소나무는 중국 주나라 때부터 황제를 나타내고 왕조의 번영과 발전을 상징하는 나무였다. 겨울에도 초록의 굳건한 기상을 잃지 않고 있는 특성 때문에 절개와 기상을 상징한다. 또 십장생 가운데 하나이기도 하다. 숲을 빠져나오면 멋진 소나무숲이 또 기다린다. 여기를 나서면 금천교 바로 아랫길이다.

참고문헌

이이화, 『왕의 길 신하의 길』(한길사, 2000)
김정남, 『36시간의 한국사 여행 2』(노느매기, 2016)
장영훈, 『왕릉풍수와 조선의 역사』(대원사, 2015)
신병주, 『조선왕실의 왕릉 조성』(세창출판사, 2017)
이수광, 『조선을 뒤흔든 16인의 왕후들』(다산초당, 2009)

성리학의 거두 이황과 이이를 만나는

도산·자운서원길

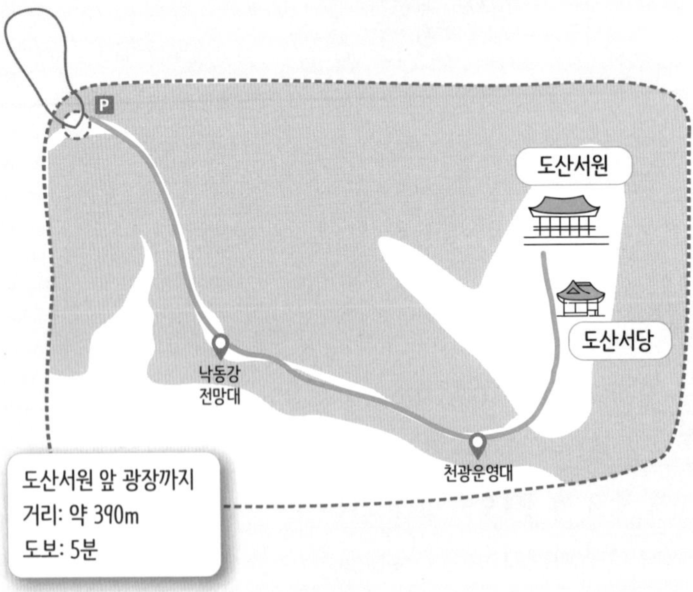

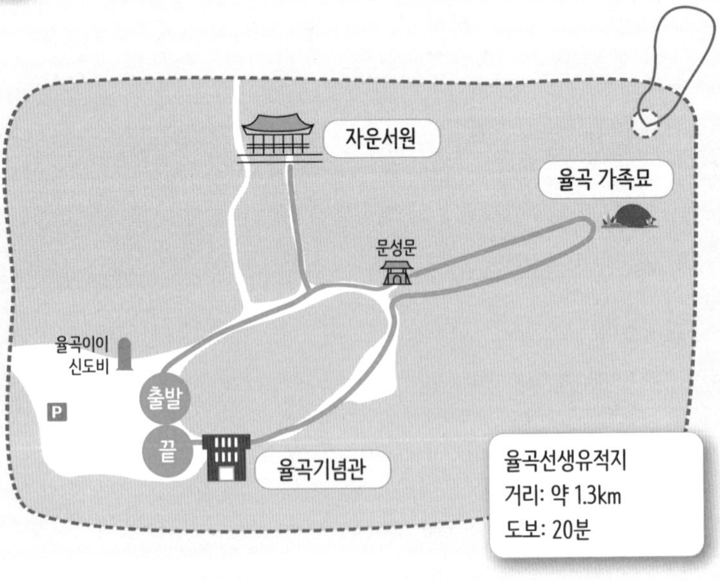

이황과 이이를 모신 대표적 서원인 안동의 도산서원과 파주의 자운서원을 걸어보자. 이황과 이이의 생애와 학문을 비교·설명하기 위해 도산서원과 자운서원을 찾았다. 도산서원 주차장 한편에 도산서원이 세계유산임을 알리는 표지석이 있고 그 옆으로 하마비가 있다. 도산서원이 이황을 모신 곳이라는 점도 중요하게 작용했지만, 흥선대원군이 서원을 철폐할 때 보존될 정도로 역사성과 상징성도 지니고 있다.

하지만, 자운서원은 흥선대원군에 의해 철퇴를 맞았고 현재의 건물들은 고증을 거쳐 1970년부터 문성사를 시작으로 1997년에 동·서재를 복원했다. 흥선대원군은 자운서원을 노론세력의 주요 근거지로 파악해 없애버리는 단호한 조치를 취했다.

들머리길

도산서원은 경북 안동시 도산면에 있다. 매표소에서 오른편에 낙동강(안동호)을 두고 390m 정도 걸어서 들어간다. 가는 길에는 낙동강 전망대, 운영대 조망점, 천광운영대가 있다. 어느 곳에서든 낙동강과 시사단을 보는 데 막힘이 없다. 이황은 서쪽 절벽의 천광운영대를 '하늘[天]의 빛[光]과 구름의 그림자가 함께 노니는구나'라는 주자의 「관서유감」이라는 시에서 따와 지었다. 서원 앞 광장에는 수령이 오래된 향나무, 왕버들이 몇 그루 있어 고적답사의 운치를 더한다.

자운서원은 경기도 파주시에 있다. 주차장에서 '율곡선생유적지'라는 현판의 평삼문을 들

초겨울의 도산서원 들머리길.

화석정. 뒤로 임진강이 보인다.

어서는 곳에서부터 답사가 시작된다. 매표소를 지나 오른쪽 언덕 위에 '율곡 이이 신도비'가 있다. 이이가 죽고 나서 47년 후(인조 9년)에 건립된 것으로 이항복이 글을 짓고 신익성이 글씨를 썼다고 한다. 이이의 일대기를 기록한 비이다. 광장 왼편에 자운서원이, 위쪽에 율곡 가족묘가 아래쪽 오른편에 율곡기념관이 있다. 이곳 답사는 시계방향으로 돌아보게 되어 있다. 이곳에서 차로 14분 거리에 화석정이 있다. 임진강을 배후에 둔 전망 좋은 곳에 자리하고 있다. 화석정은 이이의 5대조가 1443년(세종 25)에 지은 정자다. 이이가 관직에 있을 때나 관직에서 물러나 있을 때 제자들과 이곳을 찾아 학문을 논하고 시를 짓곤 했다. 내부에 이이가 8세 때 지었다고 알려진 「화석정 팔세부시」 편액이 걸려 있다.

> 숲속 정자에 가을이 이미 찼으니 / 근심 많은 나그네의 시름은 끝이 없네 / 멀리 있는 물은 하늘에 닿아 푸르고 / 서리 맞은 단풍은 햇빛에 더욱 붉구나 / 산은 홀로 둥근 달을 토해내고 / 강은 만리 바람을 머금고 있네 / 변방의 기러기는 어디로 가는지 / 우는 소리, 저녁 구름 속으로 사라진다
>
> – 이이, 「화석정시」(화석정비의 원문 참조)

화석정은 임진왜란 때 선조의 의주 몽진과 관련된다. 당시 급히 한양을 빠져나와 임진나루에 도착한 선조 일행은 칠흑 같은 어둠 속에서 방향을 잡지 못했다. 이때 이항복이 미리 기름칠해 둔 화석정에 불을

지르라고 했다. 선조 일행은 화석정의 활활 타는 불빛에 의지해 무사히 강을 건넜다. 현종 14년(1673)에 복원되었으나 한국전쟁 때 다시 불길에 휩싸였고 1966년에 파주 유림이 복원하였다. 현재의 화석정 현판은 박정희 전 대통령이 썼다.

퇴계와 율곡

퇴계의 이름은 이황이다. '황(滉)'은 물이 깊고 넓다는 뜻이 있다. 아버지 이식이 세상을 떠나기 전에 "내 아들 가운데 능히 나를 계승하는 자 있다면 나는 죽어도 한이 없겠다"고 말했고, 더군다나 부인 박씨가 이황을 임신했을 때 공자가 찾아오는 꿈을 꾸었다 한다. 6남 2녀 중 막내아들이 자신의 업(학문)을 계승하기를 바라는 마음을 담아 이름을 지어준 것 같다. 퇴계라는 호는 이황이 관직에서 물러날 무렵 명종 원년(1545)에 고향의 물가에 암자를 짓고 붙인 것이다. 이 시내가 토계(兔溪)였는데 벼슬에서 물러난다는 의미로 퇴계(退溪)로 고쳐 불렀다. 당시 지은 시에 이 같은 심정이 잘 나타나 있다.

> 몸이 (관직에서) 물러나니[退] 우매한 분별에 편안하건만 / 물러나[退] 학문하려니 늙음이 근심이로다 / 시냇가[溪]에 비로소 거처를 정하니 / 흐르는 물가에서 날마다 자신을 돌아보네 – 퇴계기념관 원본 참조

이황의 또 다른 호가 도산(陶山)이다. 질그릇 굽던 산, 또는 첩첩산이라는 뜻이다.

이이의 어릴 적 이름이 현룡이고, 호가 율곡이다. 강릉에서 신사임

당이 그를 낳던 날 밤, 동해에서 검은 용이 침실로 날아와 아이를 안겨 주었다 하여 현룡(見龍)이라 이름을 지었다고 전한다. 아버지 고향 파주에는 밤나무가 많아서 호를 율곡(栗谷)이라 했다. 이이는 4남 3녀 중 다섯 번째로 셋째 아들이다.

이황은 1501년에, 이이는 1536년에 태어났다. 둘은 35세 차이가 난다. 이황은 어머니로부터 가정교육을 받고 6세 때 글을 읽기 시작하였고, 12세에 숙부 이우에게서 『논어』를 익혔다. 도연명의 시를 즐겨 읊조렸고 20세 되던 해에 철학적 사색에 빠져들었다. 29세 때 경상도 향시 진사시에 장원한 후 34세 때 비로소 대과에 급제하여 벼슬길에 나아갔다. 이황은 천성이 학자였다. 관직보다는 학문을 연구하고 제자를 가르치는 일에 더 마음이 갔다. 아마 여러 차례 사화를 보며 정계에 거리를 두려는 생각도 있었을 것이다. 승문원, 홍문관, 성균관 등에서 관직 생활을 하다가 을사사화 때 사직하고 고향인 낙동강 토계로 내려왔다. 이후 단양군수, 풍기군수 등 외직을 자원하여 근무하다가 이내 사퇴했다. 이후에도 성균관대사성이 되어 잠시 일한 적도 있다. 68세에 고향에 돌아와 도산서당을 세워 제자들을 키웠다.

이이는 어릴 적 어머니 사임당을 스승으로 모시며 학문을 익혔다. 15세 때 어머니가 돌아가시자 3년간 여모살이를 하고 19세 때 금강산에 들어가 1년간 승려생활도 했다. 23세 때 예안의 도산에 들러 이황을 만나 학문의 길에 관해 물었다. 이황은 이이의 학문과 사람됨을 보고 그를 마음에 담아두며 이후 편지로 생각과 학문을 논했다. 그런 이황의 마음이 다음 시에 잘 나타나 있다.

예부터 학문은 세상을 경이롭게 보고 의문을 품는 것 / 이익을 위해

경서 읽는다면 도에서 더욱 멀어지리 / 고마워라! 그대만이 홀로
깊이 뜻 이룰 수 있어 / 사람들 그대 말 듣고 새로운 앎 얻으리

– '퇴계 이황이 이이에게 보낸 당부의 시'(율곡기념관에서 인용)

두 학자의 제자들이 남인과 서인으로 나뉘어 정권다툼을 했지만, 이황과 이이는 사제간으로 서로를 존중했다. 이이는 13세에 진사 초시에 장원하고, 29세 때 문과 초시·복시·전시에서 모두 장원하여 '구도장원공(아홉 번 장원급제한 인물)'이라 불렸지만, 중간에 낙방의 쓴맛도 봤다. 이이는 호조좌랑으로 시작하여 3사의 관직을 두루 거쳤고, 호조·병조·이조판서를 역임했다. 그는 여러 분야의 제도개혁을 위해 선조에게 여러 차례 만언봉사(萬言封事) 개혁안을 올렸고, 개혁안을 받아들이지 않으면 관직을 박차고 나오기도 했다.

선현의 학문을 받드는 강학공간

도산서원 광장에서 서원 방향을 바라보면 오른편이 강학공간과 제향공간이고 가운데가 도산서당의 기숙사, 고직사, 전사청이 있다. 여느 서원과는 달리 계단 위에 외삼문 대신 하나의 문만 있고 안으로 들어서면

도산서원 전경.

도산서당. 이황이 68세 때 관직에서 물러나 직접 짓고 제자들을 가르쳤던 곳이다.

오른편에 도산서당이 있다. 서당 앞과 왼쪽으로 매화나무가 그득하다. 매화원(梅花園)이다. 서당 한편에 정우당이라는 작은 연못이 있다. '깨끗한[淨] 벗[友]이 있는 연못[塘]'이라는 말로 그 벗이 연꽃이다. 연꽃은 흙탕물 속에서도 고고한 꽃을 피운다. 훈구대신이 주도하는 정계에 사림 선비들의 고상한 정신을 표현한 것 같다. 도산서당(보물)은 낙향 후 이황이 4년에 걸쳐 짓고 거처하며 제자교육에 힘쓰던 학교다. 편액의 산(山) 자가 봉우리가 솟은 산 모양으로 써놓았다. 온돌방은 완락재로 학문하는 즐거움[樂]에 빠진다[玩, 익숙해지다]는 뜻이다. 교실인 마루는 '암서헌'으로 주희의 「운곡시」 중 '바위에 기대어 조그마한 본받음이라도 바란다(巖棲冀微效)'에서 취했다. 이황은 완락재에서, 제자들은 암서헌에 무릎 꿇고 앉아 공부했다. 암서헌에 들어가지 못한 제자들은 바깥에서 무릎을 꿇고 이황의 수업을 들었다. 그러다가 제자 중 한 명이 암서헌 마루에 살평상을 덧대어 더 많은 제자들이 공부할 수 있도록 공간을 넓혔다. 완락재 뒤편으로 골방이 하나 있어 궁금했다. 『퇴계선생 일대기』(권오봉, 교육과학사)에 따르면 주자의 운곡정사에 도사(道士)가 함께 생활했던 것처럼, 이황도 승려 정일이 거처하며 주방일을 맡아보게 하던 방이라 한다. 이황은 봉정사 등 여러 절에 자주 들러 스님과 교분을 쌓곤 했다. 불교의 선(禪)에도 관심이 많았던 것이다.

전교당. 이황의 뜻을 받들어 공부하던 강당이다.

선조가 내려준 현판의 글씨는 한석봉이 썼다.

6단을 올라 광명실을 양옆에 거느린 진도문을 만난다. 광명실은 누각식으로 건축했는데, 서적을 보관하는 곳이기 때문에 그렇게 했다. 진도문은 진리[道]로 나아가는[進] 문이다. 들어서면 맞은편에 강당인 전교당이 보이고 양옆으로 동재와 서재가 있다. 동재의 이름은 '박약재(博約齋)'다. 박약은 박문약례(博文約禮)의 줄임말로 폭넓게 공부하여 진리를 깨치고 예의는 절도에 맞게 간략하게 행하라는 뜻이다. 서재는 '홍의재(弘毅齋)'로 학문을 넓고 굳세게 하라는 뜻이다. 동재는 상급생이, 서재는 하급생이 이용한 기숙사다. 전교당 왼쪽 계단 옆에 있는 돌기둥은 정료대로 밤에 이 위에 솔가지를 얹어 불을 피우는 조명시설이다. 8칸의 전교당[典教堂(경전을 가르치는 곳), 보물]은 선조 7년(1574)에 건립된 대강당으로, 말 그대로 학생들이 공부하던 곳이다. 처마 밑에 한석봉이 쓴 '도산서원(陶山書院)' 현판은 선조가 내려준 사액현판으로 도산서원이 나라의 공인을 받은 서원임을 증명한다. 왼쪽의 온돌방은 원장이 머무는 방이고 오른쪽의 대청마루가 교실이다. 천장에는 다섯 개의 연꽃문양이 있다.

이제, 자운서원을 살펴보자. 자운서원 앞에 홍살문처럼 두 그루의 은행나무가 서 있다. 여기도 단을 두어 강학공간과 제향공간을 구분하고 있다. 이 서원은 이이 사후 31년(광해군 7년, 1615)에 제자들이 율곡의 학문과 덕행을 추모하기 위해 세웠다. 그리고 효종 원년(1650)에 '자운(紫雲)'이라는 현판을 내려 사액서원이 되었다. 외삼문은 솟을삼문으로 가운데 태극문양이 선명하다. 이름은 자운산에서 취했다. 들어서면 정면에 강당인 강인당이 보이고 양옆에는 기숙사인 입지재(立志齋)와 수양재(修養齋)가 있다. 이름에는 유교를 공부하여 뜻을 세우고 수양하라는 의미가 담겨 있다. 특히 이이가 학문에 있어서 가장 중시한 태도가 '입지(立志)'다. 그의 저서 『격몽요결』의 제1장이 '입지'에서 시작된다. 강인당은 인(仁)을 공부하는[講] 집이라는 말이다. 맞배지붕에 정면 5칸, 측면 2칸 규모다. 도산서원의 전교당과는 달리 내부에는 온돌방이 없고 모두 마루강당으로만 구성되어 있으며 폐쇄형 구조다.

전교당 앞 좌우에는 자운서원 건립연대 고증을 위해 수령을 조사한 느티나무 두 그루가 있다. 이이에게 향사하는 날에는 강인당에 이이의 영정을 모시고 십자형 박석이 놓인 공간에서 진행된다. 강인당 뒤편에는 묘정비가 있다. 이이의 학덕을 기리고 자운서원의 건립내력을 기록한 비로 숙종 9년(1683)에 세웠다. 비문은 송시열이 짓고 글씨는 당대의 명필 김수증이 예서체로 썼다.

성인을 위한 학문을 논하다

조선의 학자 하면 이황과 이이가 가장 먼저 떠오른다. 두 학자의 공통점은 학문을 통해 성인(聖人, 공자)이 되는 데 목적을 두었다. 이러한 목적을 가장 잘 드러내는 글이 이황의 『성학십도』와 이이의 『성학집요』다. 두 글 모두 선조에게 올린 것이다. 『성학십도』는 성인[聖]이 되기 위한 학문[學]에 필요한 열 가지[十] 큰 이론을 그림[圖]으로 풀어 설명한 책이다.

> 후세 임금들은 천명을 받아 임금의 자리에 오른 만큼 그 책임이 지극히 무겁고 지극히 크지만, 자신을 다스리는 도구는 하나도 갖추어지지 않았습니다. …… 바라옵건대 밝으신 임금께서는 이러한 이치를 깊이 살피시고, 먼저 뜻을 세워 "순임금은 어떤 사람이고 나는 어떤 사람인가? 노력하면 나도 순임금처럼 될 수 있다"라고 생각하십시오. – 이황, 『성학십도』(김정남, 『36시간의 한국사 여행 2』, 120~121쪽 재인용)

이황은 임금이 바른 정치를 하기 위해서는 스스로 인격과 학문을 갖추어야 한다고 강조한다. 그는 임금에게 학식을 갖춰 순임금과 같은 존재가 될 것을 거듭 청했다. 태어나기 3년 전 무오사화(1498)에 이어, 갑자사화(1504), 기묘사화(1519), 을사사화(1545) 등으로 이황의 학업과 관직생활은 사화로 점철된 시기였다. 기득권 공신세력인 훈구와 성리학의 이상을 실현하려는 선비 사림 간의 다툼이다. 주로 사림들이 목숨을 잃거나 유배 가게 되는 등 화를 입어서 사화(士禍)라 한다. 연산군, 중종, 인종, 명종의 재위기간으로, 폭군이나 유약한 임금이 나라를 다스리고 있던 시기였다. 이황의 '성학'은 임금이 성리학적 이론을 통해 성인의 위치에서 정치하기를 선조에게 기원했던 것이라 여겨진다.

이이도 명민한 임금이 될 거라 여긴 선조에게 『성학집요』를 올렸다. 성인[聖]의 가르침[學] 중에서 중요한 것[要]을 모아[集] 정리하고 자신의 생각을 덧붙여 임금이 참고하도록 했다.

> 가만히 생각건대, 제왕의 학문은 기질을 바꾸는 것보다 절실한 것이 없고, 제왕의 정치는 정성을 다해 어진 이를 등용하는 것보다 우선하는 것이 없을 것입니다.
>
> – 이이, 『성학집요』(김정남, 『36시간의 한국사 여행 2』, 123쪽 재인용)

이이는 임금이 하는 일 중 가장 중요한 것이 어진 이를 나라에 쓰는 것이라고 주장한다. 어진 신하는 임금으로 하여금 바른 정치로 나아가게 한다는 것이다. 이이는 사화의 시대가 정리되고 붕당의 시대가 열리는 시기에 활약했다. 붕당정치는 성리학을 익힌 선비들이 정치·학문적 이해관계에 따라 편[朋]을 나눠 무리[黨]를 이루는 정치를 말한다. 붕당정치는 공론을 중시했다. 공론이란 선비들[公]의 여론[論]을 말한다. 임금도 마음대로 공론을 무시할 수 없었다. 공론의 주된 기준은 성리학의 정치이념이다. 붕당정치를 통해 사실상 임금이 아닌 신하가 정치를 주도하게 된다.

이(理)와 기(氣)에 대한 이황과 이이의 생각

이제 이기론에 대해 간략히 이야기하자. '이(理)'는 우주의 근본원리이고 '기(氣)'는 인간의 남녀, 동물의 암컷과 수컷, 식물의 암술과 수술, 빛과 어둠, 선과 악, 그리고 에너지(힘, 공기, 전기) 등을 뜻한다. '이'는 눈에 보이지 않으나 '기'는 눈에 보이거나 감각으로 느낄 수 있다. 즉, 우주의 근본원리인 '이'가 밖으로 표현된 형태가 '기'라는 것이다. 그래서 '이'와 '기'는 떼려야 뗄 수 없는 관계다.

성리학자들은 '이'와 '기'를 도덕의 관점에서도 보았다. '이'는 사람이 '마땅히 지켜야 할 마음'이다. 즉, 사람의 근원이기 때문에 '이'는 완전한 선[純善]이지만 '기'는 행동으로 나타나기 때문에 선할 수도 있고 악할 수도 있다. 그래서 '이'는 사람의 본성, 즉 사단(인의예지)이 되고 '기'는 사람의 몸과 에너지, 즉 칠정(기쁨, 분노, 슬픔, 즐거움, 사랑, 미움, 욕망)이 된다. 몸과 에너지는 사람과 사물에 따라 차이가 있다. 그래서 사람은 항상 '이'를 생각하면서 '기'가 악한 것으로 나타나지 않게 정신과 몸을 맑게 해야 한다.

이황은 '이'를 중시했다. '이'는 근원이기 때문에 여러 모습으로 나타나는 '기'와는 지위가 다르다고 보았다. 즉, '이'는 군사를 이끄는 장수이기 때문에 높고 귀하고 '기'는 병졸로 사람들의 행동과 욕심에 해당되기 때문에 낮고 천하다는 것으로, 이기이원론을 주장했다. 이러한 이론에 따라 사람은 끊임없이 반성하고 겸손히 하여 성인이 돼야 하며, 성인이 되기 위해서는 '이'를 따라야 한다는 것이다. 그가 '이'를 강조한 이유는 성리학에 기초한 도덕적 사회질서를 확립하고자 했기 때문이다.

이이는 이황의 이기론을 비판하면서 '이'가 밖으로 모습을 나타내는 것이 '기'이며 '기'를 통해서만 '이'가 드러난다고 주장했다. 그래서 그는 '기'는 '이'의 모습이고 '이'는 '기'의 모습이라고 보았다. '이'와 '기'가 통일되어 있다고 하면서 이기일원론을 주장했다. 이황과 비교했을 때 이이는 상대적으로 '기'를 강조하고 있다. 즉, '기'를 '이'의 수준으로 보았다. 선과 악이 왜 나타나는가에 대해 이이는 선은 '맑은 기'의 성질 때문이고, 악은 '탁한 기'의 성질 때문이라고 했다. 그래서 '기'의 성질을 항상 맑은 쪽으로 움직여야 하며 이를 위해 노력해야 한다는 것이다. 이 같은 입장에서 이이는 잘못된 제도나 현실을 바꾸려 했다. 그는 선조에게 계속해서 잘못된 제도의 개혁을 요구했고 받아들여지지 않으면 사직하는 것으로 항의하는 일을 반복했다. 그의 이 같은 노력은 악한 기의 성질을 선한 기의 성질로 바꿔 '이'와 일치시키기 위한 것이었다.

선현의 뜻을 받드는 제향공간

서원의 제향공간은 선현에게 제사 지내는 곳으로 비교적 단순하면서도 위엄이 있다.

도산서원의 상덕사(尙德祠, 보물)는 일반인이 출입하지 못하도록 내삼문이 잠겨 있다. 전교당 왼쪽 뒤편에 전사청으로 들어가는 문이 있다. 이 문을 통해 전사청 뒤편으로 가면 담장 너머 상덕사를 볼 수 있다. 상덕사는 서원영역에서 가장 높은 곳에 있다. 팔작지붕의 정면 3칸, 측면 3칸의 9칸 집이며 전면은 제사 지내기 위해 툇간으로 구성했다. 안에는 이황과 제자 월천 조목의 위패가 함께 모셔져 있다. 조목은 이황을 가장 가까이에서 오랫동안 모신 제자다. 도산서원을 건설하고 스승의 글을 모아 『퇴계선생문집』을 간행하는 데 주도적 역할을 했다.

도산서원의 사당 상덕사. 이황과 제자 조목을 모셨다.

자운서원의 사당 문성사. 이이, 김장생, 박세채를 제향한다.

자운서원 내삼문도 솟을삼문으로 만들었고 이곳 사당인 문성사(文成祠)는 항상 관람객을 위해 개방되어 있다. 삼문을 들어서면 20개가 넘는 가파른 계단을 올라서야 한다. 문성사도 팔작지붕으로 9칸 집이며 구조는 도산서원의 상덕사와 같다. 안에는 가운데에 율곡의 영정이, 왼쪽 벽에 김장생의 영정이 있으며, 오른쪽 벽에 박세채의 위패가 모셔져 있다. 김장생은 직계 제자이고 박세채는 김집의 제자로 이이의 문집을 정리·편찬하고 여러 유학 서적을 저술했으며 서인의 영수로도 불렸다. 건물 오른쪽 앞에 관세위가 있다. 술을 올리는 제관이 의식을 거행하기 전에 손 씻는 곳이다. 그 앞에 오래된 향나무 한 그루가 멋지다. 건물 왼편 뒤에는 망료위가 있다. 축문을 태우는 곳이다.

영남학파와 기호학파

사화의 과정에서 사림이 화를 입어 관직을 잃고 고향으로 돌아가거나 유배 가게 되면 그곳에 서원을 세워 제자를 키웠다. 사림들은 성리학을 깊이 있게 연구하던 학자들이었다. 성리학을 일정한 공간에서 함께 연구한 것이 아니라, 개인적으로 탐구하고 그것을 제자들에게 가르쳤다.

이 당시 대표적인 성리학자로 이언적·서경덕·이황·이이를 꼽을 수 있다. 이들은 성리학의 주요개념인 '이'와 '기'의 관계를 바라보는 관점 등 여러 인식분야에서 차이가 있었고 그에 따라 서원을 중심으로 학파가 형성됐다. 영남지방의 퇴계학파(이황), 진주의 남명학파(조식), 개성의 화담학파(서경덕), 경기·충청의 율곡학파(이이) 등이 그것이다. 여러 학파가 서로 통합되면서 퇴계학파와 남명학파, 화담학파가 동인을, 율곡학파가 서인을 형성했다. 동인은 주로 경상도 지역을 기반으로 했기 때문에 영남학파라 불렸고, 서인은 경기·충청도를 기반으로 전라도까지 포괄하여 기호학파라 했다.

이후 동인이 남인과 북인으로 갈라지고 북인이 광해군 때 정권을 장악했으나 인조반정으로 역사 속에 소멸했다. 인조 재위 때부터 서인과 남인 간에 정권다툼이 극렬하게 전개되었다. 숙종의 환국정치과정에서 서인이 노론과 소론으로 분열되고 남인도 힘을 잃어, 이후 노론 중심의 정치가 진행되었다.

임진왜란과 병자호란을 겪으며 양반 중심의 사회질서가 심하게 흔들렸다. 정치는 더더욱 탄력성을 잃었고 학문도 외곬으로 되어갔다. 성리학에 대한 다양한 견해가 예학으로 고착되었다. 예학의 중심에 김장생이 있었다. 김장생은 자운서원에서 이이와 함께 모신 인물로 이이의 직계 제자다. 그러나 그는 이이와 학문을 나란히 했던 송익필에게 예학(禮學)을 익혔고 조선 성리학의 주된 내용을 변화시켰다.

예학은 각 신분이 윤리적으로 마땅히 지켜야 할 행동규범을 말한다. 다시 말해 신분에 따르는 분수와 예절을 지키라는 의식체계다. 김장생과 그의 아들 김집이 예학을 통해 신분제가 동요되는 것을 막고 양반 중심의 지배체제를 유지하고자 한 것이다. 김집의 제자가 송시열, 송준길 등이며 이에 이르러 예학이 성리학의 주류로 자리 잡았다. 서인(노론)이 주도하는 예학은 이이의 개혁정신을 퇴화시키고 사회를 경직시켰다. 서인들은 종주 이이의 명성만 계승했을 뿐이다.

이황의 묘와 율곡 가족묘

이황 묘소는 도산서원에서 차로 10분 거리에 있다. 산자락을 타고 오르다 보면 무덤 한 기가 보이는데 이황의 묘가 아니다. 더 올라가면 문석인을 비롯하여 석물들이 잘 갖추어진 묘를 만난다. 퇴계 이황묘다. 상석 양옆의 동자석이 아직도 이황을 모시고 있는 것 같다. 옆에 세워진 묘비에는 '퇴도만은진성이공지묘(退陶晚隱眞城李公之墓)'라고 씌어 있다.

이황의 묘. 묘비에는 '퇴도만은진성이공지묘(退陶晚隱眞城李公之墓)'라고 씌어 있다.

'만년에 도산으로 물러난 진성 이씨의 무덤'이라는 뜻이다.

이황은 1570년(선조 3) 70세로 사망했고 이이는 1584년(선조 17) 49세로 눈을 감았다. 이이가 간청하여 선조가 이황에게 1576년 문순(文純)이라는 시호를 내렸고, 1610년에 문묘(文廟, 성균관과 향교의 대성전)에 배향되었다.

이이는 제자 김장생이 중심이 되어 1615년에 자운서원을 건립했고, 1624년(인조 2)에 문성(文成)이라는 시호를 받았으며 1681년(숙종 7)에 문묘에 배향되었다. 그런데 서인, 남인 간 정권의 부침으로 문묘에서 다시 제외되었다가 1694년(숙종 20)에 다시 배향되었다.

율곡 부모인 이원수와 신사임당의 합장묘.

무덤 뒤편에서 본 전경. 앞쪽이 율곡의 묘, 뒤쪽이 부인 곡산 노씨의 묘다.

율곡 가족묘를 둘러보자. 묘역은 크게 세 구역으로 나뉜다. 가운데 언덕에 율곡의 가족묘가 있고, 우측 언덕에 누이 매창 부부, 매창의 시부모와 둘째 아들을 모셨다. 좌측 언덕에는 율곡의 둘째 부인을 비롯하여 자손들의 무덤이다.

율곡 가족묘로 올라가는 길에는 전나무와 소나무가 둘러싼 곳에 4단으로 묘가 구성되어 있다. 맨 아래가 이이의 맏아들 묘다. 그 위에 아버지 이원수와 어머니 사임당의 합장묘가 있다. 상석에 향로석, 묘비가 있고 양옆에는 문석인이 있는데, 키가 내 가슴팍이라서 앙증맞다. 그 윗단에 율곡의 맏형 부부묘가 망주석을 사이에 두고 있다. 제일 위에 율곡 부부묘가 있다. 일반적인 크기의 문석인이 좌우에 있고 그 뒤에 망주석이 있으며 일렬로 봉분이 두 기가 있는데 앞쪽이 율곡, 뒤쪽이 부인 곡산 노씨의 묘다. 부모의 묘소보다 자식인 율곡 부부의 묘소가 더 위쪽에 자리 잡은 것이 의아하다. 설명에 따르면 자식이 현달(세상에 이름을 떨침)하거나 입신양명했을 경우 부모보다 높은 자리에 묘를 쓰는 당시 풍습에 따른 것이 아닐까 하는데, 설명이 부족해 보인다. 율곡의 맏형도 부모묘보다 위에 있다. 아마 사망순서에 따른 것이 아닌가 한다. 조선 중기까지는 성리학적 윤리질서가 확고하게 자리 잡지 않았다. 율곡이 사망했을 때 장례 치를 비용이 없어 장례비용을 친구들이 모았다는 기록도 전한다. 비석의 총탄 자국은 한국전쟁의 상흔이다.

기타 공간

도산서원은 용도에 맞는 모든 건물을 다 갖추고 있다. 진도문 좌우에 장서각인 동·서광명실이 있다. 각각 맞배지붕의 3칸 건물로 오늘날 도서관에 해당된다. 광명실 현판이 있는 계자난간 한편에 서서 도산서당 방향으로 렌즈를 잡으면 좋은 구도의 사진을 얻을 수 있다. 현판은 이황의 글씨다.

전교당 오른편 쪽문으로 들어서면 장판각이 있다. 이황의 문집, 언행록, 글씨 등의 목판을 보관하는 곳이다. 맞배지붕의 3칸 집으로 판문

도산서원 서광명실의 계자난간에서 본 도산서당 방향의 풍경.

을 달았고 지면에서 약간 띄운 이유는 습기를 방지하기 위해서다. 또한 따로 담장을 두른 것은 화재로부터 보호하려고 한 것이다. 서원이 오늘날 출판사의 역할도 했음을 알 수 있다.

전교당 뒤쪽 오죽(烏竹)숲에 있는 쪽문 안에는 전사청(典祀廳)이 있다. 평소에는 제기를 보관하고 향사 때에는 제사음식을 임시로 준비했다가 사당 쪽문으로 음식을 날라 상덕사 앞에 진열한다. 아래쪽으로 상고직사와 하고직사가 있다. 고직사는 서원의 관리인(보통 사노비 부부)이 거주하며 청소 등 관리업무와 유생들의 식사를 준비했다.

하고직사 아래에는 도산서당의 기숙사인 농운정사가 있다. 건물 모양이 '공(工)' 자다. 공부(工夫)에 매진하라는 뜻이 담겨 있다. 동쪽마루는 시습재(時習齋)로 유생들이 학업을 하는 곳이고, 가운데가 지숙료(止宿寮)로 학생들의 기숙사다. 서쪽마루는 관란헌이다. 『맹자』의 '물을 구경하는 데 방법이 있으니 반드시 그 물결[瀾]을 보아야[觀] 한다'는 글에서 따왔다. 유생들에게 중간에 공부가 끊어진다 하더라도 계속 이어서 하라는 당부가 들어 있다. 농운정사(隴雲精舍) 현판 글씨가 재밌다. 운 자 받침에 云(이를 운) 자를 하나 더 넣었다. 산[隴 산 이름 롱]에 구름이 가득한 것을 표현한 것 같다. 기념관인 옥진각에 올라가기 전 왼편에 역락서재가 있다. 이곳도 도산서당의 기숙사다. 1561년 정사성이 이곳에 신입생으로 입교했을 때 아버지가 기부한 건물이다. 『논어』의 '벗이 멀리서 찾아오니 즐겁지 아니한가(有朋自遠方來 不亦樂乎)'에서 따왔고 현판의 글씨도 이황이 썼다.

농운정사 편액.

옥진각은 이황의 기념관이다. 이황의 학문과 사상을 살펴볼 수 있는 곳이다. 투호가 눈에 띈다. 투호는 왕실 등 양반들이 즐겨 하던 놀이다. 이황은 건강을 위해 투호를 즐겼고 제자들에게 권하기도 했다. 투호는 두 가지 점에서 효과가 있다. 하나는 몸의 균형을 잡는 것이다. 온몸에 균형을 잡고 거리를 정확하게 측정하여 던져야 성공률이 높다. 둘째는 정신을 집중시켜야 한다. 집중력이 좋아야 더 높은 점수를 받을 수 있다. 다시 광장으로 나와 식수로 사용하던 열정(冽井) 뒤편의 비탈로 조금만 올라서면 옛 천원권 지폐 뒷면의 도산서원 풍경을 볼 수 있다.

광장을 지나 왼편 절벽으로 가면 천연대가 나온다. 『시경』의 '솔개는 하늘[天] 높이 솟아 날고, 물고기는 깊은 연못[淵]에서 뛰어노네'에서 이름을 취했다. 벤치에 앉아 있으면 낙동강에서 섬처럼 보이는 시사단에 시선이 머문다. 시사단은 정조 때, 도산별과를 보던 장소이다. 할아버지 영조 때에 노론세력이 정권을 좌지우지했다. 아버지 사도세자도 그 풍파 속에서 목숨을 잃었다. 정조는 남인을 등용하여 노론세력에 대항하려 했다. 남인의 채제공을 우의정에 임명하고 정약용 등을 신임했다. 그리고 1792년(정조 16)에 도산서원에서 별시를 베풀어 영남 남인을 끌어안으려 했다. 시사단에서 치른 도산별과에서 7,228명 중 정조가 직접 11명을 선발했다. 선비들에게 굉장히 영광스러운 자리였다. 이 영광을 기리기 위해 도산서원 앞에 시사단(試士壇)을 세웠다.

율곡 가족묘에서 내려가다 보면 재실을 지나 율곡기념관이 나온다. 팔각형의 검은 벽돌건물로 지상 2층, 지하 1층 규모다. 입구를 들어서면 좌우에 사임당과 이이의 영정이 있고 가운데 이이가 사용하던 벼루 뒷면을 크게 복제하여 전시하고 있다. 거기에는 정조가 율곡의 유품인 벼루를 보고 싶어 가져오라 명했고, 벼루 뒷면에 친히 지은 시를 새기게 했다.

> 무원(주희)의 못(학문)을 흠뻑 적셔냈고 / 공자의 학문을 굳건히 받들어 널리 미치고 베풀었네 / 용(율곡)은 동천(洞天, 저승)으로 돌아갔지만 / 먹을 구름에 뿌린 학문은 무성히도 남아 있네
>
> – 율곡기념관 원문 참조

1층에는 이이의 학문을 접할 수 있는 곳이다. 2층에는 신사임당의 「초충도」를 비롯하여 매창의 「매화도」를 볼 수 있다. 신사임당의 예술적 재능을 물려받은 자식이 매창이다. 신사임당은 딸 이름에 매(梅) 자를 넣을 정도로 매화를 좋아했다. 그래서인지 매창의 그림 중 「매화도」만이 전한다.

율곡기념관을 나오면 입구쪽으로 율곡 이이 동상과 신사임당 동상이 나란히 서 있다. 서울 사직단에 있던 것을 옮겨온 것이라 한다. 이황

의 동상은 서울 남산도서관 앞에 있다.

자운서원은 복원이 제대로 되지 않았는지 장판각, 장서각, 전사청, 고직사 등이 없다. 자운서원의 위상을 고려할 때 어딘가에 있었을 텐데 아쉽다.

참고문헌

이호일, 『조선의 서원』(가람기획, 2006)
장영훈, 『조선시대의 명문사학 서원을 가다』(도서출판 담디, 2007)
조남호, 『이황 & 이이 조선의 정신을 세우다』(김영사, 2020)
예문동양사상연구원·윤사순 편저, 『퇴계 이황』(예문서원, 2008)
권오봉, 『퇴계선생 일대기』(교육과학사, 2013)
한영우, 『율곡 이이 평전』(민음사, 2020)
이덕일, 『송시열과 그들의 나라』(김영사, 2001)
김정남, 『36시간의 한국사 여행 2』(노느매기, 2016)
도산서원 안내표지판
자운서원 안내표지판

임진왜란의 탄금대 전투를 찾아가는

탄금대공원 숲길

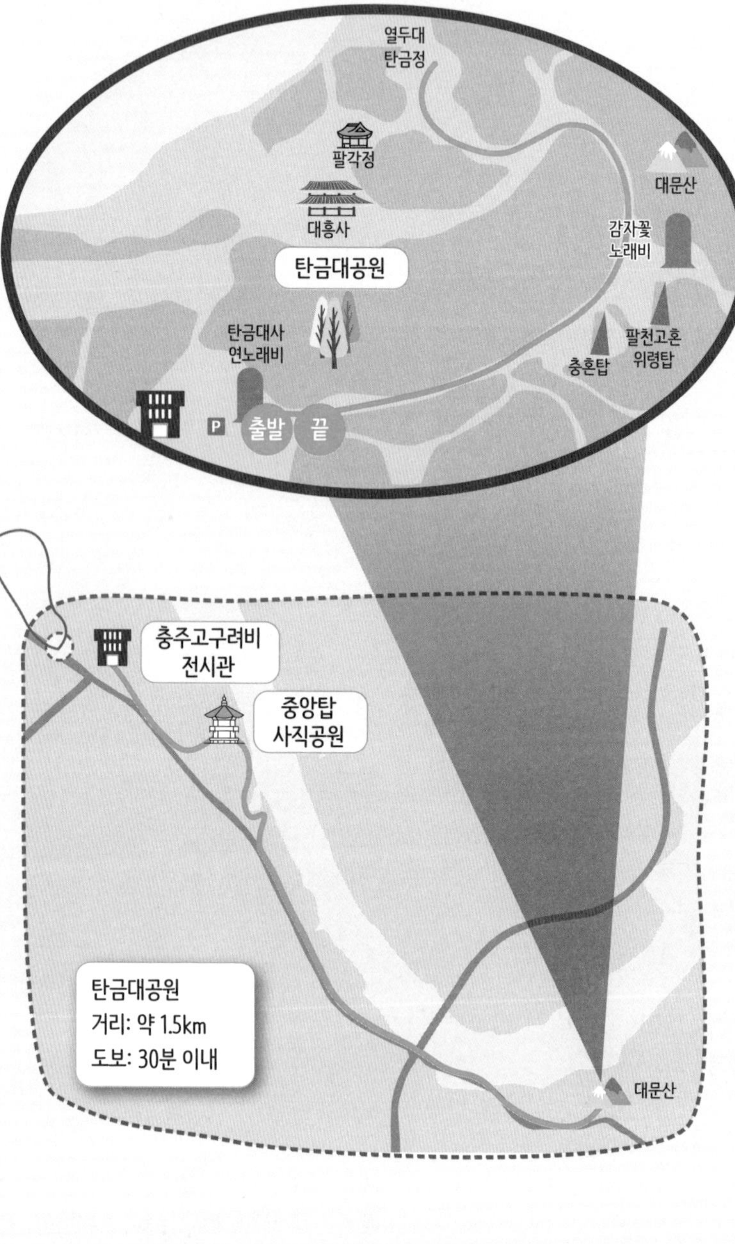

충주 하면 탄금대 전투, 중앙탑, 충주고구려비가 먼저 연상된다. 이 역사 유적들은 서로 인접하고 있어 한꺼번에 돌아보곤 한다.

탄금대를 품고 있는 산이 대문산으로 106.9m의 낮은 산이며 정상에서 시멘트 포장길을 따라 평지길처럼 탄금대공원을 한 바퀴 돌 수 있다. 이곳을 걸을 때마다 이곳이 탄금대의 전투 현장이라는 설명에 의문이 들곤 했다. 머릿속의 탄금대 전투 장면은 배후에 강을 둔 평지로 그려지는데, 이곳은 낮지만 산이다.

유성룡의 『징비록』에서 관련된 부분을 지도를 대입하며 읽어보니 대문산에서 오른편의 너른 평야, 달천 앞의 모시래들이 전투 현장인 것 같다. 물론 당시의 지형과 많이 다르겠지만 말이다. 딸아이 어렸을 때 이곳이 탄금대 전투 현장이라 설명했는데, 아직도 그렇게 알고 있을 것 같다. 탄금대 열두대에서 바라보는 남한강의 전망이 시원하다. 이곳에서 중앙탑 사직공원까지는 차로 10분 이내 거리다.

충주 탄금대

탄금대(彈琴臺)는 대가야의 악사 우륵이 가야금을 연주한 곳이라 한다. 우륵은 고구려의 왕산악, 조선의 박연과 함께 한국의 3대 악성(樂聲)으로 꼽힌다. 대가야가 멸망한 후 신라 진흥왕이 우륵이 전수한 가야악을 신라 궁중음악으로 삼았다. 이곳이 우륵과 관계된 사실은 정약용의 『아방강역고』에 나와 있다. 이 책에서 정약용은 충주의 탄금대와 사휴정을 우륵이 노닐던 곳이라 기록했다.

탄금대 주차장에 차를 대고 숲길로 향했다. 세월의 보호를 받았는지 콘크리트길이 숲터널이어서 좋다. 왼편에 '탄금대사 연노래비'가 있는데 음표모양으로 디자인했다.

조금 더 들어가니 충혼탑이 우뚝 서 있다. 광복 이후 전사한 충청도의 군인, 군무원, 군노무자 2,838위의 넋을 위로하고자 세웠다 한다. 계속 앞으로 걸어가니, '충장공 신립 장군과 팔천고혼위령탑'이 보인다. 안내판에는 다음과 같이 씌어 있다.

> 탑 상단에 형상화된 혼불은 산화한 영령들을 추모하는 모습으로 조국을 지키는 수호신을 의미하고, 아랫부분의 신립 장군과 4인의 군상은 죽음으로써 국토를 지키는 불굴의 충정을 나타내고 있다.
> 또, 바위와 바닥부분의 원반모양은 탄금대를 싸고도는 남한강과 달천의 물결모양을 살려 구성한 것이며, 탑 뒷부분의 부조는 당시의 탄금대 전투를 생생하게 느낄 수 있도록 표현하였다.

이 위령탑도 예외 없이 뾰족탑이다. 그래서 위령탑이 특색이 없다. 하늘로 치솟아야 영혼들을 더 잘 위로할 수 있나 보다. 위령탑은 현재를 살아가는 우리들이 보라는 뜻으로 세웠을 텐데 말이다. 뒤의 부조를 보니 백병전의 모습만 그렸다. 신립 장군의 주특기는 기마전술인데 기병의 모습은 보이지 않는다. 탄금대 전투의 현장으로 들어가 보자.

충장공 신립 장군과 팔천고혼위령탑도
예외 없이 뾰족탑이다.

『징비록』의 탄금대 전투

유성룡은 탄금대 전투를 『징비록』에서 다음과 같이 묘사했다.

> 신립은 탄금대 앞을 흐르는 두 강물 사이에 진을 쳤다. 이곳은 좌우에 논이 있고 풀도 우거져 말과 사람이 움직이기에도 어려웠다.
>
> – 유성룡 지음·김흥식 옮김, 『징비록』, 71쪽

두 강은 남한강과 달천이다. 그는 일본군을 맞아 배수진(背水陣) 작전을 폈다. 배수진은 뒤에 물을 두고 있어 물러설 곳이 없다는 말로 죽음을 각오한 싸움전략을 말한다. 조선군은 2만 명 정도였고 이중 1만 2천이 전투경험이 없는 오합지졸이었다. 이러한 병사들로 일본군에 맞서 싸우기 위해서는 죽기 살기로 싸울 수밖에 없다고 생각한 것이다.

> 잠시 후 적군이 단월역으로부터 공격해 오기 시작했다. 양쪽으로 공격하는 모습이 마치 폭풍우가 몰아치는 것과 같았다. 한 무리는 산을 따라 동쪽으로 들어오고, 다른 한 패는 강을 따라 내려왔다. 총소리는 하늘을 울리고 땅을 뒤흔들었다.
>
> 이 모습을 본 신립은 어쩔 줄 몰라 하다가 말을 돌려 적진으로 돌격하고자 했다. 그러나 뜻을 이룰 수 없게 되자 말머리를 강물 속으로 돌려 죽고 말았다. 이 광경을 지켜보던 병사들마저 그의 뒤를 따라 강으로 뛰어들자, 강은 이내 시체로 가득 차고 말았다. 김여물 또한 함께 전사하였다. 이일만이 동쪽 샛길을 따라 신속으로 도망칠 수 있었다.
>
> – 유성룡 지음·김흥식 옮김, 『징비록』, 71~72쪽

신립은 기병전술에 능했다. 여진과의 전투에서 기병대를 활용하여 큰 성과를 냈다. 그는 일본군이 보병위주이니 기병으로 제압하면 된다고 생각했을 것이다. 보병부대는 기병부대를 당할 수가 없다. 가속이 붙은 기병부대가 그냥 밀고 지나가면 된다. 1만 2천의 보병은 믿음직스럽지 않아 배수진을 생각했으나 8천의 기병으로 승세를 거머쥘 구상을 했다.

일본군 1번대가 문경새재를 넘어 조선군 앞에 진을 쳤다. 왜장은 고니시 유키나가이며 군사는 1만 8,700명이다. 이들은 조총으로 무장했다. 이미 고니시는 조선기병을 상대할 방안을 계산하고 있었다. 전국시대 말기, 오다 노부나가의 조총부대가 다케다 가쓰요리의 기마부대를 물리친 방법을 숙지하고 있었다. 나가시노 전투에서 오다와 도쿠가와 연합 조총부대가 다케다의 기병부대를 격파했던 그 방법 그대로 신립의 기병대에 적용했다. 조총부대의 약점은 재장전 시간이 길다는 점이다. 고니시는 조총부대를 3열로 나누어 제1부대, 제2부대, 제3부대씩 돌아가면서 조총을 쏘도록 했다. 또 방책을 설치해 말이 주춤하는 사이에 조총과 창으로 조선기병대를 공격했다. 고니시는 지장(智將)이며 용장(勇將)이었지만 신립은 용장이었을 뿐이다.

탄금대 전투를 지휘하는 신립 장군 동상.

임진년 4월 28일, 탄금대 앞에서 전투가 시작됐다. 신립은 기병 1천으로 두 차례에 걸쳐 일본군에 타격을 입혔다. 3차 공격 때 조선기병의 말이 습지에 빠져 허우적거렸다. 조선기병은 일본군에게 사격연습을 위한 표적에 불과했다. 백병전에서 신립은 고군분투하며 적군과 싸우다 강에 떨어져 목숨을 잃었다. 조선 최대의 전력이 완전히 궤멸한 것이다.

> 후에 들으니 상주에 진입한 적들은 험한 지형을 거쳐가야 한다는 사실에 매우 불안해했다. 문경 남쪽 10리쯤 되는 곳에 고모성이라는 옛 성이 있었다. 이곳은 동부와 서부의 경계가 되는 곳으로 양쪽의 산 벼랑은 매우 날카롭고 그 가운데로는 큰 냇물이 흘렀으며, 길은 그 아래로 험준한 곳이었다.
>
> 적들은 이곳에 우리 병사들이 숨어 있을 것이라 판단하고 척후병을 보내 몇 번이나 살펴보았다. 그러나 지키는 병사가 없음을 알게 되자 신이 나서 지나왔다고 한다.
>
> 후에 명나라 장수 이여송이 왜군을 쫓아 조령을 지나가다가 이렇게 탄식했다고 한다.
>
> "이런 천혜의 요새지를 두고도 지킬 줄을 몰랐으니 신총병(신립)도 참으로 부족한 사람이로구나." – 유성룡 지음·김흥식 옮김, 『징비록』, 73쪽

이여송이 말한 '천혜의 요새지'는 문경새재를 말한다. 일본군을 맞닥뜨리기 전, 작전회의에서 김여물과 이종장은 새재에서 매복전의 의견을 냈다. 하지만 신립은 기병위주의 전술과 배수진을 고집했다. 신립은 그가 가장 자신 있는 방식을 선택한 것이다.

4월 27일 밤, 문경새재를 정찰하던 두 정찰병이 적군이 새재를 넘어왔다고 보고했다. 신립은 말을 타고 새재를 돌아보았다. 그러나 일본군은 없었다. 신립은 거짓보고를 한 죄를 물어 두 병사를 즉결처형했다. 일본군 정찰병들이 새재를 살펴보고 돌아갔을 것이다. 다음 날, 신

립은 달천과 남한강 앞 탄금대에 배수진을 쳤다. 이운룡이 반대했으나 전법을 모른다고 하며 곤장으로 벌했다. 일본군이 새재를 넘을 때 다시 한번 세밀하게 정찰했다. 왜장 고니시는 반드시 매복이 있을 거라 예상한 것이다.

숙종 때 문신 신경은 탄금대 전투에 대해 다음과 같은 시로 신립의 전략을 비난했다.

> 구름 위의 새잿길 날카로운 칼문이요 / 벼랑 끝에 얽힌 나무 얼 떨리게 하거늘 / 장군은 요새를 버려 좋은 계책 못 썼으니 / 범상한 사람을 모진 원숭이 되게 했소 – 이이화, 『조선과 일본의 7년전쟁』, 142쪽 재인용

문경새재가 적군의 정신까지 떨리게 할 장소니 매복전을 펴야 했다고 읊는다. 이 시에서 '장군'은 신립이다. '범상한 사람'은 일본군을 말한다. 신립이 전략을 잘못 써 평범한 일본군에게 승리를 안겨주었다는 뜻이다.

> 원래 신립은 날쌔고 용감한 것으로 이름이 높았으나 전투의 계책에 부족한 인물이었다. 옛사람이 이르기를, "장수가 군사를 쓸 줄 모르면 나라를 적에게 넘겨준 것과 같다."라고 하였다는데, 이제 와서 후회한들 무슨 소용이 있겠는가. 그러나 후손들에게 경계가 될 것이라 생각해 상세히 적어 둔다. – 유성룡 지음·김흥식 옮김, 『징비록』, 74쪽

신립은 스물둘에 무과에 급제했다. 16세기 후반, 명나라의 동북아시아 지배권이 약화된 틈을 타 여진족이 세력을 키워가고 있었다. 조

선은 압록강 국경선에서 여진족의 침입을 막는 데에서 실전경험을 쌓았고, 그 중심에 신립 장군이 있었다. 온성부사 신립은 매일 같이 엄하게 기병훈련을 실시하여 여진족에 경계를 드러냈다. 경원부로 여진족이 침입해 오자 그는 선두에 서서 적과 싸우며 전투를 지휘했다. 신립의 기병대는 경원부·아산·안원보·훈융진 등지를 바쁘게 돌아다니며 원군으로 전투 때마다 승리를 거뒀다. 훈융진이 함락위기에 처하자, 그는 기병으로 하여금 적 지휘부를 타격하여 적을 패퇴시키는 등 작전에도 능했다. 또 압록강 건너 금득탄 등 9개 여진부족의 근거지를 소탕하고 300여 명의 목을 베는 전과를 올리기도 했다. 여진족 1만 명이 쳐들어오자, 이를 물리쳐 6진을 지켜냈다.

승전보를 접할수록 선조는 신립을 중히 써야겠다고 생각했다. 이후 함경북도 병마절도사, 우방어사, 함경남도 병마절도사, 평안도 병마절도사, 한성부 판윤 등을 거쳐 임진왜란 때 삼도순변사로 임명되어 탄금대 전투를 지휘했다. 위급한 상황에서 선조가 믿을 장군은 신립밖에 없었다. 선조는 신립에게 어도를 하사했을 뿐만 아니라 호위군사까지 내주었으며 군사 차출권까지 주었다.

『징비록의 그림자』 속 탄금대 전투

이희진 작가는 "역사는 그 사회의 기득권층이 남"기기 때문에 "책임져야 할 부분을 교묘하게 왜곡시켜, 변명을 남길 수 없는 위치의 실무자들에게 떠넘겨 버릴 수도 있"(이희진, 『징비록의 그림자』, 7~8쪽)다는 것을 전제로 『징비록』도 예외일 수 없다고 말한다. 도체찰사였던 유성룡이 신립 장군의 무능을 강조함으로써 자신을 변호하려는 목적에서 『징비록』

을 저술했다는 말이다. 그는 『선조실록』과 『선조수정실록』을 토대로 작가의 상상력을 가미하여 글을 풀어나갔다. 이를 사실(fact)과 허구(fiction)의 합성어로 '팩션(Faction)'이라 한다. 그의 이야기를 들어보자. 먼저 문경새재(조령) 매복 이야기다.

작전회의 때 김여물과 이종성이 신립에게 조령에서 매복전을 전개하자고 제안했으나 신립은 회의적이었다.

> 그걸 누가 모르는가? 허나 그건 왜놈들이 무리하게 조령을 돌파하겠다고 나올 때나 쓸모가 있는 작전. 왜장이 자네에게 조령으로 오겠다고 통보라도 했다던가? 그렇게 조령이 방어하기 쉽기 때문에라도 적이 조령을 우회할 수 있다는 생각은 안 하는가?
>
> – 이희진, 『징비록의 그림자』, 253쪽

신립은 일본군이 반드시 조령으로 온다는 확신이 없는 상태에서 전력을 분산시킬 수 없다는 입장이다. 문경에 주둔 중인 적이 조령의 매복을 예상하고 일부부대가 괴산 쪽으로 갈 수도 있고 하늘재 쪽으로 우회할 수 있다는 것이다. 우회한 부대가 조령의 배후를 공격한다면 조령의 조선군이 고립될 수 있다고 우려했다. 신립이 단월역에 진을 친 이유가 일본군의 우회로가 있다는 것을 고려한 것이다. 그러나 역사적 사실은 결국 고니시의 일본군이 조령으로 넘어왔다는 것이다. 조령에 조선군 중 일부부대를 배치할 필요가 있었다. 신립의 작전 실패라 여겨진다.

다음은 배수진 작전에 관해 이야기하자. 신립은 처음부터 배수진을 고려하지 않았다. 조령을 넘어온 고니시 부대는 약 2만 정도였다. 그 뒤에는 가토의 부대가 따르고 있었다. 조선군은 달천평야, 즉 모시래들에 진을 쳤다.

> 그때 저들(기병)이 나서는 거지요. 왼쪽 측면에 저 부대를 배치하고 있다가, 왜놈들 주력부대가 벌판으로 나올 때 덮치게 하자는 겁니다. 왼쪽만 돌파할 수 있으면, 왜놈들 숫자가 아무리 많다 해도 달천을 등에 지고 갇히게 되는 거지요. 그러면 진영이 무너지게 되어 있어, 이렇게만 만들어 놓을 수 있으면 가능성이 있습니다.
>
> – 이희진, 『징비록의 그림자』, 264쪽

기병을 이용하여 일본군을 달천으로 몰아넣는 작전을 구상한 것이다. 그러나 고니시가 이 작전을 꿰뚫고 있었다. 고니시는 일부부대로 하여금 충주성을 점령하게 하고, 또 가장 믿는 부장 요시토시로 하여금 모시래들 우측의 산을 점령하게 했다. 이 부대는 이일의 조선군을 제압하고 조선기병에 타격을 주었다.

일본군이 눈에 보이자, 신립은 조선중군을 천천히 전진시키면서 일본군을 유인하는 작전을 폈다. 앞뒤 가리지 않고 내달려 오는 적군을 측면에서 기병이 제대로 역할을 해준다면 승산이 있다고 봤다. 그러나 일본군은 걸려들지 않았다. 일본군은 전진보다는 좌우로 부대를 펼치는 작전으로 응수했다. 조선기병이 흙먼지를 일으키며 공격했으나 산에 매복한 일본군의 조총공격으로 오히려 조선기병이 타격을 입었다. 일본 보병부대는 퇴각하는 조선기병을 쫓아 거리를 좁혀 왔다. 말이 우왕좌왕할 때 산에 엄폐하고 있던 일본군 조총부대의 공격으로 조선군이 강을 등지고 포위됐다. 충주성을 점령한 일본군까지 합세하면서 조

기념탑 부조의 탄금대 전투 장면.

선군은 일본군에 찔려 죽고 베어 죽고 물에 빠져 죽었다. 김여물도 전사하고 화살까지 떨어진 신립은 임금이 내려준 어도를 휘두르다가 전사했다. 이일만 평민복으로 갈아입고 도망쳤다.

작가는 신립이 배수진을 친 것이 아니라 조선군이 포위되어 전멸한 것으로 전투를 그렸다. 그는 "결국 '탄금대 전투'는 신립이 전투를 제대로 못한 것이 아니라, 고니시가 압도적인 전력을 잘 활용하여 선전한 것"(이희진, 『징비록의 그림자』, 295쪽)이라고 결론을 내렸다.

탄금대 전투의 패배소식을 접한 선조는 급히 한양을 버리고 호위무사도 거의 없이 피란길에 올랐다. 일본군은 곧바로 한양으로 향했다. 주력군 1번대(부대장 고니시 유키나가), 2번대(부대장 가토 기요마사), 3번대(부대장 구로다 나카마사)가 이끈 약 5만 2,500명의 대군으로 말이다. 이들은 한양에서 또 한 번의 격전을 치를 것이라 각오하고 있었다. 그러나 이미 한양 안에서 조선군이라고는 찾아볼 수 없었다.

임진왜란 초기에 조선이 연패한 이유

탄금대 전투는 임진왜란에서 일본이 전세를 완전히 장악한 전투이다. 왜 조선군은 일본군에게 맥없이 무너졌을까? 신립의 전술운용에 문제가 많았던 것이 원인 중 하나였지만 더 큰 문제가 있었다.

첫째는 국방비리 문제였다. 조선은 건국 후 거의 200년간 이렇다 할 큰 전쟁을 치르지 않아 군사체제가 엉망이었다. 세조 때 군사제도로 지역방위의 성격을 지닌 진관체제를 실시했지만, 16세기에는 방군수포가 널리 행해졌다. 방군수포란 농민이 군대[軍]에 가는 것을 군지휘관들이 막고[防 막을 방] 대신 포[布 베 포]를 거두는[收 거둘 수] 것을 뜻한다. 군지휘관들이 군대에 가야 하거나 군대에 온 사람들을 집으로 돌려보내면서 대신 포를 받아 그 이익을 가로채어 곳간을 채웠다. 조정은 또 그것을 군적수포제로 양성화시켰다. 군적에 이름을 올린 사람들에게 군포를 징수했다. 이에 따라 진관체제는 무너지고 병사들의 기강도 해이해졌다.

엄청난 국방비리다. 역사는 과거를 비추는 거울[通鑑]이라 했다. 역사를 배우는 목적 중 하나는 교훈을 얻는 것이다. 조선 중기 국방비리는 조선과 백성들에게 엄청난 고통이었다. 그 대가를 톡톡히 치렀다.

둘째는 군사체제의 문제였다. 을묘왜변을 겪으면서 군사조직이 진관체제에서 제승방략체제로 바뀌었다. 그러나 제승방략체제에도 문제가 있었다. 제승방략은 이민족의 침입을 막아[制 억제할 제] 승리[勝]하는 방법[方]과 관련된 전략[略 다스릴 략]이란 뜻이다. 이는 각 지방의 수령이 군사들을 인솔하여 이민족이 침입한 곳에 집중배치하고, 중앙에서 내려보낸 병사(兵使, 병마절도사의 줄임말, 육군 사령관)의 지휘로 이민족의 침입을 격퇴하는 전략이다. 제승방략체제는 한 곳으로 전력이 집중되어 있어서 만약 패하면 다음 방어선을 만들 수 없다는 약점이 있다. 그 대표적인 전투가 신립의 충주 탄금대 전투였다. 그래서 한 번 무너지면 더 이상 방어력이 없어 일본군은 짧은 시간에 한양까지 올라올 수 있었다.

위령탑을 지나 오른쪽에 '감자꽃 노래비'가 있다. 앞면에 "자주 꽃 핀 건 자주 감자 파 보나 마나 자주 감자 / 하얀 꽃 핀 건 하얀 감자 파 보나 마나 하얀 감자"라는 노랫말이 새겨져 있고 뒷면에 권태응 선생의 약력이 적혀 있다. 1918년 충주 칠금동에서 태어났고 와세다대학에 다닐 때 독서회를 조직하여 항일운동을 하다가 일본 관헌에 체포되어 복역했다고 한다. 노래비 뒤에는 솔밭이 펼쳐진다.

감자꽃 노래비.

계속 걸어가면 길 끝에 탄금정이 나온다. 탄금정 오른편 데크계단을 내려가다 보면 '신립장군순절지지(申砬將軍殉節之址)'라 쓰여 있는 비석을 만난다. 이곳이 신립 장군이 강물에 떨어져 순국한 곳, 열두대다. 탄금대 전투 당시 신립 장군이 병사들을 독려하며 달구어진 활시위를 식히기 위해 열두 번이나 오르내렸다는 곳이다. 후세 사람들이 열두대 이야기를 지어 신립 장군의 영혼을 위로하고 싶었나 보다. 열두대에서 바라보는 전망이 시원하다. 남한강이 너르게 펼쳐 흐르고 좌측으로 탄금대교와 우륵대교가, 우측으로 충주시가지가 렌즈에 잡힌다.

중앙탑 사직공원

강변길을 따라 탄금호국제조정경기장 쪽으로 내딛었다. 강가의 벤치에는 이미 사람들이 자리 잡고 대화에 열중이다. 중앙탑 사직공원은 흡사 조각공원 같기도 하다. 여러 조각 중 '바다의 하늘'이 눈에 들어온다. 남매가 엄마 다리에 앉아 하늘 어딘가를 응시하고, 엄마는 이곳에 온 사람들처럼 강을 쳐다보고 있다. 남한강이 폭이 넓고 물색깔이 파란색이니 바다처럼 보인다. 그런데 하늘은 더 옅은 하늘색이다. 물이 하늘을 담고 있으니 '바다의 하늘'이라는 제목이 이해된다.

길은 인도와 자전거도로로 나눠 있지만, 굳이 구분하지 않고 걸어

'바다의 하늘' 조각상.

무지개길은 1.4km에 이르는 부교다.

이곳에는 항상 휘영청 둥근달이 있다. 강 건너에 '대한민국 중심고을 충주'라는 대형 입간판이 있다.

도 된다. 강 건너편에 잔디며 조경이 잘 되어 있어 찾아보니 골프장이다. 이 길 끝에 멋진 건물이 있다. 충주체험관광센터라 한다. 공원길은 여기서 끝이다.

되돌아 걸으면서 강 건너를 보니, '대한민국 중심고을 충주'라 쓴 대형 입간판이 눈에 잘 들어온다. 중앙탑 사직공원 중원탑평리칠층석탑에서 남한강 쪽으로 기다란 다리처럼 잘 정비되어 있는 길이 끝도 없이 길어 보이지만 직선길이라서 그렇다. '무지개길'이며 1.4km로 20분가량 걸린다. 자세히 보니 부교(浮橋)다. 강의 수위에 따라 오르내리는 다리다. 부교는 정조가 사도세자묘인 현릉원에 참배갈 때 정약용이 한강에 배다리를 설치한 것이 대표적이다. 부교라고 하니 더욱 걷고 싶어진다. 그러나 그늘이 없어 더울 때에는 걷기 힘들 듯하다. 강 오른쪽에는 옅은 보랏빛 보름달이 있다. 낮이나 밤이나, 비가 오나 눈이 오나 항상 이곳에는 휘영청 둥근달이다.

중원탑평리칠층석탑

중앙탑 사직공원에 중원탑평리칠층석탑이 있다. 높은 토단 위의 탑은 통일신라시대 석탑 중 유일하게 7층으로 조성된 탑이다(8세기 후반~9세기 초). 이 석탑은 통일신라시대 영토 가운데 있다고 해서 중앙탑이라고도 불린다. 높이는 약 13m로 통일신라 석탑 중 가장 높다. 이중기단을 쌓고 7층으로 탑신부를 구성하고 있는데, 맨 아래층(1층)은 여러 개의 석재로 잘 짜맞추었고, 위로 올라갈수록 석재가 줄어들면서 6층과 7층은 하나의 돌을 얹어 탑을 구성했다. 이 석탑은 너비가 좁고 높이가 높아 안정감이 부족해 보이나 상승감이 두드러져 보인다. 국보 6호로 지정되어 있다.

중앙탑 사직공원. 멀리 중원탑평리칠층석탑이 보인다.

충주고구려비전시관

차로 5분 이내 거리에 충주고구려비가 있다. 전에는 보호각에 비만 덩그러니 있었다. 이곳에 고구려전시관 같은 것이 하나 있었으면 했는데 충주고구려비전시관이 개관했다.

전시관에는 안악3호분 벽화를 비롯하여 마구간, 우물, 부엌 등 생활공간과 250여 명으로 구성된 대형렬도 등 많은 벽화들이 있다. 그뿐 아니라 사신도도 각 방위에 맞춰 그려놓았다. 고분벽화는 고구려 사람들의 생활, 문화, 종교 등을 파악할 수 있는 귀중한 자료다. 독립기념관이나 일본의 다카마쓰모형전시관처럼 안악3호분 내부를 모형으로 꾸며놓았더라면 훨씬 도움이 되었을 텐데 아쉽다.

이곳에 말을 탄 고구려 무사 동상이 있다. 개마무사(鎧馬武士)로 표현해 놓았으면 더 좋을 것을. 개마무사는 갑옷뿐만 아니라 말까지 철갑옷을 입힌[鎧 갑옷 개, 馬 말 마] 기마병이다. 광개토대왕 영토확장 전쟁의 주력이었다. 이곳 전시관의 주요 전시물인 충주고구려비를 잠시 보자.

충주고구려비

충주고구려비는 1970년대에 충주시 비석리(충주댐 옆에 위치)에서 발견한 고구려 척경비다. 이 비석 앞면의 글자가 거의 마모되었는데 마을 아낙들이 빨래판으로 오래 이용했기 때문이라 한다.

이 비석은 높이가 144cm로 당시 한반도에서 고구려 장수왕의 업적을 잘 기록하고 있다. 비석은 5세기 장수왕 때 고구려가 중원지역(지금의 충주)까지 진출하여 남한강 유역을 장악한 사실을 보여주고 있다.

또한 신라가 삼국을 통일하면서 중앙탑을 만들고 중원경을 설치한 지역이기도 하다. 이처럼 삼국이 충주지역을 중시한 이유는 이곳이 교통의 요지이기 때문이다.

특히 이 비석에서 관심을 끄는 대목은 고구려와 신라의 정치적 관계다. 충주고구려비와 광개토대왕릉비에서는 신라왕을 똑같이 '매금'(寐錦, 신라에서 왕이라는 칭호가 사용되기 이전에 쓰던 용어로, 대수장을 뜻하는 마립간 칭호와 유사)이라 했다. 이것은 신라가 고구려에 조공을 바치는 관계임을 나타낸다.

충주고구려비. 5세기 장수왕 때 고구려가 중원지역(지금의 충주)까지 진출하여 남한강 유역을 장악한 사실을 나타낸다.

참고문헌

유성룡 지음·김흥식 옮김, 『징비록』(서해문집, 2007)
이이화, 『조선과 일본의 7년전쟁』(한길사, 2000)
박희봉, 『교과서가 말하지 않은 임진왜란 이야기』(논형, 2014)
이희진, 『징비록의 그림자』(동아시아, 2015)
김정남, 『36시간의 한국사 여행 2』(노느매기, 2016)
충주고구려전시관 안내자료

조선시대 관아와 민가의 모습을 살펴보는

순천 낙안읍성길

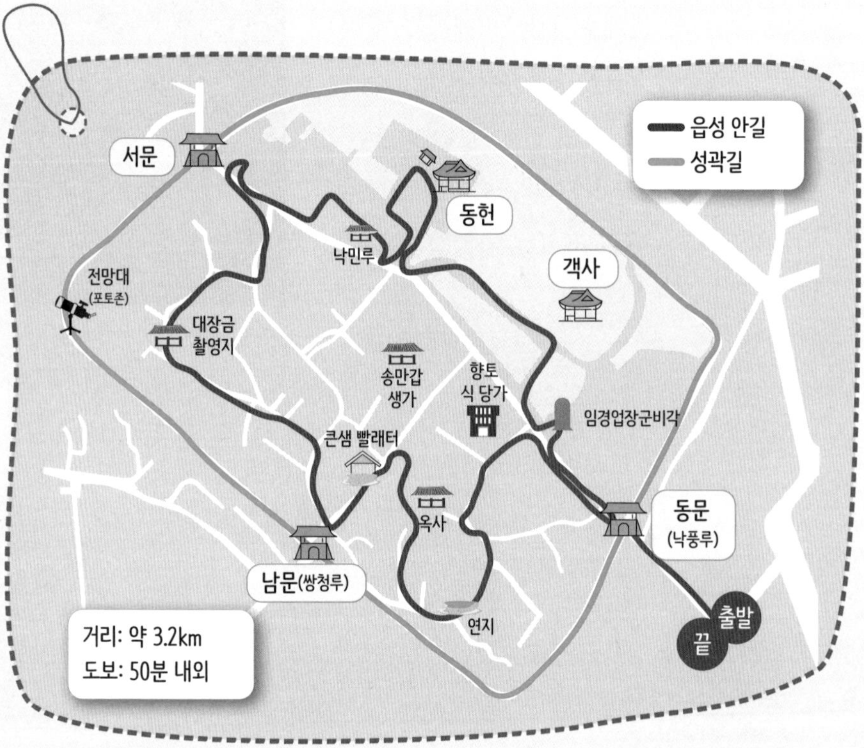

* 읍성 안길: 동문→객사→동헌→대장금 촬영지→옥사→연지→동문
* 성곽길: 동문→서문→남문→동문

읍성은 지방에 있는 성으로 일반 백성들이 거주하고 있는 지방의 중심지에 만들었다. 읍성은 지방 행정문화의 중심지였다. 『동국여지승람』에 따르면 조선의 330개 행정구역 중 179개 지역에 읍성이 있었다고 한다. 현재 남아 있는 대표적인 읍성으로는 해미읍성, 고창읍성, 그리고 낙안읍성 등이다.

읍성은 조선시대에 만들어졌다. 성곽 안의 중앙 북쪽에 관아가 있고, 관아 옆이나 아래쪽에 민가가 위치했다. 성문은 동·서·남쪽에 두었으며, 대개 북쪽에는 문이 없다. 우리나라 읍성은 평지를 택하는 경우가 많지 않았다. 지리적으로 평탄한 곳보다는 굴곡이 있는 곳이 많기 때문이다. 그래서 성곽은 네모난 모양보다는 지형에 따라 불규칙한 모습을 하고 있다. 그러나 낙안읍성은 평지에 자리했다.

낙안읍성은 순천만을 통해 들어오는 적을 방어하는 것이 주 목적이었다. 또한 남해안을 연결하는 교통의 요지이기에 전략적으로도 중요했다. 낙안읍성의 구조는 북쪽이 관의 영역, 남쪽이 민의 영역이다. 읍성길 산책은 먼저 관의 영역을 살펴보고 이어 남쪽에 사는 백성들의 주거를 살펴본다. 그리고 성곽에 올라 성곽길을 따라 걸으면서 성곽 안쪽과 바깥쪽을 모두 둘러볼 것이다.

낙풍루 가는 길

11월 중순, 계절은 겨울로 들어섰지만 이곳은 가을 끝 무렵이다. 낙안읍성 주차장에서 성곽으로 들어가는 길, 낙안읍성이 사적 제302호라고 알리는 빗돌이 있다.

ㄷ 자형 옹성으로 축조된 낙풍루(동문).

석구. 멸악산의 기를 누르기 위해 설치했다.

낙풍루는 동문에 해당된다. 성곽 앞 둘레로는 해자(垓字)를 파 1차 방어선을 구축했다. 낙풍루 밖 오른쪽으로도 초가들을 복원하여 조선 시대 마을의 분위기를 느끼게 한다. 동문으로 들어가는 해자 위에 해자교를 설치했고 그 양옆과 가운데에 석구(石狗) 세 마리가 있다. 동쪽에 있는 멸악산이 읍성의 기운을 억누르고 있어 그 악한 기를 누르기 위해 석구를 두었다 한다. 삽살개 세 마리가 당당하게 앉아 있는 모습이다.

동문인 낙풍루에 옹성을 둘렀는데 ㄷ 자형이다. 적이 성문을 집중 공격하지 못하게 하는 방어시설이다. 보통 성문은 석재로 홍예문(무지개문)을 만든다. 그러나 이곳은 2층의 누각이며 1층에는 삼문을 달았다. 상대적으로 방어에 취약할 것 같다.

행정관서길

낙풍루를 들어서면 동서를 잇는 길 위쪽은 행정관서와 초가집이 있고, 아래쪽에도 초가집이 즐비하다. 위쪽으로는 정원이 잘 가꿔져 있어 산책 삼아 걸을 만하다. 뭐니 뭐니 해도 가을구경이 좋다. 더군다나 초가를 배경으로 하니 한 폭의 풍경화를 보는 듯하다.

조금 가니 길가 오른편 가게에서 인절미를 찧고 있다. 혼자 여행할 때에는 비상식량이 필요하다. 문화유산을 촬영하다 보면 시간에 쫓겨 식사를 거를 때가 많다. 인절미를 좋아하는 터라 줄을 서서 한 봉지 샀다. 집으로 돌아가는 길에 운전하면서 몇 개 먹으니 다른 떡집에서 파는 것과 맛이 다르다. 밤늦게 집에 도착해 꺼내놓으니 아내와 딸이 맛있다 한다. 인절미 맛이 그리워 낙안읍성에 다시 갈 것 같다.

임경업장군비각

임경업장군비각이다. 왼편에 은행나무 한 그루가 멋지다. 호란 전인 1626년 5월에 임경업이 낙안군수로 약 2년간 재임하면서 읍성을 보수하고 백성에게 선정을 베풀었다. 이에 읍민들이 임경업의 애민을 기려 세웠다 한다. 이때 토성 위주였던 낙안읍성이 현재와 같은 석성이 되었다. 임경업 장군은 어느 곳에 부임하든 항상 성 쌓는 일에 집중했다. 용골산성, 운암산성, 능한산성, 백마산성 등은 모두 임경업 장군이 성을 쌓거나 보수한

임경업장군비각. 2년간 낙안읍성에 머물며 토성을 석성으로 보수하고 선정을 베풀었다.

곳이다.

성을 쌓을 때 백성에게 심한 부역을 강요하지도 않았다. 『낙안읍지』에 그를 소개하며 "임경업이 군수로 있을 때에 (낙안) 성첩(城堞)을 수축하였는데, 편히 따르게 해서 백성들이 사모하여 사당을 짓고 초상을 그렸다"(허경진, 『한국의 읍성』, 69쪽 재인용)라고 기록되어 있다.

객사

낙안읍성 객사. 주로 출장 관리가 묵었고 간혹 사신들의 숙소로도 이용되었다.

임경업장군비각에서 북쪽으로 걸어가면 객사다. 객사는 주로 출장 관리가 묵었고 간혹 사신들의 숙소로도 이용되었다. 객사 앞에 홍살문이 우람하게 서 있다. 정당(正堂)을 중심으로 양쪽에 익실을 거느린 21칸 규모의 건물이다. 정면이 7칸이니 옆에서 들여다보는 깊이감이 좋다. '낙안지관(樂安之館)'이라는 현판이 선명하다. 정당 안 중앙에는 '궐(闕)', '殿(전)'이라 쓴 의자가 있는데 전패(殿牌)라 하며 임금이 계신 대궐을 상징한다. 초하루나 보름, 또는 나라에 궂은 일이나 경사가 있을 때 수령이 관원들을 대동하고 전패를 향해 예를 올렸다. 익실(翼室)은 온돌

객사 앞쪽 툇간의 열주가 깊이감이 있다.

방으로 꾸몄다. 어떤 경우든 귀빈의 숙소로만 사용되었기 때문에 손님 객(客) 자를 써서 객사라 한 것이다.

객사 앞 한편에 그네가 둘 있고 어린 여자아이가 열심히 그네를 타고 있다. 객사를 나와 동헌 방향으로 가는데 용도가 무엇인지 알 수 없는 초가가 한 채 있다. 아마 이방청이지 않을까 싶다.

동헌과 내아

이제 동헌(東軒)이다. 조선시대에 이곳은 수령이 고을의 일을 처리하던 집무실이다. 수령은 이곳에서 6방의 아전을 거느리고 고을의 행정과 소송, 세금 등의 업무와 재판을 행했다. '사무당(使無堂)'을 당호로 삼았는데, 일이 없기를 바란다는 뜻일 것이다. 사무는 『논어』「안연편」에서 따왔다. 지방 수령이 송사까지 책임을 지고 있어 더러 백성에게 권력을 남용하거나 백성들을 함부로 하지 않겠다는 뜻이다.

가운데 수령이 의자에 앉아 있고 이방이나 형방이 시립하며 죄인이 두 손을 뒤로 묶인 채 꿇은 모형이 있다. 뒤에 사령이 육모방망이를 손에 쥐고 있다. 수령의 업무 중 하나인 재판권을 표현한 것 같은데 이런 모형을 이곳에 두어야 했을까? '사무'와도 전혀 어울리지 않는 조합이다. 관아의 권위, 수령의 권위가 동헌의 분위기를 지배하고 있는 것 같다.

동헌. 수령이 고을의 일을 처리하던 집무실이다.

뒤로 돌아가니 굴뚝 두 개가

낙민루. 남원의 광한루, 순천의 연자루와 함께 조선시대 호남을 대표하는 누각이다.

건물과 떨어져 있다. 이런 식으로 굴뚝이 떨어져 있으면 연기가 방 안으로 새어 들어오지 않는다고 한다. 왼쪽 담장에 쪽문이 있다. 내아로 들어가는 문이다.

내아는 수령 가족들의 살림공간이다. 사대부집에서는 동헌이 사랑채라면 내아는 안채에 해당된다. 꺾어진 ㄱ 자 모양으로 쪽문에서 정면에 보이는 건물이 부엌이다. 부엌 뒤편에는 ㄷ 자로 담장을 두르고 항아리를 두었다.

내아 정문을 통해 밖으로 나가면 동헌의 외삼문인 낙민루가 보인다. 남원의 광한루, 순천의 연자루와 함께 조선시대 호남을 대표하는 누각이다. 낙민루(樂民樓)는 '백성을 즐겁게 하는 누각'이라는 뜻으로 '낙안'에서 따왔다. 누각 2층에는 큰 북이 매달려 있다. 혹시 모를 위급한 상황을 알리는 용도로 사용되었을 것이다.

낙안읍성 남쪽, 민가 골목길을 둘러볼 차례다. 이곳 골목길은 서울 북촌한옥마을 골목길 답사와 또 다른 느낌이다. 훨씬 정감이 간다.

장승과 서낭당

낙민관자료전시관과 홍보영상관 앞에는 다양한 모양의 장승들이 반긴다. 또 곳곳에 원추형 돌무더기 서낭당도 있다. 질병을 물리치고 풍년과 편안한 삶을 기원하는 백성들의 마음이 담긴 것이 장승과 서낭당이

장승과 서낭당. 백성들이 질병을 물리치고 풍년과 평안한 삶을 기원했다.

다. 국가민속문화재 제95호인 마루방집을 지나 서문 바로 앞에 장승 둘이 있다. 무엇이 그렇게 웃긴지 천하대장군은 입을 쩍 벌리고, 지하여장군은 몸을 돌려 웃는다. 각각 '낙토민안(樂土民安)', '국태민안(國泰民安)'이라 이름표를 붙였다. 나라와 백성들의 행복하고 편안한 삶을 기원하고 있다. 골목으로 들어가면 동물체험장이 나오고 서낭당도 눈에 띈다.

골목에는 서당이 있다. 또 대장금 촬영장소도 보인다. 낙안읍성 판소리 계보도도 눈에 들어온다. 근처에 송만갑생가가 있고 동문 위쪽에 오태석생가도 있다. 송만갑은 '동편제 거장'이라 불리며, 오태석은 가야금 병창 명인이다. 남도판소리 하면 오정해가 주연한 영화 「서편제」가 생각난다. 서편제는 섬진강 서쪽, 보성·광주·나주 등지에서 성했다. 호남의 동쪽, 구례·순창 등의 판소리는 '동편제'라 한다.

민의 생활집, 초가

골목길 치고는 넓은 편이다. 돌담장에 초가를 엮어 올렸는데 시골의 정

낙안읍성 남쪽 민가의 골목길. 차가 다닐 정도로 넓다. 돌담장에 볏짚을 엮어 올렸다.

초가. 전라도의 전통 초가집은 ㅡ 자형이지만 낙안읍성에는 헛간을 잇대어 ㄱ 자형 집이 더 눈에 띈다.

취가 느껴진다. 목가적인 분위기가 물씬 풍기는 마치 조선시대 농촌마을에 온 듯하다. 늦가을이라 초가지붕을 새로 얹기 위해 볏짚으로 이엉을 엮고 용마름을 트는 사람들의 손길이 매우 바쁘다. 기와집이나 초가집은 이렇게 자주 손이 가야 오래가고 멋스럽다. 초가집은 자연친화적 주거문화다. 짚풀과 흙, 돌과 나무가 건축재료다. 보통 '한옥'이라 칭할 때 기와집을 연상하나 대다수 백성들이 생활했던 초가가 더 한옥적이다.

초가가 우리 주거에서 급격히 사라진 시기가 1970년대다. 박정희 정부 때 새마을운동의 「새마을노래」 중 "초가집도 없애고 마을길도 넓히고"라는 캠페인으로 전통가옥이 폐기처분되는 운명을 맞았다.

이 지역의 전통적 초가집은 ㅡ 자형 구조다. 즉, 안방과 사랑방, 그리고 부엌 등이 나란히 붙어 있어 햇볕이 잘 들고 바람이 잘 통한다. 그런데 낙안읍성에는 ㅡ 자형 집보다는 ㄱ 자형 집이 더 눈에 띈다. 방이 더 필요했거나 헛간을 잇댈 필요가 있었을 것이다. 전라도에서 이 같은 집을 '곱은자집'이라 불렀다고 한다. 초가는 나무로 기둥을 세우고 서까래를 올린다. 벽채는 수숫대나 싸리나무 가지로 엮고 볏짚을 듬성듬성 썰어 진흙으로 이겨 바른다. 지붕은 볏짚 이엉으로 엮어 올린다. 볏짚은 가벼우며 보온성이 좋다. 단지 화재에 약한 것이 흠이다.

큰샘 빨래터

큰샘 빨래터다. 낙안읍성도 풍수적으로 행주형(行舟形, 떠 있는 배 모양)이라 해서 함부로 우물 파는 것을 금했다 한다. 큰샘은 우물이 아니라 흘러나오는 물이다. 이 물을 길러다 먹는 행위는 배에 고인 물을 퍼내는 행위라고 한다. 조선시대에 낙안군수가 먹었다고 하여 '큰샘'이라는 이름이 붙었다 하는데 당시 낙안읍성의 유일한 식수원이기 때문에 누구라도 이 물을 마셨을 것이다. 유일한 식수원이라는 의미에서 '큰' 자를 사용했을 것이다.

그런데 읍성은 방어에 초점을 두기 때문에 원군이 올 때까지 최대한 버티기 위해서는 식수원인 우물은 필수다. 그런 의미에서 조선시대에는 이곳 말고도 식수원이 몇 군데 더 있었을 것이다.

옥사

초가와 돌담, 노랗게 물든 은행나무로 뒤덮인 마을은 어릴 적 시골의 모습이며 추억의 고향이다. 남문 쌍청루(雙淸樓)다. 앞에서 불어오는 맑은 바람을 쐬는 누각이라는 뜻이다. 이 누는 앞쪽 삼문 중, 가운데 문만 개방되어 있고 양쪽 문은 돌로 쌓아 막았다. 그러나 성 안쪽에서 보면 세 개가 모두 개방되어 있다. 원래 주 출입문은 남문이었다 한다. 남문

옥사 앞 초가와 연지. 낙안읍성 초가들은 현재 주민이 살고 있는, 살아 있는 문화유산이다.

옥사. 수령이 행사할 수 있는 형벌은 태(笞, 볼기형)뿐이다.

을 통해 시장통(향촌음식점)을 지나 객사로 이어지도록 했다.

쌍청루에서 오른편 민가지역에 옥사가 있다. 옥사는 우진각 기와집이며 형구들도 있다. 형벌로는 태(笞, 볼기형), 장(杖, 태형보다 무거운 볼기형), 도(徒, 곤장과 복역을 함께하는 형벌), 유(流, 귀양), 사(死) 등 5형이 있지만 수령이 내릴 수 있는 형벌은 '태'뿐이었다. 옥사의 돌담은 민가의 돌담보다 높다. 또 주위에 연지(늪)가 있어 죄수들의 탈주를 막는 역할도 했을 것이라 안내하지만 설득력이 떨어진다.

돌담길을 지나 더 걸어가면 2009년 가을, 딸아이 초등 2학년 때 묵었던 초가집이 나온다. 세 칸짜리 집 방 하나에서 하룻밤을 보냈는데, 퇴실할 때 주인 할머니가 늙은 호박 등 여러 가지를 바리바리 싸주셨다. 마치 외할머니 집에 놀러 온 것 같았다.

다시 낙풍루 앞이다. 모형이지만 소가 달구지를 끌고 가는 모습이 정겹다.

낙안읍성 안팎을 볼 수 있는 성곽길

낙안읍성 산책의 마지막은 성곽길을 걷는 것이다. 이곳 동·서·남문에는 돌계단을 두어 성곽에 오를 수 있도록 했다. 성곽길 산책은 동문(낙풍루)에서 관아 뒤쪽을 지나 서문과 남문으로 돌아오는 코스다.

성곽 위에서 보니 동문의 ㄷ 자형 옹성이 더 잘 보인다. 담벼락에 구멍이 뚫려 있는 돌담을 여장이라 한다. 세 개의 구멍은 적과 싸울 때 병사가 몸을 보호하며 적에서 총을 쏠 수 있는 구멍이다. 이를 총안이라 한다. 그리고 위로 뚫려 있는 구멍을 타구라 한다. 여장과 타구, 총안은 동문과 남문에만 복원해 놓았다.

서문 근처 성곽길. 대나무숲이 반긴다.

성곽 위에서 보는 낙안읍성의 초가집들이 더 아름답다. 이 초가집들은 해미읍성이나 고창읍성과는 달리 현재 주민이 살고 있는 살림집이다. 또 관광객을 위한 숙박시설로도 운영된다. 그래서 낙안읍성이 단순한 유적지가 아니라 현재에도 살아 있는 문화유산이다.

동문에서 75m 거리에 밖으로 돌출된 구조

객사 뒤편 성곽길.
특별한 방어시설이 없다.

성곽 앞에 1차 방어선인 해자가 있고 오른쪽에 여장, 왼쪽에 치가 있다. 치는 성곽으로 기어오르는 적을 측면에서 공격하는 방어시설이다.

물이 있다. 치(雉)다. 치는 전쟁 시 성곽 측면으로 기어오르는 적을 공격하기 위한 시설이다. 이 치는 동문을 공격하는 적을 측면에서 방어하는 역할도 한다. 조금 더 가면 또 치가 있는데, 이 치는 모퉁이 각 자를 써서 각루(角樓)라 한다. 원래는 이 치 위에 망루가 있어 성벽 양쪽을 감시하는 역할을 했다고 한다. 각루로 갈 때 성곽 한편에 대나무가 사그락거린다. 대나무의 색깔은 언제 봐도 아름답다.

낙안읍성 최고의 포토존

북쪽 성곽길을 걸으면 객사나 동헌 등의 건물을 멀리서 조망할 수 있다. 성곽 옆으로 줄지어 있는 나무들의 무게에서 고즈넉한 세월이 느껴진다. 이제 서문이다. 초가지붕들이 성곽보다 높게, 또는 성곽 높이만큼

빈기등에서 찍은 낙안읍성.

낙안읍성 빈기등은 최고의 전망대이자 포토존이다.

이다. 서문은 아직 복원되지 않았다.

서문 터를 지나 다시 성곽에 올라섰다. 빈기등이라는 곳인데 다른 곳보다 지대가 높다. 그리고 대나무가 가장 많다. 빈기등 성곽길을 돌아 내려가는 계단길에 사진을 찍는 사람들이 몰려 있다. 이곳이 낙안읍성에서 전망대 역할을 하는 곳이다. 저절로 카메라나 스마트폰의 카메라 셔터를 누르게 하는 곳이다. 낙안읍성의 민가가 한눈에 잡히니 누구나 한 컷 찍을 수밖에. 아래에는 대장금 촬영장소와 서당 등이 있다.

남문도 ㄷ 자형 옹성이다. 초가집들은 여전히 목가적이다. 같은 초가지만 성곽의 위치에 따라 다른 풍경을 자아낸다. 동문 쪽으로 꺾어지는 지점도 사진 찍기 좋은 장소다. 이곳에도 각루가 있다. 저만치에 낙풍루 방어시설 치도 보인다.

아! 목화여, 문익점이여

낙풍루에서 내려오니 목화가 만발이다. 이곳에서 목화를 볼 줄이야! 우리 역사상 헐벗고 굶주린 백성들에게 가장 고마운 사람이 누굴까? 단연, 문익점이라 생각한다. 당시 귀족들은 한겨울에 비단옷을 입었다. 백성들은 바람이 송송 들어오는 삼베옷을 입었고. 문익점 덕분에 백성들은 목화솜을 이용하여 누비옷도 입을 수 있었고, 솜이불도 덮을 수 있었다. 이보다 더 가난한 백성들의 삶에 실질적인 혜택을 준 인물이 또 누가 있을까? 선뜻 떠오르지 않는다.

동서로 임경업장군비각 맞은편에 향촌음식점들이 있다. 노부부들이 파전에 막걸리를 한 잔씩 하면서 웃음이 끊이지 않는다. 그들의 여유가 부러웠다. 꼬막비빔밥은 남도의 별미다. 시장도 했지만 서울에서 먹는 맛과는 다르다. 그래서 향토음식인가 보다. 화장실도 초가집이고 대장간도 초가집이다. 대장간이 초가집이니 슬쩍 걱정이 되기도 했지만 쇠를 다루는 할아버지의 손길이 능숙하다. 부모와 함께 온 초등학생에게 설명과 체험을 곁들이신다.

여기에 수령이 꽤 됨 직한 은행나무 한 그루가 있다. 노란색이 절정이어서 성곽 위에서도 돋보이던 나무다. 안내표지판을 보니 낙안읍성에는 수령이 200년에서 300년 이상인 노거수(老巨樹)가 몇 그루 있다 한다. 팽나무, 푸조나무, 개서어나무, 느티나무, 은행나무 등이다. 표지판에 인조 때 임경업 장군이 낙안읍성을 축조할 때 기념하여 심었을 거라고 안내한다. 이 은행나무는 수령이 300년 이상이다.

마지막으로 궁금한 것이 하나 있을 것이다. 양반들은 기와집에 살

낙풍루 앞 목화밭.

았을 터인데 이곳에는 기와집이 없다. 수령과 양반은 어떤 면에서 껄끄러운 대상이 될 수 있다. 지방의 양반이 고위관료를 지낸 인물이라면 수령의 입장에서는 더욱 그렇게 느낄 수 있다. 양반들은 읍성 바깥, 경치 좋은 곳에 집성촌을 이루며 살았다. 읍성 안에 아흔아홉 칸의 기와집이며 정자를 지을 공간이 없었을 뿐만 아니라 그들만의 문화를 즐길 공간이 필요했던 것이다. 양반층들은 노비나 소작인을 거느리고 생활하다가 용무가 있을 때에만 읍성에 들어왔다.

참고문헌

허경진, 『한국의 읍성』(대원사, 2005)
손영식, 『한국의 성곽』(주류성, 2011)
차용걸·최신민, 『한국의 성곽』(눈빛, 2004)
이용한, 『옛집기행』(웅진지식하우스, 2005)
낙안읍성 안내표지판

청나라군에게 끝내 점령되지 않은

남한산성 성곽길

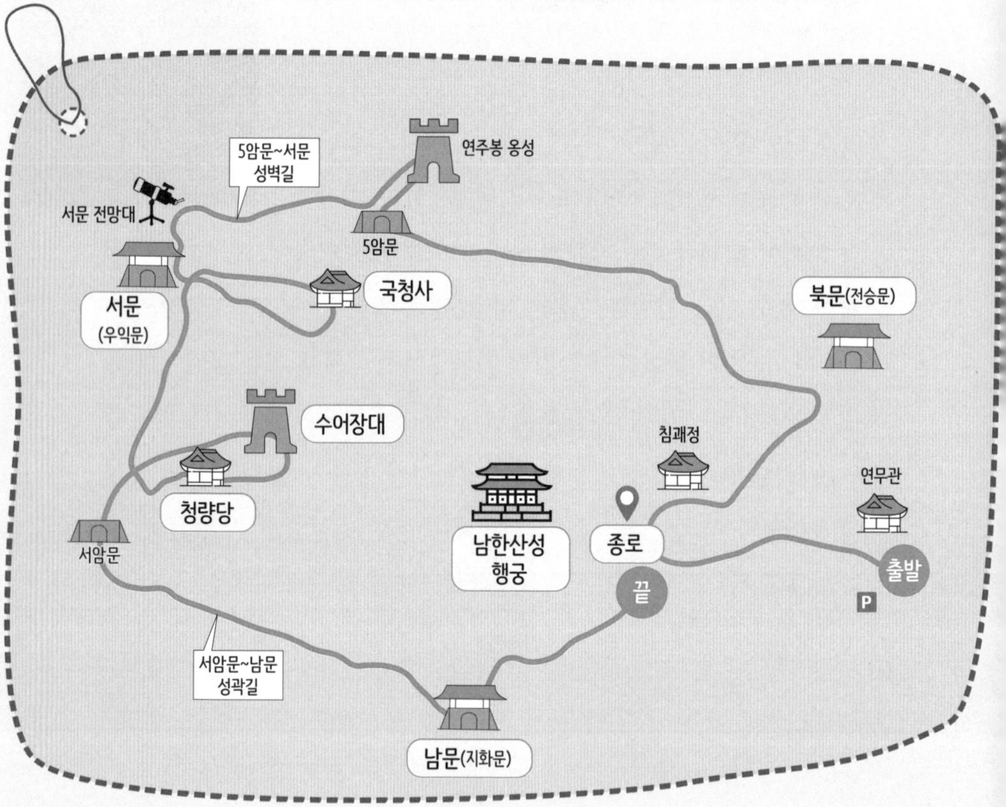

거리: 약 3.8km
도보: 1시간 30분 내외

남한산성 답사 산책길은 총 다섯 개 코스가 있다. 우리는 이중 1코스를 산책할 것이다. 1코스는 '장수의 길'이다. 종로(산성교차로)에서 출발하여 북문-연주봉 옹성-서문-수어장대-남문-종로로 되돌아오는 순환산책길로 3.8km이며 1시간 30분 정도 걸린다.

남한산성은 2014년 6월 22일 우리나라 문화유산 중에서 11번째로 유네스코 세계유산으로 등재됐다. 남한산성이 17세기 동아시아 지역의 방어적 군사공학기술이 총체적으로 구현되고 있다는 점을 높이 샀다. 남한산성이 군사기지로서 역할한 역사는 오래다. 백제시대를 시작으로 통일신라, 고려를 거쳐 조선으로 이어왔다. 이곳을 산성으로 구축한 인물은 신라 문무왕이다. 나당전쟁을 하면서 주장성을 쌓았다(672년). 고려 때 항몽투쟁을 했던 장소이고, 조선시대 임금으로는 인조, 숙종, 영조, 정조와 관련이 깊다. 특히 이곳은 병자호란의 역사현장이다.

남한산성이 현재의 모습으로 자리 잡은 것은 1624년(인조 2)이다. 인조반정에서 공을 세운 이괄이 2등 공신으로 책봉되자 이에 불만을 품고 반란을 일으켰다. 반란군은 한양까지 밀고 내려왔고 인조는 공주 공산성까지 피신했다. 이괄의 난을 계기로, 또 거기에 후금의 침입이 고조되고 있는 상황에서 조정에서는 유사시에 임금의 피란처로 남한산성을 주목했다.

남한산성은 산비탈을 끼고 축조된 천혜의 요새다. 동문과 남문을 제외하고 산기슭이 매우 가팔라 공성전을 펼치기에 적합하지 않다. 그래서 병자호란 때 청나라의 무수한 공격도 버텨냈다. 수차례 공격으로도 성을 함락시키지 못하자 청태종은 "내일은 반드시 함락시켜라"고 장수들에게 엄한 분부를 내렸다. 이에 장수들은 "남한산성은 너무 험준하여 성을 쳐서 빼앗기에는 많은 군사의 희생이 따를 수밖에 없습니다.

적들이 스스로 지칠 때까지 기다리는 것만 못합니다"[정약용, 『임진왜란과 병자호란』(윤용철, 『남한산성 굴욕의 47일』, 159쪽 재인용)]라고 입을 모았다.

여진과 두 차례의 전쟁

조선과 청나라 간의 전쟁을 간략히 정리해 보자. 왜란 중 조선과 명나라가 일본을 격퇴하기 위해 힘쓰던 시기에 누르하치가 여진의 여러 부족을 통일했다. 그리고 1616년 후금을 건국하고 황제의 자리에 올랐다. 이어 그는 중국대륙으로 시선을 돌리며 배후의 조선을 경계했다. 광해군은 명과 후금 사이의 중립외교로 전란을 수습 중이었다. 그때 서인세력이 사대명분론을 앞세워 인조반정(1623. 1.)을 단행했고, 조선의 외교는 친명정책으로 기울었다.

1627년 1월, 명과 전쟁을 벌이고 있던 후금은 3만의 병력으로 조선을 침입했다(정묘호란). 황해도 평산까지 내려온 후금이 강화를 제안했고, 조선은 후금과 형제의 관계를 맺는 선에서 사태를 수습할 수 있었다. 북경 인근까지 진격한 후금이 국호를 청으로 바꾸고 조선에 신하의 예를 갖출 것을 요구했다. 조선이 거절하자 1636년 12월에 청태종이 10만이 넘는 군사를 이끌고 다시 침입해 왔다(병자호란). 봉림대군 등 왕족은 강화도로 피신했고 인조 등 대신들은 남한산성에서 항전했다. 척화파와 주화파 간 격렬한 언쟁이 있던 가운데 강화도가 적의 수중에 떨어지자 1637년 1월 30일 조선은 청나라에 항복하며 신하의 나라가 되었다.

결말이 보이는 전투력의 차이

병자호란을 생각할 때마다 드는 의문은 왜 그렇게 쉽게, 빨리 조선이 무너졌냐는 것이다. 왜란 때 일본군은 한양을 20일 만에 접수했다. 그런데 청나라군 선발진은 단 7일 만에 한양에 당도하여 곧바로 남한산성에서 조선군과 대치했다. 그들은 평안도의 여러 성을 지나치면서 곧장 한양으로 진격했다. 조선의 심장을 표적으로 삼았던 것이다.

그들이 조선군의 방어력을 무시한 이유가 무엇일까? 가장 큰 요인은 전투력의 차이였을 것이다. 작전계획과 전투경험, 군사들의 사기 등이 큰 영향을 미친다. 조선군은 개국 이래 200여 년간 농민개병제를 운영해 왔다. 농민들이 돌아가면서 군에 복무하는 제도로, 체계적인 훈련을 익히는 것은 처음부터 기대할 수 없었다. 청나라군은 직업군인제로 편재되어 있었고 특히 기마병 위주의 전투력을 지니고 있었다. 오히려 조총으로 무장한 왜군보다 월등한 군사들이었다. 인조가 청나라의 전투력이 강한 이유를 묻자 최명길이 다음과 같이 대답했다.

> 청나라 사람은 10세부터 활쏘기와 말타기를 익혀 날마다 말을 타고 달리며 사냥하니, 이것이 바로 무예를 익히는 것입니다.
>
> –『인조실록』 16년 2월(이식 원저·이근용 역, 『남한산성 일기』, 47쪽 재인용)

전투의지에서도 조선군, 명나라군, 왜군과 비교하여 청나라군이 월등히 우수했다. 남한산성 수비대장 이서는 인조의 물음에 "적의 전법은 전진만 있을 뿐"이라고 대답했다. 전쟁은 재물을 약탈하고 노비를 늘릴 수 있는, 다시 말해 부를 증식시킬 수 있는 기회였다. 청에 잡혀간 조선인 포로는 정묘호란 때 약 25만 명, 병자호란 때 약 50만 명으로 추정한다.

조선군은 어땠을까? 임진왜란 때 조선군은 '도망만 가는 군대'로 소문이 자자했다. 조선군과 후금(청)군이 맞부딪힌 전투가 1619년 사르후 전투다. 3월 4일, 명나라군 1만여 명, 강홍립이 이끄는 조선군 1만 3천 명이 후금군과 전투를 벌였다. 후금군의 기습공격에 명나라군은 전멸하고 조선군은 8천 명이 전사했다. 강홍립은 나머지 5천 명과 함께 후금에 투항했다.

청나라 군사는 전투경험도 풍부했다. 누르하치가 전투를 통해 여진족을 통일시켰고, 이어 1616년 1월 후금을 건국하고 2년 후 명나라를 공격해 여러 성을 함락시켰다. 후금의 공격에 고전하던 명나라는 조선에 군사파병을 요청했다. 후금은 조선 조정에 국서를 보내 파병하면 조선을 침략할 것이라고 협박했다. 병자호란을 친정한 인물이 누르하치의 여덟째 아들 홍타이지다. 그는 누르하치가 68세로 죽을 때까지 아버지를 따라 명나라와의 전투에서 많은 공을 세웠다. 태종으로 즉위한 직후 나라 이름을 후금에서 '대청(大淸)'으로 바꾸고 연호를 숭덕(崇德)으로 내걸었다.

청나라군의 작전도 무시하지 못한다. 그들은 사르후 전투에서, 그리고 정묘호란을 통해 조선군의 전투력을 파악했다. 병자호란 당시, 고작 6천 명의 기마병으로 한양을 공격했고, 이어 청태종이 12만 8천여 명을 거느리고 똑같은 방식으로 평안도의 성을 치지 않고 한양으로 내달렸다. 청이 조선의 심장인 한양을 직접 겨냥했다는 것은 조선의 정복보다는 청의 복속국가로 만드는 것이 목적이었을 것이다.

1636년 12월 8일 새벽, 마부대가 이끄는 팔기군 6천여 명이 얼어

붙은 압록강을 건너왔다. 인조는 봉림대군 등 왕족들과 원로대신들을 강화도로 먼저 피란시켰다. 인조가 남대문을 나섰을 때 청군이 홍제원에 다다랐다. 할 수 없이 인조와 소현세자, 그리고 벼슬아치들이 남한산성으로 향했다. 최명길만이 시간을 벌기 위해 강화를 핑계로 적진으로 달려갔다.

남한산성에는 벼슬아치와 노비, 그들의 가족 1,300여 명, 군사 1만 3천여 명이 있었고, 군량미는 쌀과 콩 1만 9천 석, 겉보리 6천 석에 불과했다. 남한산성 주민들까지 포함하면 채 한 달도 버티기 힘든 상황이었다.

세계유산 표지석과 종로

동문주차장에서 산성교차로로 가면 행궁 방향으로 남한산성이 '세계유산'임을 알리는 표지석이 있다. 가운데가 완전히 갈라진 돌에 새겼다. 그 위쪽의 건물에 종이 있어 이곳을 종로라고도 한다. 원래 이곳에는

고려의 천흥사 동종을 본떠 만든 종. 앞 교차로를 종로라 한다.

'세계유산 남한산성' 표지석.

고려시대의 천흥사 동종이 걸려 있었다. 이후 이 종은 창경궁의 이왕가 박물관, 덕수궁미술관에 보관되어 오다가 현재 국립중앙박물관에 전시되어 있다. 이곳 종각에 걸려 있는 종은 울림을 좋게 하려고 천흥사 동종의 세 배 크기로 만들어 놓았다.

전승문(북문)과 법화골 전투

북문으로 향했다. 북문은 경기도 하남에서 산성으로 들어오는 길 중 가장 빠른 곳이다. 그만큼 경사도가 크다. 북문의 이름은 전승문(全勝門)이다. '온전히 이기는 것'만 바란다는 뜻으로 정조가 지었다. 병자호란 당시 이곳에서 조선군과 청나라군이 전투를 벌였다.

1636년 12월 29일 아침, 영의정이자 전시군사령관인 체찰사 김류는 화친과 전투가 모두 길하다는 술사의 말을 믿고 기습전을 펼쳤다. 김류는 북문 문루에서 대장기를 세우고 북을 두들기며 병사들을 다그쳤다. 청군은 곳곳에 복병을 배치하고 짐짓 후퇴하는 척하면서 조선군을 유인했다. 아군이 머뭇거리자 김류는 비장 유호로 하여금 뒤에서 치게 했다. 평지까지 다다른 조선군 300명은 청군의 매복전과 기마전에 모두 전사했다. 청군은 단 두 명만 목숨을 잃었을 뿐이다. 산성 밖에서 벌어진 유일한 전투인 법화골 전투다.

김류는 구원병을 보내지 않았다는 이유를 달아서 패전의 책임을 부장 원두표에게 들씌웠다. 주화파 홍서봉은 "으뜸 장수(김류)가 패하고 버금 장수(원두표)에게 죄를 전가함이 마땅치 않다"(작자 미상·김광순 옮김, 『산성일기』, 53쪽)고 말했지만, 어영대장 원두표 대신 부관에게 곤장을 쳤고 초관의 목을 베었다. 후에 정조는 이 같은 패전을 다시는 되풀이하지 말자는 강한의지를 담아 '전승문'이라 이름을 지었다.

연주봉 옹성

남한산성을 산책하는 길은 두 가지가 있다. 하나는 붉은색의 도로로, 가끔 공사차량이 다니기도 한다. 다른 하나는 성곽을 따라 걷는 길이다. 일단 여기서부터 연주봉 옹성 바로 아래까지는 도로를 따라 걸어올랐다. 여름 더위가 기승을 부리지만 산성이 오래된 나무들을 품고 있어 숲터널 속으로 걸을 수 있다.

성곽길은 여장(성첩)을 바깥에 두고 걷는다. 여장은 전돌로 쌓았고 기와지붕을 얹었다. 전승문에서 700m 정도 가면 갈림길이 나온다. 오른쪽 성곽길로 오르는 나무계단은 오르막이 꽤 길 것 같지만 멀리 보이는 경치를 보며 오르다 보면 금방이다. 이곳에 연주봉 옹성으로 나가는 암문(제5암문)이 있다. 암문 옆으로는 남한산성에서 좀처럼 보기 어려운 치(雉)도 있다. 치는 사각형의 돌출된 성벽으로, 성벽을 타고 넘어오는 적군을 측면에서 공격하기 위한 시설이다. 평지성에서 자주 볼 수 있는데 이곳은 산성이다 보니 치를 설치할 필요가 없었다.

연주봉 옹성으로 가는 성곽길.

제5암문 옆에 있는 성곽 치(雉).

제5암문. 안쪽은 평거식, 바깥쪽은 홍예식으로 만들었다.

남한산성에는 암문이 본성에 11개, 외성에 5개로 총 16개나 있다. 제5암문은 통로의 성 안쪽은 네모 모양의 평거식이고 바깥쪽은 무지개 모양의 홍예식으로 꾸몄다. 암문은 몰래 암(暗) 자를 쓰는데 유사시 구원군을 요청하거나 무기나 식량을 들여오는 용도다.

옹성은 보통 성문을 보호하기 위해 성문 밖을 반원형의 성곽으로 두른 곳을 말한다. 그러나 연주봉 옹성은 성벽으로 접근하는 적을 공격하고, 지대가 높아 요충지에 대한 거점확보를 위해 성벽에 덧대어 설치했다. 남한산성에 있는 5개의 옹성 중 지대가 가장 높다. 특이한 것은 성벽 없이 여장으로만 옹성을 꾸몄다는 것이다. 마치 한 마리 용과 같아 보인다. 용도(甬道)라 한다. 옹성 끝, 용머리에서 보는 전망이 훌륭하다. 멀리 롯데타워, 아차산과 남양주 일대의 한강이 보이고, 가까이 하남시도 보인다. 또 뒤를 돌아 청량산 꼭대기를 보면 수어장대의 지붕도 보인다.

연주봉 옹성. 여장으로만 용틀임하듯 쌓은 것이 특징이다.

성벽길과 성벽

성곽답사는 성 바깥에서 걸으면서 보는 것이 제격이다. 남한산성도 성곽 밖 둘레로 일주할 수 있다. 연주봉 옹성부터 우익문까지는 성곽 밖 둘레길(성벽길)을 택했다. 성벽에 이끼가 잔득 끼어 역사의 흔적을 느끼게 한다. 성벽에는 수원화성의 성벽과 다르게 식물들도 자리를 틀었다. 전망대 있는 곳은 쉼자리다. 롯데타워는 물론 북한산에 불암산까지 전망할 수 있다.

성벽길. 성벽에 이끼가 잔뜩 끼어 역사의 흔적을 느끼게 한다.

뒤돌아 성벽을 보면 아래에 길쭉하고 커다란 돌부터 여장 바로 밑의 작은 돌까지 촘촘하게 성벽을 만들었다. 또 완만하게 쌓기 시작하여 윗부분으로 갈수록 수직으로 쌓아올렸다. 이 같은 성곽을 복경사(複傾斜,

성벽. 아래에 길쭉하고 커다란 돌부터 여장 바로 밑의 작은 돌까지 촘촘하게 쌓았다.

복경사(複傾斜) 성벽. 아래쪽은 완만하게, 위쪽은 수직으로 쌓아올렸다.

두 형식의 성벽)라 한다. 여장 한 구간에 세 개의 구멍이 있다. 총이나 활로 공격하는 총안(銃眼)이다. 일반적으로 가운데 총안(근총안)은 밑으로 처지고 양옆의 총안(원총안)은 위에 있는데, 이곳의 총안은 거의 같은 높이다. 비탈을 기어 올라오는 적을 공격해야 하니 원총안을 수평으로 만들 필요가 없었다. 성곽에서 총안으로 보면 근총안이 좀 더 경사지게, 원총안은 약간 경사지게 했다.

우익문(서문)과 삼배구고두례

돌아 내려서면 서문, 즉 우익문(右翼門)이 보인다. 남한산성 행궁은 지형상 서쪽이 높고 동쪽이 낮아 건물도 서에서 동으로 배치할 수밖에 없다. 국왕이 북쪽에 기대 남쪽을 보고 정사를 행했기 때문에 방위는 맞지 않지만 서쪽이 우익, 동쪽이 좌익이 된다.

서문과 서암문에서도 청군과 치열한 전투가 있었다. 1637년(인조 15) 1월 23일, 어둠을 틈타 적군이 공격해 왔고 수어사 이시백이 잘 막아냈다. 적은 세 차례나 거세게 몰아붙였다. 다음날 아침, 성 밖의 눈 위에 붉은 피가 낭자했다고 한다. 또 서문은 인조가 청태종에게 항복의 예를 행하기 위해 나선 문이다. "이렇게 세 번 절하고 아홉 번 머리를 조아리는 예를 행하시자, 저들이 인도하여 단에 오르셔서 서향하여 제왕 오른쪽에 앉으시게 하였다."(작자 미상·김광순 옮김, 『산성일기』, 96쪽)

삼전도비. 청나라의 전승비로 서울 롯데타워 앞 석촌호수변에 있다.

삼배구고두례(三拜九叩頭禮)는 청나라에서 신하가 황제에게 하는 예이다. 이로써 조선은 청나라의 신하가 된 것이다. 청의 강요로 세워진 삼전도비는 서울 롯데타워 앞 사거리 대각선 방향, 석촌호수변에 있다. 인조는 그날 밤 10시경에 창경궁으로 돌아갔다. 남한산성으로 피란 간 지 47일 만이다.

국청사와 승군

우익문을 통해 들어서면 이정표가 국청사 0.1km라 안내한다. 1코스에서 만나는 유일한 사찰이니 잠시 내려서자.

인조 2년(1624) 남한산성을 다시 짓기 시작할 때 산성에는 옥정사와 망월사뿐이었다. 산성을 축조할 때 노동력이 필요했고 나라에서는 승려들을 주목했다. 승려조직은 일사불란한 위계체계를 갖추고 있고, 무엇보다 자신들에게 맡겨진 일을 묵묵히 행하는 성향이 있어 부역 농민보다 일의 효율이 더 높았다. 그래서 팔도의 승군을 소집하면서 추가로 사찰을 건립하여 산성 안에 총 9개의 사찰이 자리 잡았다. 승려들은 단순히 성 쌓는 일만 한 것이 아니다. 『택리지』의 기록을 살펴보자.

> 해마다 전국의 여러 절에서 활쏘기에 뛰어난 스님을 뽑아 아홉 절을 지키게 하면서 후한 녹봉을 상으로 주었다. 그런 까닭에 스님들은 오로지 활쏘기를 업으로 삼았다. 나라 안에 스님이 너무 많기 때문에 조정에서는 그들의 힘을 빌려 성을 지키고자 했던 것이다.
>
> – 이중환 저·신정일 역, 『신정일의 새로 쓰는 택리지』, 122~123쪽

국청사. 승군을 지휘했던 벽암 대사가 세운 호국사찰이다.

승려들은 전투에서 용맹한 군사였다. 그리고 평상시 주력군의 역할도 했다. 승병조직은 지휘관, 훈련관 등을 포함해 500여 명으로 편재되었고 '의승방번제(義僧防番制)'에 따라 전국의 승려들이 돌아가면서 군역했다.

국청사는 서북쪽 산성 축조 책임을 맡은 벽암 대사가 세운 절이다. 국청사 일주문을 들어서면 소박한 사찰이 나오는데, 편안함마저 느끼게 한다. 국청사, 나라[國]를 맑게[淸] 하는 사찰[寺]이다. 즉 호국사찰이라는 뜻이다. 가운데 9칸의 대웅전과 왼편의 6칸의 삼성각이 예불공간이다. 대웅전 기단 위 오른편에 커다란 두꺼비 한 마리가 있다. 두꺼비는 집을 지키는 수호신이며 복을 가져다주는 신성한 영물이다. 이 절에는 화약을 만들어 보관하는 무기창고가 있었다. 1907년 8월, 일제가 화약과 무기를 수거하고 이 절을 폭파했다.

매바위와 청량당, 그리고 이회 장군

이제 수어장대를 향해 걷는다. 성곽에 붙어 걸으며 성벽 이쪽저쪽에 눈을 맞춘다. 이곳에서는 양쪽으로 구불구불한 성곽과 성벽이 보인다. 도로에서 수어장대로 오르는 길은 돌길이다. 먼저 청량당을 마주한다. 이곳이 남한산성에서 제일 높은 곳이며 청량산 정상이다. 남한산성이 세계유산으로 지정되기 전에는 수어장대 안쪽 매바위에 무속인들이 많이 찾아 정성을 드렸다 한다. 기(氣)가 가장 잘 모이는 곳이라는 말 때문이다. 여기에도 이야기가 전한다.

산성 축성의 총책임자 이서 장군은 이회 장군과 벽암 대사에게 기한 내에 각각 동남성과 서북성을 쌓도록 명령했다. 벽암 대사는 성을 다 쌓았으나, 이회 장군은 마치지 못했다. 더군다나 이회는 공사경비를 주색에 탕진했다는 고발까지 있었다. 이서가 책임을 물어 이회를 참하려 하자 이회는 "내가 죽는 순간에 매가 날아올 것이니, 만약 매가 날아오면 나의 죄가 없음이 판명될 것이다"라는 말을 남기고 처형당했다. 그때 매가 날아와 바위에 앉아 있다가 이회를 바라보고 날아갔다 한다. 이 바위가 매바위다.

그런데 벽암 대사가 쌓은 성벽이 무너지기 시작했다. 원인은 부실공사였다. 이에 반해 이회가 쌓은 성벽은 탄탄했다. 기초부터 튼튼하게 다졌으니 시간이 걸릴 수밖에 없었을 것이다. 이회의 부인 송씨는 팔도를 돌아다니며 축성비용을 마련하기 위해 애를 썼다. 그러던 중 남편의 처형소식을 듣고 한강에 몸을 던졌다.

이후 청량당을 지어 억울한 누명을 쓰고 죽은 이회의 영혼을 위로했다. 부인 송씨는 물론 벽암 대사의 영정도 함께 모셨다. 이회 장군 이야기는 사실과 허구가 섞여 만들어진 설화다. 성실하게 맡은 바 일에 최선을 다하다 처형된 이회 장군은 성곽작업에 매진해야 했던 백성들의 삶을 대변해 주고 있다. 그래서 무속인들에게 민간신앙의 대상이 된 것이다.

수어장대와 무망루

수어장대. 지키고 또 지킨다는 뜻으로 남한산성 방위 현장 총사령부였다.

무망루 편액. 영조가 쓴 것으로 병자호란의 치욕과 효종의 원통한 마음을 잊지 말라는 당부가 담겨 있다.

수어장대 앞에 섰다. 산성 건물 중 가장 화려하고 웅장하다. 경기도 유형문화재 제1호이며 '지키고[守] 또 지킨다[禦]'는 뜻이다. 장수가 항상 거주하는 곳으로 남한산성 방위의 현장 총사령부다. 단층이었던 것을 영조가 2층으로 올리고 2층에 '무망루'라는 편액을 달았다. 잊지[忘] 말자[無]는 뜻으로 병자호란의 치욕과 북벌로 복수하고자 했던 효종의 원통한 마음을 절대로 잊지 말라는 당부다. 수어장대 2층을 개방하지 않아 직접 무망루 편액을 볼 수 없다. 1989년에 전각을 새로 만들고 무망루 편액을 복제하여 달았다.

벌봉과 홍이포

저 멀리 동남쪽 방향에 청군이 장악한 벌봉이 있다. 벌봉은 높이가

512.2m로 수어장대(497m)보다 높다. 청나라군이 홍이포를 쏘며 공격했던 곳이다. 지금은 벌봉이 남한산성 외성에 해당된다. 또 벌봉에서 동문 방향으로 한봉도 있다. 이곳도 청군이 포대를 설치하고 남한산성을 유린했던 곳이다.

사실상 조선의 항복을 이끌어 낸 무기는 홍이포였다. 홍이포는 붉은 얼굴[紅]의 오랑캐[夷]라는 말로 네덜란드 사람을 말한다. 당시에는 화란인이라 했는데 이들이 명나라에 홍이포를 전해주었다. 명나라는 청나라와의 전쟁에 홍이포로 대적해 왔다. 그런데 장수 중 한 명이 청나라로 망명하면서 기술자까지 데리고 가서 청태종에게 홍이포를 바쳤다. 청군은 이 무기제작에 박차를 가했다. 사정거리가 4km가 넘었고 위력도 당시에 최고였다.

서암문 파적지

남문으로 가는 성곽길, 수어장대에서 서남쪽 100m 지점의 암문은 제6암문이다. 1637년 1월 23일 한밤중에 청군이 사다리를 걸치고 기어 올라오고 있었다. 총도 화살도 겨눌 수 없는 경사도이기에 올라오기를 기다려 몽둥이 등으로 쳐서 물리쳤다. 그래서 이곳을 서암문 파적지라 한다. 파적은 적(敵)을 패배시켰다[破]는 말이다. 영화 「남한산성」에서 서날쇠(고수 역)가 지원병력을 요청하러 간 문이기도 하다.

성곽의 선

서암문을 지나면 도로길과 성곽길로 나뉜다. 성곽길로 들어서자. 서남

서남쪽 성곽. 서문부터 남문까지는 성곽의 선을 보며 걷는 게 답사의 재미다. 마치 용틀임하는 용 같다.

쪽 성벽인데 지형 따라 오르락내리락하며 구불구불한다. 그래서 이 구간에서는 성곽의 선(線)을 보는 것이 답사의 재미다. 어떤 곳에서는 기어가는 뱀 같기도 하고 어떤 곳에서는 용틀임하는 용 같기도 하다. 소나무가 그늘을 만들어 주어 시원하다.

성곽의 선에 정신이 팔려 걷다 보면 군포지를 만난다. 군포는 지금의 초소다. 이제 남문이 보인다. 수어장대에서 남문까지는 1.5km 거리다.

지화문(남문)과 정조

남문은 한양에서 들어오는 남한산성의 정문이다. 인조가 한양을 버리고 들어선 문이다. 지화문이며 이름은 정조가 지었다. '화합[和]에 이르는[至] 문[門]'이라는 뜻으로 정조는 "인화가 없다면 누구를 믿고 누구와 더불어 성을 지킬 것인가?"(안미애, 『한국인이 꼭 알아야 할 30가지 남한산성 이야기』, 41쪽 재인용)라고 말했다. 성을 지키기 위해서는 장졸 간, 군사 간, 군신 간, 신하 간에 믿고 의지하는 모습이 가장 중요하다고 본 것이다. 병자호란을 생각하면 '지화문'의 '화(和)' 자는 김상헌과 최명길로 대표되는 논쟁인 척화(斥和)와 주화(主和)가 떠오른다. 이 논쟁에 정조도 '지화'라는 이름으로 끼어들고 싶었나 보다. 척화든 주화든 국토방위에 있어 가장 중요한 것이 '인화(人和)'라는 것을 강조한 것은 아닐까?

산성교차로로 가는 길 아래에 신도비를 모아놓은 곳이 있다. 이 지역을 다스리던 벼슬인 유수의 선정비인데 백성들이 자발적으로 지방관의 노고를 칭송하며 세운 비는 몇 개나 될까?

참고문헌

작자 미상·김광순 옮김, 『산성일기』(서해문집, 2007)
이식 원저·이근용 역, 『남한산성 일기』(보고사, 2022)
윤용철, 『남한산성 굴욕의 47일』(서울교과서, 2007)
이이화, 『국가 재건과 청의 침입』(한길사, 2000)
최진연, 『우리 터, 우리 혼 남한산성』(다홀미디어, 2010)
안미애, 『한국인이 꼭 알아야 할 30가지 남한산성 이야기』(라온북, 2016)
유건식, 『남한산성을 걷다』(형설이엠세이, 2022)
이중환 저·신정일 역, 『신정일의 새로 쓰는 택리지』(다음생각, 2014)
남한산성 안내설명판

척화와 주화의 격렬한 논쟁을 듣는

남한산성 행궁길

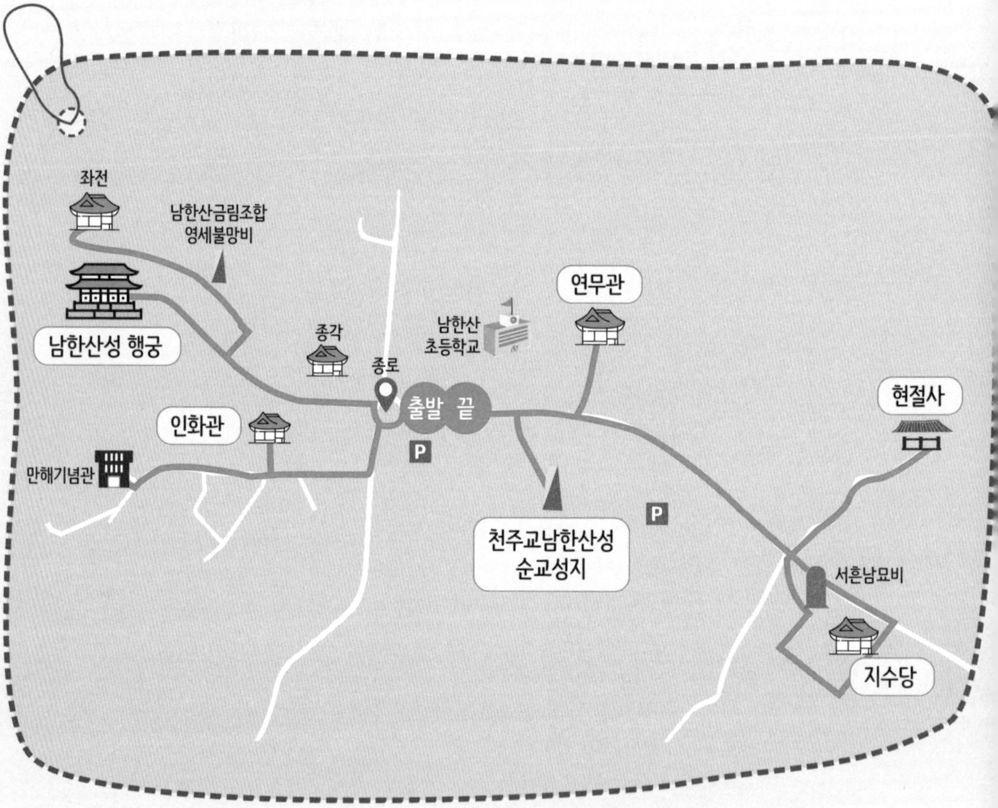

거리: 약 4km
도보: 1시간 내외

종로→남한산성 행궁→좌전→인화관→만해기념관→연무관→현절사→서흔남묘비→지수당→천주교남한산성 순교성지 남한산성 성곽길 종로 뒤편 공원은 아담해서 정감이 간다. 초가집까지 있어 더욱 향토적 분위기를 풍긴다.

행궁은 임금이 한양을 떠나 지방에 행차할 때 임시로 거처하는 궁이다. 남한산성 행궁은 산성 축조와 동시에 건설하여 1년 만에 완공됐다. 병자호란 때 인조는 1636년 12월 14일부터 1637년 1월 30일까지 47일간 임금으로서의 고뇌의 날을 보냈다. 이후 숙종, 영조, 정조, 철종, 고종 등이 여주 영릉과 서울 헌인릉으로의 능행길에 머물기도 했다. 이곳은 남한산성 영역 내에서 서에서 동으로 남한산성로를 따라 걷는 길이다.

행궁

삼문삼조(三門三朝)

한남루는 남한산성 행궁의 정문답게 위용을 자랑한다. 한남루는 정조 때 건립되었다. 행궁은 동향인데 한남루만 동남향으로 살짝 방향을 틀었다.

행궁 정문 한남루. 정조 때 동남향으로 방향을 살짝 틀어 세운 문루다.

현재의 초석은 남한산초등학교 정문의 초석으로 사용되어 온 것이다. 행궁이 폐허가 되면서 자리를 옮겼다. 정조 때 유수 홍억이 한남루 주련에 글을 적었는데 마지막을 이렇게 맺어 후손들에게 경계토록 했다.

> 비록 원수를 갚아 부끄러움을 씻지 못할지라도 / 항상 그 아픔을 참고 원통한 생각을 잊지 말지어다.
>
> – 남한산성 행궁 소개 팸플릿

이어 만나는 문이 외삼문이고 곧이어 중문이 나온다. 경복궁에서 광화문-흥례문-전문(근정문)이 있는 구조와 비슷하다. 산성 행궁은 유사시 궁궐의 역할을 하도록 했다. 행궁은 지형의 높낮이에 따라 상궐과 하궐로 구분된다. 상궐은 내행전 영역, 하궐은 외행전 영역이다.

외행전 영역

이어 펼쳐진 곳이 외행전 영역으로 임금이 정사를 보는 치조공간이다. 아마 인조는 이곳에서 가장 많은 시간을 보냈을 것이다. 대신들의 척화와 주화논쟁을 경청하며 임금으로서 올바른 선택에 대해 고뇌한 시간

외행전. 임금이 정사를 보는 건물이며 척화와 주화의 논쟁이 긴박하게 벌어졌던 곳이다.

이 건물 곳곳에 배어 있을 것이다. 병자호란 중 청군이 한봉에서 쏜 대포의 탄환이 외행전 기둥을 강타하기도 했다.

외행전 오른편에 한옥과는 어울리지 않는 건물이 있다. 통일신라 건물 터였던 곳이다. 이곳에서 출토된 대형기와를 복제해 전시하고 있다. 출토된 기와 한 장의 무게가 무려 20kg 정도로 보통 기와의 5배다. 어마어마한 크기인데 그 용도가 궁금했다. 발굴결과 통일신라 건물지의 벽체 두께가 2m라는 것이 밝혀지면서 지붕에 얹은 기와임이 확인되었다. 외행전은 좌승당이 지어지기 전까지 광주유수(정2품)가 업무를 봤던 곳이다. 오른쪽 일장각은 순조 때 세운 건물로 유수의 개인공간이다. 척화파와 주화파 간에 목숨을 건 설전을 살펴보자.

인조의 항전의지와 최명길

척화파의 중심인물은 김상헌 등이며 주화파는 최명길, 장유 등이다. 이들은 모두 서인으로 인조반정의 핵심인물들이었다. 그러나 집권 이후의 행보에서 차이를 보인다. 반정공신과 척화파는 권력의 주요관직을 장악한 데 반해, 최명길 등 주화파는 명분을 중시했지 권력을 탐하지 않았다고 척화파를 비판했다.

병자호란 직전에 인조는 청나라에 대해 척화교서를 전국에 내렸다. "짐승과 같은 것들을 끝내 의리로 타이르기 어려울 것이니 국경의 말썽이 이로부터 시작될 것이다. 만약 저마다 충성과 의를 떨쳐 상하가 함께 원수를 친다면 어찌 천리 국토를 가지고 남을 무서워하겠는가"[『인조실록』 11년(이이화, 『국가 재건과 청의 침입』, 179쪽 재인용)]라고 하며 일전불사의 태도를 취했다.

목숨을 내건 척화와 주화의 설전

1636년 2월, 용골대와 마부대가 조선의 사절단 대표로 오면서 내몽골 왕자들과 장수 77명을 데리고 왔다. 그러면서 이들이 청황제에게 항복하기를 원하는데 조선의 의견이 어떤지 물었다. 조선도 굴복하지 않으면 치겠다는 엄청난 협박이었다. 이에 홍익한은 오랑캐의 사자를 죽여 그 머리와 함께 명나라에 보고해야 한다고 결렬한 글을 올렸다. 이 글에 오달제와 윤집이 가장 적극적으로 동조했다. 벼슬자리에서 물러나 있던 최명길은 한번 잘못 생각하여 기회를 놓치면 후회해도 소용없다는 글을 올려 심사숙고할 것을 요청했다. 더군다나 청태종 즉위식에 조선사신들만 예를 표하지 않았다. 청조정에서는 조선사신들을 참해야 한다는 목소리가 빗발쳤지만 청태종은 조선의 임금이 구실을 찾고 있으니 돌려보내라고 명령했다.

또 다른 강경파는 김상헌이었다. 그는 예조판서로 청나라와 일전을 벌여야 한다고 언성을 높였다. 그는 융통성이 없는 강직한 성격에다가 형식과 예의를 중시하는 성리학적 원칙주의자였다. 척화파에게는 '큰 나라(명)를 섬기는 기본'에서 벗어나는 일에는 타협의 여지가 없었다. 최명길만이 화친을 바라고 있을 뿐이었다. 이에 윤집은 오랫동안 전해 내려온 종묘사직이 최명길의 말 한마디에 망하게 되었다고 인조를 압박했다. 인조는 척화파의 손을 들어주었고 최명길은 사직을 하고 물러났다.

남한산성 행궁에서 인조는 앞으로의 대책을 의논하는 자리에서 이야기했다. "젊은 간원들이 사려가 얕고 논의가 너무 과격하여 끝내 이 같은 화란을 부른 것이다. 당시에 만약 저들의 사자를 박절하게 배척하지 않았더라면 설사 화란이 생겼다고 하여도 그 형세가 이 지경까지는 이르지 않았을 것이다"[『인조실록』 14년(윤용철, 『남한산성 굴욕의 47일』, 51쪽 재인용)]라고 말이다. 결정권자의 말치고는 너무나 무책임하다. 이런 상황에서도 김상헌은 화의를 극력반대했고 화의를 주장하던 최명길의 목을 베라고 벼슬아치들은 한목소리를 냈다. 인조는 최명길을 계속해서 보호해 왔다. 이로 미루어 보아 불리한 상황에서 인조도 내심 주화로 돌아선 것 같다.

전쟁의 승기가 청나라로 기울고 있던 시기에 척화파와 주화파의 대립 또한 격화됐다. 청나라가 살고 싶거든 항복하고, 싸우고 싶거든 한바탕 붙어 결말을 내자고 최후통첩성 문서를 보내왔다. 더 이상 미룰 수 없다고 판단한 최명길은 청태종을 황제로 받드는 글을 썼다. 원래는 예조판서인 김상헌이 써야 했으나 워낙 강경한 입장이다 보니 최명길이 쓴 것이다. 최명길의 글을 읽어본 김상헌은 그 종이를 북북 찢어버렸다. 최명길은 찢어진 종이를 모아 베껴 썼다. 이 일을 두고 '찢은 사람도 충신이고 주워 모아 다시 쓴 사람도 충신'이라고 평가한다. 명분과 실리 모두 옳다고 본 것이다. 과연 누가 충신일까? 척화파는 '하늘에는 두 해가 없고 백성에게는 두 임금이 없다'는 생각에서 끝까지 화의를 배척했다. 척화파에게 하늘이란 명나라 황제를 말한다.

항복결정과 만고의 역적 최명길

청나라가 홍이포를 성안으로 쏘아대고 청군이 동문으로 공격해 들어왔다. 이때 비로소 청나라와 화의 쪽으로 기울기 시작했다. 청나라의 요구조건은 임금이 나와서 항복하고, 척화를 주장한 신하 두세 명을 보내라는 것이었다. 비변사에서는 척화파의 우두머리로 홍익한 등을 지목했고 몇몇이 스스로 척화를 주도했다고 나섰다. 심지어 소현세자도 척화파의 일원이라고 하며 적진에 가겠다고 했다.

그때 강화도가 적군의 손아귀에 들어갔다(1월 22일). 청나라는 홍이포로 행궁을 혼란에 빠뜨린 동시에 다섯 차례 공격을 해 성 곳곳을 무너뜨렸다. 더 이상 산성방어가 어려운 지경이었다. 굶어 죽는 자, 얼어 죽는 자에 역질마저 돌았다. 훈련도감과 어영청의 장수와 군사들도 싸울 의지가 바닥났다. 그들은 척화대신을 잡아 적진에 보내라고 연일 외쳐댔다. 인조로서는 항복 외에는 다른 방도가 없었다. 항복이 결정된 날, 김상헌은 엿새나 굶고 있다가 목을 매 자살을 시도했다. 척화파의 또 한 사람인 정온은 이때의 심정을 시로 담아냈다.

> 밖으로는 임금께 충성하는 군사가 끊기고 / 조정에서는 나라 파는 흉적이 많구나 / 늙은 신하가 할 일이 무엇인가 / 허리에 찬 서릿발 같은 칼날이 운다 — 윤용철, 『남한산성 굴욕의 47일』, 169쪽 재인용

'흉적'은 홍서봉, 최명길, 장유 등 주화파를 말하고 '늙은 신하'는 정온 자신을 일컫는다. 그도 칼로 자결을 시도했다.

척화파와 주화파는 서인으로, 인조반정을 주도한 세력이다. 그러나 청나라의 침입에 대해 해결 방안을 달리했다. 그 이유가 무엇일까? 그들의 사상적 결이 달랐다. 척화파는 친명사대의 성리학적 명분론이 골수까지 새겨진 세력이다. 이에 반해 최명길, 장유 등 주화파는 대체로 양명학을 수용했다. 양명학은 중국에서 성리학의 이념화에 반발하여 등장한 새로운 학문이다.

최명길은 "세상 사람들이 추구하는 것은 이름[名]이나 내가 힘써 노력하는 것은 열매[實]이다. 세상이 따지는 것은 공적이나 내가 믿는 것은 마음이다"(이이화, 『국가 재건과 청의 침입』, 302쪽)라고 말한 바 있다. 명분[名]보다는 실질[實]을 추구하는 경향이 강하다. 종묘사직과 백성을 보존·보호하려는 목적에서 그는 오랑캐와도 화친해야 한다고 생각하고 실천했던 것이다. 역사에서 그는 충신이나 당시대에 그는 만고의 역적으로 그 많은 서원 어디 한 곳에도 배향되지 못했다.

내행전 영역

내삼문을 들어서면 내행전이 있는 연조공간이다. 내행전은 병자호란 당시 인조와 소현세자가 생활을 하던 침전이다. 양쪽에 침실공간이 있고 가운데 대청마루가 있으며 마루 뒤편에 일월오봉도가 있다. 일월오봉도가 있다는 것은 단지 내행전이 침실로만 사용되지 않았다는 것을 말한다. 인조는 여기에서 최명길이나 김상헌 등 핵심인물들을 만나 그들의 의견을 듣고 생각에 잠기곤 했을 것이다.

내행전 오른편에 있는 좌승당은 "앉아서도[坐] 싸우지 않고 이길 수 있다[勝]"는, 계책을 써서 적을 물리친다는 의미를 담고 있다. 순조 때 광주유수 심상규가 만든 유수의 집무공간이다. 좌승당 위쪽 명위문으로 들어서면 후원영역이다. 후원에는 이위정이라는 정자가 있다. 심

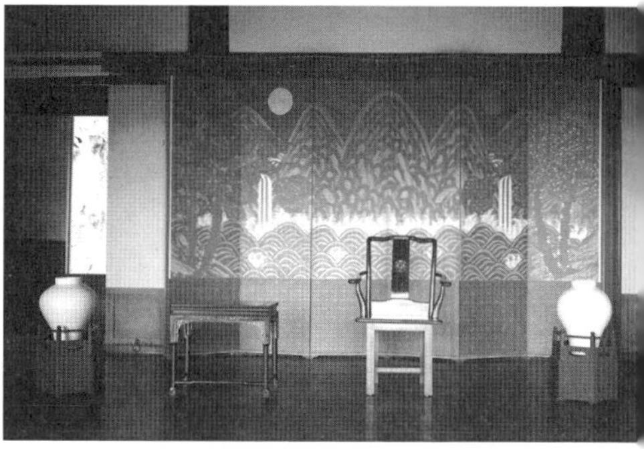
내행전의 일월오봉도와 어좌. 인조가 신하들과 긴밀하게 대책을 논의한 곳이다.

상규가 활을 쏘기 위해 지은 정자다.

행궁에는 수령이 오래됨 직한 몇 그루의 느티나무가 시선을 머무르게 한다. 이중 하나는 산성전투 당시 까치가 집을 짓고 자리 잡아 길(吉)한 소식이라고 애써 위안 삼으려 했던 나무도 있을 것이다.

좌전

행궁 오른편으로 나란히 있는 건물이 좌전이다. 좌전으로 가려면 한남루로 나가 오른쪽 길로 올라가야 한다. 좌전은 병자호란을 겪은 후 남한산성이 파란처로서 기능이 입증되자 숙종 때 부윤 김치룡이 건립했다. 유사시에 종묘의 신주를 옮겨와 모시는 임시 봉안처다. 종묘처럼 아래쪽이 정전이며, 위편이 영녕전이다. 행궁 중에서 남한산성에만 선대 임금의 신주를 모시는 시설이 있다. 좌전은 항시 문이 잠겨 있어 안

좌전 뒤편에서 소나무를 앞에 두고 바라본 행궁의 지붕들. 바로 앞 건물 중 왼편이 정전, 오른편이 영녕전이다.

에 들어가서 볼 수 없다. 영녕전 옆쪽으로 올라 담장 너머로 보면 아쉬운대로 조망할 수 있다.

좌전 뒤편으로는 소나무들로 빽빽하다. 이곳에서 소나무와 좌전의 지붕들, 그리고 행궁의 건물들을 렌즈에 담으면 감성 있는 작품을 얻을 수 있다.

인화관과 만해기념관

다시 한남루 앞으로 나와 오른쪽 길로 접어들었다. 인화관이 보인다. 남한산성에 있는 객사(客舍)다. 객사는 각 읍에 설치한 건물로 사신 또는 지방에 출장 간 관리가 묵었던 숙소다. 중앙에 정청을, 양옆에 익실을 두었다. 정청에는 임금을 상징하는 전패(殿牌)를 두고 매월 초하루나 보름 때 임금에게 예를 행했다. 현판의 이름이 또 '인화(人和)'다. 결국 병

객사 인화관. 지방에 출장 간 관리가 묵었던 숙소다.

자호란의 패배가 내부에서 인화하지 못했다는 것을 말하고 있는 것 같다.

만해기념관은 만해 한용운 연구가 전보삼 관장이 서울 성북동 심우장에 있던 기념관을 1991년에 이곳으로 이전하여 재개관한 곳이다. 남한산성만큼 승군의 호국의지가 잘 표현된 곳은 드물다. 산성 축성에도 승군의 손길이 들어가 있고 산성방어에도 승군의 피가 스며들어 있다. 일제침략기 정미의병(1907) 때에도 승려들이 이곳에서 화약을 제조하여 의병을 도왔다. 승군의 호국정신의 상징적 장소이기에 만해 한용운의 호국정신과 민족자존 정신을 더욱 빛나게 할 수 있는 것이다.

남한산성에서 유일한 보물, 연무관

다시 종로로 내려와 대각선 방향 인도로 길을 잡았다. 여기서부터 연무관까지는 약 180m다. 남한산초등학교 정문 바로 옆에 있는 연무관은 무예[武]를 익히는[演] 건물이라는 뜻으로 군사훈련을 했던 곳이다. 이

세계유산 남한산성 중 유일한 보물인 연무관. 군사들의 훈련장소다.

연무관 천장 대들보에 용과 봉황이 그려져 있다.

건물은 남한산성에서 유일하게 보물로 지정되어 있다. 대들보에는 용과 봉황이 그려져 있어 그 위용을 더한다.

정조는 1779년 8월에 남한산성에 머물며 연무관에서 문무과 과거 시험을 주재했다. 매복법 훈련도 보면서 "병자년 이전에 만약 이 법을 알았더라면 어찌 병자년의 난과 같은 일이 있었겠는가"(안미애, 『한국인이 꼭 알아야 할 30가지 남한산성 이야기』, 67쪽 재인용) 하고 아쉬워했다. 또 홍이포를 개량한 매화포의 발사도 지켜보았다.

현절사

현절사는 절개[節]를 드러낸[顯] 인물을 모신 사당[祠]이라는 뜻이다. 삼학사인 홍익한, 윤집, 오달제와 이후 김상헌과 정온의 위패를 모신 사우다. 사당을 가운데, 양옆으로 동재와 서재를 두었다. 이들의 충성과 의리, 절개는 만대의 귀감이라 여겼던지 흥선대원군이 전국의 서원을 철폐할 때에도 이곳만은 건들지 못했다.

현절사. 삼학사인 홍익한, 윤집, 오달제와 더불어 김상헌, 정온 등 척화파의 위패를 모시고 제사 지내던 사우다.

병자호란 당시 이들은 척화파의 중심인물이었다. 청나라에 항복 직후 청태종의 동생 도르곤은 소현세자와 봉림대군, 그리고 부인들을 볼모로 끌고 갔고 척화파 윤집과 오달제가 뒤따랐다. 평양서윤 홍익한은 체포되어 먼저 죽임을 당했다.

청태종은 윤집과 오달제만이라도 회유하려 했다. 이들의 마음을 돌리면 조선에서 척화의 의지가 약해질 거라 여겼다. 용골대가 명을 받들어 회유하려 했지만 "고국으로 돌아가지 못한다면 사는 것이 죽는 것만 못하니 빨리 죽여달라"(이이화, 『국가 재건과 청의 침입』, 254쪽)는 말만 들었다. 두 사람은 심양의 서문 밖에서 처형당했다. 목숨을 바쳐 의리를 지키고 충성을 다한 이 세 사람을 삼학사(三學士)라 한다. 김상헌은 척화파의 핵심인물이다. 또 당시 대사간이었던 정온도 척화의지에서는 둘째가라면 서러운 인물이다. 그런데 이들은 목숨을 무엇과 맞바꾸었고 바꾸고자 했을까? 조선과 백성들일까 명나라에 대한 의리였을까? 명나라를 향한 온전한 마음이며 명나라에 대한 충성이다. 또 성리학적 명분론에 대한 일편단심일 것이다.

이 사당은 숙종 14년(1688) 유수 이세백이 세웠다. 경신환국으로 권력을 잡은 서인 중 노론이 정권을 담당하고 있을 때다. 성리학의 절대적 신봉자 송시열 등의 영향력이 지대했던 시기에 현절사가 나라의 사액을 받았다.

이곳은 가을에 오면 좋을 듯하다. 현절사 앞에 수령이 꽤 됨 직한 단풍나무들이 즐비하다. 가을날 붉은빛은 이들의 충절을 생각나게 할 것 같다.

지수당 영역

서흔남묘비

현절사에서 나오는 길 주차장 끝, 연못가에 서흔남묘비가 두 기 있다. 하나는 파손되었고 다른 하나는 온전하다. 서흔남은 노비 신분으로 장사꾼, 대장장이 등 여러 잡일을 해서 먹고살았다.

그는 모두가 꺼려하던 밀사를 자처했다. 밀서를 잘게 찢어 표시를 한 뒤 띠로 만들어 누더기옷에 감았다. 얼굴엔 검댕을 묻히고 봉두난발에 바가지를 들고 거지로 위장했다. 적진에 들어서는 구걸을 하면서 적정을 탐지하고 대장으로 보이는 장수의 숯불이 있는 곳에 기어가서 밥을 빌어먹고 오줌까지 내질렀다. 이렇게 그는 청군진영을 드나들었다.

서흔남묘비. 노비 신분이지만 인조의 밀사로 활약하여 지방에서 의병이 진격해 오도록 했다.

그는 충청, 전라, 경상과 강원도 등지에 임금의 명령을 전해 의병이 진격해 오도록 했다. 또 적정을 탐지해 인조에게 보고하곤 했다. 밀사 노릇은 서흔남과 승려 부청이 했고 이 사실을 눈치 챈 청군이 대책을 마련해 의병부대를 차단하는 작전을 폈다. 전란 후 인조는 그에게 통정대부의 품계를 내려 공을 치하했다. 영화 「남한산성」 서날쇠의 모티브인데 조금 더 리얼한 연기가 아쉬웠다.

고립무원의 상황에서 인조가 오직 기다리는 희망은 팔도의 군사들과 의병들이었다. 결국 구원병들이 대부분 청군에 격퇴되었지만 평안병사 유림이 이끄는 부대가 유일하게 승리하여 전패를 면할 수 있었다.

지수당

서흔남묘비 뒤편으로 연못이 연이어 두 개 있다. 앞의 것은 사각형 연못에 둥근 섬이다. 뒤의 것은 삼면에 연못을 두고 가운데에 정자를 두었다. 정자 이름은 지수당이다. '지수' 하면 당연히 못 지(池)에 물 수(水)

지수당. 좋은 군사를 얻고자 하는 뜻이 건물 이름에 들어가 있다.

로 생각하나 지수당은 땅 지(地)를 쓴다. “땅속에는 항상 물이 있는 것처럼 군자는 백성을 잘 담아서(훈육하여) 많은 신하(군사)로 길러낸다(地中有水師 君子以容民畜衆, 안미애, 『한국인이 꼭 알아야 할 30가지 남한산성 이야기』, 58쪽 참조)”는 말이다. 땅속의 귀한 물은 근력을 사용하여 얻을 수 있듯이 좋은 군사는 훈육을 통해 길러질 수 있다는 의미다.

순교자 현양비

이제 다시 종로로 가자. 산성파출소 옆에 골목길이 있다. 이곳에 순교자 현양비가 우뚝 서 있다. 천주교인들이 학살당했던 곳이다. 천주교박해 때 군사들이 천주교 신자들을 무술연마의 대상으로 삼아 목검으로 찌르고 내리쳐 많은 신자들이 죽었던 곳이다. 이곳에는 죽은 동료를 끌

남한산성 순교성지의 상. 왼쪽은 죽은 동료가 하느님 품으로 가기를 염원하며, 오른쪽은 아기를 업고 성경에 몰입하는 아낙상이다.

어안고 하느님의 품으로 가기를 염원하는 상이 있고 아기를 업고 성경에 몰두하는 아낙상도 있다. 또 영혼의 안식처 '남한산성 순교성지'라는, 한옥으로 지은 성당도 있다.

참고문헌

작자 미상·김광순 옮김, 『산성일기』(서해문집, 2007)

이식 원저·이근용 역, 『남한산성 일기』(보고사, 2022)

윤용철, 『남한산성 굴욕의 47일』(서울교과서, 2007)

이이화, 『국가 재건과 청의 침입』(한길사, 2000)

안미애, 『한국인이 꼭 알아야 할 30가지 남한산성 이야기』(라온북, 2016)

유건식, 『남한산성을 걷다』(형설이엠제이, 2022)

삼남에서 제일가는 명승지를 거니는

화양구곡길

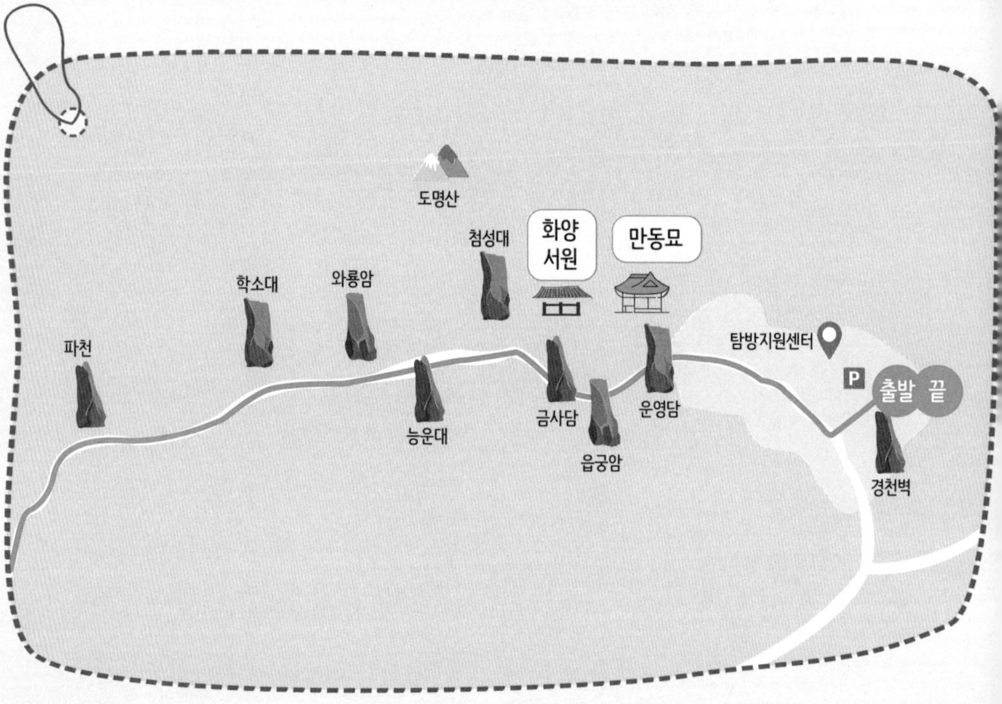

거리: 약 3.5km(편도)
도보: 2시간 내외(왕복)

화양동 계곡은 금강산 만폭동과 비교하여 삼남에서 경치가 으뜸이라 했다. 『택리지』에는 화양구곡에 대해 "골이 그윽하고 깊으며, 큰 시냇물이 돌로 된 골짜기와 낭떠러지 아래로 밤낮으로 쏟아져 내린다. 천번 만번 돌고 도는 모양은 말로 다 표현할 수가 없다. 혹 어떤 사람은 '금강산 만폭동과 비교하면 웅장한 점이 다소 못하지만, 기이하고 정묘한 점은 오히려 낫다'라고 한다. 금강산 다음으로 이곳만 한 경치가 없으니, 마땅히 삼남에서 제일이라 할 것이다"(이중환 지음·신정일 옮김, 『신정일의 새로 쓰는 택리지』, 186쪽)라고 소개했다.

오늘 산책은 화양구곡 중 여덟 개의 절경에 눈을 맞추고 돌아오는 거다. 중간중간에 목표가 있으니 걷기가 편하다. 첫 번째 절경인 경천벽(擎天壁)은 차가 들어오는 초입에 있어 놓치고 말았다. 경천벽은 하늘[天]을 높이 들고[擎, 높이 솟다] 있는 바위[壁, 바위]라는 뜻으로, 보지 않아도 하늘을 향해 치솟은 바위를 연상할 수 있다. 팔각정주차장에서 화양구곡 산책이 시작되니 팔경만 보자.

화양구곡

화양동 계곡은 충북 괴산군, 속리산국립공원에 있다. 화양천의 수정 같은 맑은 계곡수를 따라 3.5km쯤 이어진다. 또 계곡 따라 멋진 기암괴석들이 곳곳에 있어 환상적인 산책길을 제공한다.

팔각정주차장 입구 쪽에 성황당이 있다. 백성들이 농사의 풍요, 가정의 안녕, 태평한 세월을 기원하던 곳이다.

산책길 초입에 화양구곡 안내와 화양동 이름의 유래에 대해 설명하는 입간판이 있다. 이곳은 원래 황양나무(회양목)가 많아 황양동이라

화양구곡 성황당. 가정의 행복과 나라의 태평을 기원한다.

화양구곡 초입의 산책길.

불렸는데, 우암 송시열이 이곳에 거처를 정하면서 중화의 '화(華)'와 일양래복(一陽來復)의 '양(陽)'을 따서 '화양동'으로 고쳤다 한다. 일양래복은 동지를 고비로 음기(陰氣)가 사라지고 양기(陽氣)가 다시 온다는 뜻으로, 오랑캐 만주족이 쇠하고 한족이 다시 부흥한다는 의미다. 송시열다운 표현이다. 또 그는 이곳을 거닐며 주자의 무이구곡처럼 경치가 볼 만한 아홉 골짜기의 기암괴석들을 자주 찾았고 제자 권상하가 이름을 지었다. 그것이 화양구곡(華陽九曲)이다.

운영담, 읍궁암, 금사담

화양구곡 산책은 중간중간 안내입간판을 놓치지 않고 보는 것이 관건이다. 화양구곡 중 제2곡부터는 '화양이교' 다리를 지나면 보인다. 제2곡 운영담(雲影潭)은 화양이교를 지나 계곡 건너에 있는 기암괴석이다.

왜 운영담만 입간판을 하지 않았는지 모르겠다. 친절하게도 바위 제일 아래에 한자로 '운영담(雲影潭)'이라 큼직하게 새겨져 있다. 비교적 넓은 계곡이고 바닥은 평평하다. 급하게 흘러 내려온 물이 이곳에서 잠시 쉬어가기 때문에 구름[雲]이 자기 모습을 비출[影, 그림자] 수 있다는 뜻으로 운영담이라 했다.

제3곡 읍궁암(泣弓岩)은 만동묘 앞쪽 계곡에서 만난다. 효종이 북벌의 꿈을 이루지 못하고 41세로 승하하자 송시열이 크게 슬퍼하며 새벽마다 한양을 향해 이 바위에서 활[弓]처럼 엎드려 통곡[泣, 울다]하였다 한다. 읍궁당이란 이름은 '순임금이 죽은 후 신하가 칼과 활을 잡고 울었다'라는 고사와 연관된다. 만동묘와 화양서원은 뒤에서 자세히 살펴보자.

제2곡 운영담. 구름이 자기 모습을 비출 수 있다는 뜻으로 이름을 지었다. 바위 하단에 '운영담(雲影潭)'이라 쓰여 있다.

제4곡은 금사담(金沙潭)이다. 맑은 물 아래 모래[沙]가 금가루[金] 같다고 하여 붙여진 이름이다. 송시열이 관직에서 물러난 후 이곳 반석 위에 집을 짓고 암서재라 이름 붙였다. 이 집은 송

제4곡 금사담에 있는 송시열의 서재이자 별장인 암서재.

시열의 서재이자 별장이었다. 또한 화양구곡이 무이구곡을 흉내 냈듯이 암서재는 주자의 운곡정사를 본떠 만들었다. 이 집을 짓고 나서 송시열은 '시냇가에 바위벽 열리어 그 사이 집 한 간을 지었네. 고요히 앉아 성인의 가르침 받들어 한치라도 더위 잡고 올라보려네'(한국문화유산답사회, 『답사여행의 길잡이 12·충북』, 210쪽 재인용)라고 읊었다. 시냇가에 바위벽이 열렸다고 하니 암서재(巖棲齋)가 자리 잡은 곳은 화양구곡 중에서 가장 경치가 좋은 곳이다. 암서재는 삼면에 소나무들로 병풍을 삼고 높은 바위 아래에는 사이사이 옥 같은 맑은 물이 흐른다. '암서재'는 문자 그대로 높은 바위[巖] 위에서 더위를 피하는[棲, 휴식하다] 집[齋]이라는 뜻이다.

첨성대, 능운대, 와룡암, 학소대, 파천

제5곡은 화양삼교 건너에서 잘 보이는 첨성대(瞻星臺)다. 큰 바위들로 층을 이루고 있고 그 위에서 하늘의 별[星]을 관측할 수 있다[瞻, 보다]는 뜻으로 이름을 붙였다. 제6곡은 능운대(凌雲臺)다. 시냇가에 우뚝 솟은 큰 바위가 구름[雲]과 견줄 만하다[凌, 능가하다]는, 다시 말해 구름을 뚫고 솟

앉았다는 뜻이다. 제7곡은 와룡암(臥龍岩)이다. 이 바위는 용(龍)이 누워[臥, 눕다] 꿈틀거리고 있는 모습을 닮았다. 내려쓴 '와룡암(臥龍岩)' 글씨가 시선을 사로잡는다. 제8곡은 도명산으로 올라가는 인도교 좌측 절벽에 있는 학소대(鶴巢臺)로 청학(靑鶴)이 우뚝 솟은 바위 위에 둥지를 틀고[巢, 보금자리를 짓다] 알을 낳아 길렀다 하여 붙여진 이름이다. 1km쯤 더 가면 화양구곡의 마지막 절경인 파천(巴串)을 만난다. 제9곡 파천은 계곡 전체가 희고 평평한 바위들로 펼쳐져 있으며, 그 위와 옆으로 흐르는 물결이 마치 "용[巴, 큰 뱀]의 비늘을 꿰어[串, 꿰다] 놓은 것"처럼 보여 이름 붙였으며 신선들이 술잔을 나누었다 할 정도로 아름답다.

만절필동(萬折必東)

송시열은 벼슬에서 물러난 뒤 화양동 계곡에 머물며 독서를 하고 제자들을 길러냈다(1683). 그가 이곳에 머문 햇수는 6년에 불과하다. 1689년

제7곡 와룡암. 용이 누워 꿈틀거리고 있는 모습을 닮은 바위다.

(숙종 15)에 기사환국으로 제주도에 유배됐고 이후 사사되면서 이곳과의 인연은 멀어졌다.

갑술환국(1694)으로 서인들이 다시 정권을 잡으면서 이듬해 송시열의 제자 권상하·이수언 등이 주축이 되어 이곳, 만경대 근처에 화양서원을 건립하며 스승 송시열의 복권을 추진했다.

이후 송시열을 배향하는 서원은 화양서원을 비롯하여 전국 각지에 70여 개나 되었고, 그중 나라에서 사액을 받은 서원이 37군데나 된다. 그들은 스승의 유언인 만동묘도 건립했다. 제5곡인 첨성대에서 조금 올라간 바위에 '만절필동(萬折必東)'이라는 글이 새겨져 있다. 만절필동은 황하는 아무리 굽이가 많아도 반드시 동쪽으로 흘러간다는 뜻으로, 충신의 절개는 꺾을 수 없다는 말이다. 선조가 임진왜란 때 도움을 준 명나라의 은혜를 잊지 못한다고 쓴 글인데 이는 명을 향한 송시열의 굳은 절개를 잘 드러낸다.

만절필동에서 '만'과 '동' 자를 취해 만동묘(萬東廟)라 했다. 만동묘는 임진왜란 때 도와준 명나라 신종과 의종의 위패를 모시고 제향하는 사당이다. 1704년(숙종 30)에 화양서원이 주관하여 만동묘에서 첫 제향을 올렸다. 화양서원과 만동묘는 서로 연관되어 있어 1709년에 현재의 장소로 화양서원을 이전했다.

만절필동 각석. 황하는 아무리 굽이가 많아도 반드시 동쪽으로 흘러간다는 뜻으로, 충신의 절개는 꺾을 수 없다는 뜻이다.

아직도 위엄이 서려 있는 만동묘

만동묘 영역은 총 7동이 복원되어 있다. 사당인 만동묘를 비롯하여 내삼문인 성공문, 외삼문인 양추문, 만동묘정비, 제사음식을 준비하거나 제기를 보관하던 증반청과 제례복을 갖춰 입던 존사청, 제관이 거주하던 풍천재 등이다. 만동묘 왼쪽에는 송시열을 배향하는 화양서원으로 삼문인 승삼문, 사당인 송자사(宋子祠)가 있다. 길 건너에는 화양서원 묘정비가 있다. 묘정비는 서원 등[廟, 사당]에 그 내력을 적어 뜰[庭, 뜰]에 세운 비석[碑]을 말한다. 만동묘의 양추문에서 보이는 성공문까지의 계단에 위엄이 가득 서려 있다. 세 개의 계단과 다섯 개의 계단이 두 번 반복되고 그 위에 아홉 개의 계단을 오르게끔 조성해 놓았다. 계단이 높은 편이고 발 딛는 폭이 손 한 뼘 정도여서 앞을 향해 걸어 오를 수 없는 구조다. 계단을 오르기 위해서는 발바닥을 옆으로 하여 조심조

만동묘. 임진왜란 때 도와준 명나라 신종과 의종의 위패를 모시고 제향하는 사당이다.

만동묘 오르는 계단이 폭이 좁고 높아 옆걸음으로 예의를 갖춰 조심해서 오르도록 했다.

만동묘정비. 만동묘를 세운 취지 등을 기록한 비인데 일제가 정으로 쪼아 알아보지 못하게 했다.

심 올라가야 하는데 단정한 마음가짐까지 고려해서 만든 것 같다. 만동묘정비는 만동묘를 세우게 된 취지와 제사를 모시고 있는 명나라의 신종과 의종을 추모하는 뜻을 기록한 것이다. 그러나 일제가 제사를 금하며 비문을 알아보지 못하게 정으로 쪼아 땅에 묻어버렸다.

화양서원은 일반 서원처럼 유생들의 교육 장소인 강당과 기숙사인 동재와 서재를 갖추지 않은 사당의 성격만 부각된 건물이다. 사우(祠宇)에 가깝다. 정문인 승삼문에는 중국의 우왕, 주공, 공자 등 세 성인[三]의 가르침을 받든다[承]는 뜻이 담겨 있다.

화양묵패

노론이 득세하고 있을 때 만동묘와 화양서원의 권위는 임금도 어떻게 하지 못할 정도로 위세가 대단했다. 송시열의 제자들이 무려 900여 명이고, 당상관 이상의 벼슬에 오른 사람만도 54명이라 한다. 당상관은 정사를 의논할 때 임금이 앉아 있는 당(堂)마루에 올라앉아 정책 결정에 참여하고 정치적 책임을 지는 정3품 중에서도 으뜸인 관직이다.

이곳은 노론세력의 구심점이어서 제향 때에는 전국에서 수천 명의 유생들이 모여들었고 일 년 내내 선비들의 발길이 끊이지 않을 정도로, 노론의 정치적 단결을 상징하는 곳이었다. 이와 같은 위세는 이른바 '화양묵패'로 나타났다. 묵패는 원래 서원의 공문서에 찍는 검은 도장이다. 하지만 '화양묵패'는 다르다. 제수비용을 마련한다는 명목으로

화양서원의 사당 송자사. 송시열을 배향한 건물로 사우(사당)의 성격이 짙다.

수령과 양민들에게 강제로 화양묵패를 돌리고 돈을 내지 않을 경우 사사로운 형벌까지 가했다. 악명이 높았던 만동묘와 화양서원은 흥선대원군 때 훼철되었지만 대원군이 몰락한 후에 재건됐다. 이제 송시열과 그의 제자들에 대해 이야기하자.

송시열, 보수적 예학을 신조로 삼다

송시열은 1607년(선조 40) 충청도 옥천군 구룡촌의 외가에서 태어났다. 8세 때부터 송준길과 함께 공부하고 18세 무렵에는 김장생과 그의 아들 김집의 제자가 되어 성리학과 예학을 익혔다. 송시열은 조광조, 이이, 김장생으로 이어지는 기호학파의 학통을 이었으며, 붕당으로는 서인이었다. 그런데 그는 개혁지향적인 이이의 학맥보다는 수구보수적인 김장생·김집의 예학(禮學)을 신조로 받아들였다.

양란은 양반 중심의 신분질서를 급격하게 무너뜨렸다. 이에 위기를 느낀 보수 양반층들은 예학을 강화하며 그들 중심의 사회지배체제를 온존시키려 했고 그것이 예학의 숭상으로 나타났다. 예학은 성리학적 명분론이며, 사람관계에서 분수[分]가 정해져[明] 있다는 말이다. 즉, 작은 나라가 큰 나라를 섬기는 것, 양반만이 사회를 지배하는 것이 인간 사회의 도리라는 것이다.

26세 되던 해 생원시에 장원급제하고 2년 후 인조의 둘째 아들 봉림대군의 스승이 되었다. 당시 그는 대군사부로 종9품의 말단직이었는데, 이때 봉림대군(효종)과 인연을 맺었다. 병자호란의 치욕을 당한 그는 관직을 내려놓고 낙향했다. 인조는 송시열과 송준길에게 벼슬을 내리며 계속 불렀다. 송시열이 부름에 응하지 않자 급기야 정5품인 사헌부 지평까지 관직을 올렸다. 과거 출신이 아닌 자에게 파격적인 대우였다. 호란으로 권위가 땅에 떨어진 인조의 입장에서 이이의 학통을 계승한 인물들의 지지가 절실한 상황이었다. 인조의 관직제수에 대한 거듭된 거절은 송시열을 일약 유명인으로 만들어 놓았다.

효종과 송시열의 동상이몽

봉림대군이 효종으로 즉위하면서 스승 송시열에게 정4품인 사헌부 장령을 제수했다. 그의 나이 42세 때다. 당시 송시열은 산림(山林)의 거두였다. 산림이란 관직에 나아가지 않고 시골의 서원에서 학문을 연구하고 가르치는 고명한 학자를 말한다. 그의 말 한마디와 행동이 곧바로 서인의 정책이 되었다. 그는 잠시 조정에 나아가 관직에 몸담았다.

효종은 군사강국을 지향하며 청나라 정벌을 위해 북벌을 추진했다. 그는 조선이 군사력을 강화하여 중국의 정세가 혼란한 틈, 즉 한족이 만주족에 대항하여 들고일어날 때 조선이 청나라를 치자는 복안을 갖고 있었다. 그러나 북벌(北伐)에 대한 송시열의 생각은 달랐다.

우리 힘의 강약을 살피고 저 오랑캐 세력의 성하고 쇠함을 엿본다면, 비록 창을 들고 저들의 죄를 따지면서 중원(中原)을 깨끗이 쓸어 신종황제의 망극하신 은혜를 갚지는 못한다 할지라도 혹시 오랑캐와 국교를 끊고 이름을 바르게 하고 이치를 밝혀서 우리의 의리를 지킬 수는 있을지 모릅니다.

– 송시열, 「기축봉사」(이덕일, 『송시열과 그들의 나라』, 87~88쪽 재인용)

송시열은 군사력을 통한 북벌에 반대했다. 그의 북벌이란 청나라와 국교를 단절하고 명나라와의 의리를 지키는 것이었다. 또 다른 글에서 송시열은 효종에게 북벌보다는 백성들의 삶을 살피는 데 더욱 힘쓰고 사대부를 우대하는 왕도(王道)를 기르라고 가르쳤다. 사실상 군사적 의미의 북벌을 포기하라는 뜻이다. 그는 효종을 의심하고 있었다. 효종이 북벌을 목적으로 군사력을 증대하는 것은 왕권강화가 목적이라고 생각했다. 일거수일투족이 주자인 송시열은 나라는 임금의 것이 아니라 천하의 것이라 주장했는데, 그의 '천하'란 만백성이 아니라 사대부들이 정치를 해야 한다는 생각이 반영된 것이다.

마침내 효종은 최후의 결단을 내렸다. 송시열과 송준길에게 인사권과 군사권을 맡기면서까지 이들의 협조를 구했다. 효종은 송시열을 독대하면서 북벌에 강력한 의지를 보였다. 그러나 송시열 등 서인들은 북벌은 효종 혼자만의 꿈이라고 여겼다. 입장이 곤란한 송시열의 처지에서 난제가 너무나 쉽게 해결됐다. 효종이 41세의 나이로 급서한 것이다.

뒤를 이어 현종(18세)이 즉위했다. 이때 효종의 장례기간을 두고 예송이 불거졌다. 예송이란 예법[禮]에 대한 송사[訟]라는 뜻으로 인조의 계비 자의대비가 상복을 3년 입어야 하는지 1년 입어야 하는지에 대한 논쟁이다. 이는 예법에 대한 문제이지만, 효종의 왕위계승 정당성 문제와 결부되어 전개되었다. 자의대비는 인조가 43세 때 맞이한 왕비였고 당시 14세에 불과했다. 효종보다 다섯 살 연하다.

자식이 죽었을 때 부모가 상복을 입는 기간은 첫째 아들과 둘째 아들 이하가 달랐다. 장자는 3년복이지만 차자 이하는 1년복이다. 『국조오례의』나 중국 『의례』 등 여러 책들에서는 1년복과 3년복으로 헷갈리게 기록되어 있었다. 정권을 장악하고 있던 서인은 자의대비의 상복을 1년으로 정해 올렸다. 근거는 효종이 왕통을 이었으나 둘째 아들이기 때문이다. 인조의 첫째 아들 소현세자가 죽자, 둘째 아들인 봉림대군(효종)이 왕위에 올랐다. 조선의 종법에 따르면 장자가 죽으면 장손이 그 뒤를 잇는다. 다시 말해 효종을 차자로 규정하면 왕위계승이 편법으로 진행된 것으로 여겨질 수 있었다. 소현세자와 그의 아들 둘은 이미 죽었으니 셋째 아들 석견을 왕위계승자였다고 볼 수 있다. 이는 곧 정통성 시비로 이어질 수 있다.

남인의 윤휴가 반발했다. 장자가 죽으면 차자가 다시 장자가 되므로 대비는 3년복을 입어야 한다는 논리를 폈다. 서인의 1년복은 현종의 지위까지 불안하게 만들 우려가 있었다. 그러나 서인은 대비의 1년복을 고수했고 윤휴는 "임금의 예는 일반 사대부나 서민과 다르다"라고 서인을 공박했다. 현종은 내심 대비의 복제를 3년으로 하고 싶었지만 송시열 등 서인의 눈치를 보지 않을 수 없었다. 서인이 타협책으로 조선의 『국제』에는 장자나 차자 구별 없이 1년복이기 때문에 『국제』에 의거해 대비의 1년복을 제시했다. 이는 효종의 정통성 시비를 비켜갈 수 있는 방안이기도 해서 현종이 이를 수용했다. 그런데 송시열 등 서인은 효종이 차자이기 때문에 1년복을 입는 것으로 여겼다. 이 문제는 허목과 윤선도까지 가세하며 두고두고 논란이 이어졌다.

권력다툼이 본질인 예송

15년 뒤 효종 비 인선왕후가 56세를 일기로 승하하자 자의대비의 복상 문제가 또 불거졌다. 첫째 며느리로 볼 것인지, 둘째 며느리로 볼 것인지에 대한 논쟁이 또 붙었다. 남인은 첫째 며느리로 보아 1년상을, 서인은 둘째 며느리로 보아 9개월상을 주장했다.

서인세력은 왕가의 특수성을 인정하지 않았다. 집권당이기도 하지만 정치는 임금과 사대부가 함께하는 것이라 여겼다. 그들이 바로 인조를 왕위에 앉힌 실세였다는 자부심도 깔려 있었다. 또 현종이 정통성이 없기 때문에 언제든 끌어내릴 수 있다는 묵언의 협박이기도 했다. 이에 반해 남인세력은 왕권강화를 통해 정권을 장악하려는 의도가 있었다. 현종도 9개월복을 주장한 서인들의 논리적 약점을 꼬치꼬치 캐고 늘어졌다. 효종 때에는 『국제』(1년복)에 따라 정하고 이번에는 『주례』(9개월복)에 따른 것이 이치에 맞지 않다고 여긴 것이다. 현종은 "더없이 중한 예를, 결코 촉탁받아 한 의논을 가지고 정제(定制)라고 단정할 수 없다. 애당초 국가 전례[국제]에 정해진 기년복(1년복)의 제도에 따라 정하여 행하라"(이덕일, 『송시열과 그들의 나라』, 245쪽 재인용)라고 명령했다. '촉탁받아

한 의논'은 송시열의 견해를 말한다. 서인들이 계속 반대하자 현종은 남인 영수 허적을 영의정에 앉히면서 정권을 교체하려는 의지를 보였다. 그러나 그는 34세의 나이로, 재위 15년 만에 병으로 세상을 떠났다.

송시열의 임금 길들이기

숙종(14세)이 왕위에 올랐다. 그는 송시열을 원상(院相, 어린 임금을 보좌하며 정치를 주도하는 원로대신)으로 삼으려 했다. 이번에도 송시열은 거절을 통해 어린 임금을 길들이면서 나중에 판중추부사를 맡았다. 숙종은 총명한 인물이었다. 송시열과 충돌했던 남인의 허목과 윤휴를 요직에 발탁하여 앉혔다. 조정에 들어온 남인들은 송시열을 탄핵했고 서인들은 그가 양 조정(효종과 현종)의 스승이라는 논리로 맞섰다. 숙종은 즉위 4개월 만에 송시열이 효종의 은혜를 입었으면서도 효종을 서자(장자가 아닌 차자)로 대했다는 죄를 내려 함경도 덕원으로 유배 보냈다(후에 경상도 장기로 이배됨). 송시열의 나이 67세였다.

이제 남인이 권력을 잡았다. 남인들은 여세를 몰아 서인을 완전히 제거하려 하였다. 그들의 목표는 송시열의 목숨이었다. 남인은 송시열이 왕통을 어지럽혔다는 죄를 씌워 숙종에게 이 같은 사실을 종묘에 고하도록 주청했다. 송시열은 또다시 거제도에 위리안치되었다. 송시열은 이 시기를 자신이 정(正-주자학)을 지키다가 사(邪-남인세력)의 배척을 받는 수난으로 여겼다.

남인의 세력이 너무 커졌을까. 숙종은 국정운영의 짝을 바꾸기로 결심했다. 외척이며 서인인 김석주와 짜고 영의정 허적의 서자 허견의 역모설을 조작해 냈다. 허적과 윤휴가 사사되는 등 남인들이 죽거나 관직에서 쫓겨나고 서인이 6년 만에 재집권했다. 공작정치의 시대가 도래한 것이다. 송시열은 5년 만에 유배에서 풀려났다. 송시열은 숙종을 만난 자리에서 할아버지가 손주 대하듯 숙종의 공부에 대해 물어보고 대신을 예우해야 한다고 조언한 후 고향으로 돌아갔다. 이후에도 숙종이 여러 차례 승지를 보내 송시열을 불렀으나 그는 굳이 조정에 나올 필요가 없었다. 얼마든지 영향력을 발휘할 수 있기 때문이다. 김석주 등의 공작정치에 서인의 젊은 유생들이 반발했고 송시열이 김석주와 김익훈 편을 들자 이는 서인이 노론과 소론으로 분열되는 계기가 되었다.

송시열 초상(위키백과).

결국 송시열이 다시 조정에 나왔다. 시골에 은거해 있던 산림 중 한 명인 박세채도 함께 나와 숙종을 도왔다. 숙종은 또 한 명의 산림인 윤증도 불렀으나 윤증은 조정에서 송시열의 독단을 막으려는 의지가 없음을 확인하고 과천에서 발길을 돌렸다. 윤증을 과천에서 만나 현안을 주고받았던 박세채도 파주로 되돌아갔고 송시열도 화양동으로 물러났다.

원자문제와 송시열의 죽음, 그리고 부활

숙종에게는 아직 자식이 없었다. 인경왕후는 천연두로 이미 사망했고 인현왕후는 나이 스물이 되도록 자식을 낳지 못했다. 이때 숙종이 궁녀 출신 장옥정(후에 장희빈)을 총애했다. 서인세력은 노골적으로 숙종의 애정문제까지 걸고넘어졌다.

숙종 14년(1688) 10월 27일, 장희빈이 아들을 낳았다. 숙종은 왕자와 장씨의 신변보호를 위해 원자(元子, 세자 책봉 전의 임금의 맏아들)로 정하는 문제를 꺼내들었다. 원자는 곧바로 세자로 연결되기 때문에 서인은 목숨을 걸고 막으려 했다. 원자 책봉은 왕비 인현왕후 민씨가 아직 스물여섯이기 때문에 너무 이르다고 고하고, 다른 왕자가 없으면 언제든지 장희빈의 아들이 세자가 될 것이라고 했다. 이에 반해 남인은 상소를 통해 아예 세자로 책봉하자고 했다. 숙종은 서인들의 반대를 뿌리치고 원자문제를 거론한 지 닷새 후에 장씨의 아들을 원자로 봉하고 종묘사직에 고했다. 더 이상 왈가왈부하는 것을 막으려는 속셈이었다. 화양동에서 학문을 연구하던 송시열이 이를 듣고 궁궐로 올라와 숙종을 알현했다. 원자의 확정문제를 꺼내들었다. 숙종의 역린을 건드린 것이다. 이미 종묘사직에 고하여 끝난 일이었다.

숙종은 송시열의 제자인 서인정권을 갈아치워야 원자가 안전할 것이라 여겼다. 중앙 정계에서 서인 실세들을 내치고 남인들로 삼정승뿐만 아니라 의정부, 육조, 삼사를 채웠다. 특히 삼사를 남인들에게 몰아준 이유는 서인들을 탄핵하라는 의도였다. 삼사의 탄핵에 따라 송시열은 제주도에 위리안치되었다. 또 인현왕후를 폐위시켜 궁궐에서 내보내고 장희빈을 왕비로 책봉했다. 남인들은 송시열이 살아 있는 것이 화근이 될 것이라 여겼다. 국문을 받기 위해 송시열이 제주도에서 전라북도 정읍에 도착했을 때 숙종은 그에게 사약을 내려보냈다(기사환국). 1689년 6월 8일, 그의 나이 83세였다.

그가 죽은 지 5년 후 갑술환국이 일어나 그의 제자들이 다시 집권했다. 노론은 소론까지 한쪽으로 몰아세우고 일당 독재체제의 영화를 누렸다. 그에 따라 송시열도 무덤에서 화려하게 부활했다. 영조 때 유학자 최고의 영예라 할 수 있는 문묘(文廟, 성균관이나 향교의 대성전)에 배향되었다. 정조는 여주에 있는 송시열을 모시는 사당, 대로사(大老祠)에 비문을 써주고 국비로 『송자대전』도 간행했다. 모두 노론의 눈치를 보며 그들을 회유하기 위한 조치였다.

노론, 송시열의 교조화를 통해 기득권을 강화하다

산림의 수장이요 서인의 우두머리로 효종부터 숙종까지 정국을 주도했던 송시열의 제자는 무려 900여 명에 달했다. 죽은 후 5년 만에 조정에서 관직을 복구하고 시호를 내렸다. 붕당정치에서 노론이 최후의 승리자가 되었다.

그 후 그의 제자들은 정치적·사회적·경제적 기득권을 위해 송시열을 교조화시켰다. 그래서 주자처럼 송시열을 '송자(宋子)'라 높여 불렀고(화양서원의 송시열 사당을 '송자사'라 함) 주희의 저서를 『주자대전』이라 한 것처럼 그의 저서에 『송자대전』이라 이름 붙였다. 송시열을 주자의 반열에 올려놓았다. 이를 통해 노론세력들은 그들의 기득권을 위한 이념을 확립했다. 세도정권기 통치체제의 붕괴와 민생의 피폐가 잉태되기 시작했다.

참고문헌

이덕일, 『송시열과 그들의 나라』(김영사, 2001)
이중환 지음·신정일 옮김, 『신정일의 새로 쓰는 택리지』(다음생각, 2014)
이호일, 『조선의 서원』(가람기획, 2006)
한국문화유산답사회, 『답사여행의 길잡이 12·충북』(돌베개, 1998)
화양구곡 안내표지판

구한말, 절망 속에 희망을 꽃피운

정동길

거리: 약 3km
도보: 50분 내외

환구단 터·황궁우→중화전→석조전→정동제일교회→배재학당 역사박물관→중명전
→이화여고 심슨기념관→이화여고 백주년기념관(손탁호텔 터)→구러시아공사관

덕수궁 돌담길은 남녀노소뿐만 아니라 외국인들도 사진을 찍으러 많이 오는 곳이다. 보통 정동제일교회까지 와서 발걸음을 돌리지만 이화여고 돌담길을 끼고 걷는 길도 좋다. 더구나 정동제일교회에서 경향신문사까지는 은행나무들이 양쪽으로 줄지어 있어 가을날에 낭만이 그윽한 산책길을 연출한다. 정동길에 가면 항상 이문세가 부른 「광화문 연가」에서 "덕수궁 돌담길엔 아직 남아 있어요. 다정히 걸어가던 연인들"이라는 노래를 흥얼거린다. 그런데 이 가사에는 어딘가 쓸쓸함이 묻어난다.

을미사변 직후 고종은 러시아공사관으로 피신했다(아관파천). 1년 후 경운궁(현 덕수궁)으로 환궁하여 원구단에서 하늘에 고하고 대한제국을 선포했다. 하지만 러일전쟁에서 승리한 일본이 중명전에서 을사조약을 강제하여 국권을 상실한 역사의 현장이 이곳이다. 한편, 이곳에는 정동제일교회를 사이에 두고 우리나라 최초의 서양식 근대학교인 배재학당과 이화학당이 미래를 열어나가고 있었다.

정동길 답사는 서울 지하철 시청역 근처 황궁우부터 시작하지만, 이 책에서는 근대에 일어난 사건의 시간에 따라 서술한다.

구러시아공사관

이화여고 백주년기념관 맞은편 골목에는 캐나다대사관, 뉴질랜드대사관 등이 있고 그 앞에 정동공원이 있다. 구러시아공사관은 정동공원 내에서 북쪽 가장 높은 곳에 자리하고 있다.

한반도의 주도권 문제를 놓고 일본과 경쟁하던 청나라가 청일전쟁으로 완전히 나가떨어졌다(1895). 일본은 한반도와 랴오둥반도를 거머

쥘 수 있었다. 이곳을 남하정책의 대상지로 노려왔던 러시아는 영국 등 다른 제국주의 국가들의 눈치를 더는 보고만 있을 수 없었다. 러시아가 국력을 기울인 숙원사업인 남하정책이 좌초될 위기에 처했기 때문이다. 러시아는 일본의 만주독식에 불만이 있던 프랑스와 독일을 끌어들여 랴오둥반도를 청나라에 돌려주라고 일본에 간섭했다(삼국간섭, 1895. 4~5.). 강력한 제국주의 국가 세 나라를 상대로 전쟁을 수행하기에는 일본의 힘이 부족했다. 일본은 청나라로부터 배상금을 받고 랴오둥반도를 청에 돌려주었으나 정작 이 지역을 러시아가 장악했다.

이를 지켜보던 명성왕후 민씨는 친청정책에서 친러정책으로 방향을 바꿨다. 조선 조정이 급격하게 러시아 쪽으로 기울자 일본은 일명 '여우사냥' 작전을 전개했다. 노련한 외교가인 이노우에가 각본을 짜고 행동대장으로 육군중장 출신인 미우라를 후임 주한공사로 추천했다. 미우라는 낭인들을 동원하여 경복궁 건청궁에서 명성왕후 민씨를 시해했다(을미사변, 1895. 8.).

정동공원.

구러시아공사관. 고지대에 3층 높이의 탑은 경복궁 등 사대문 안이 러시아의 가시권에 들어갔음을 의미한다.

불안에 떨고 있던 고종과 세자(순종)는 유생들이 일으킨 을미의병의 혼란한 틈을 이용하여 1896년 2월 11일 새벽, 이완용 등 친러파 관리들과 러시아공사 베베르, 미국공사 등의 도움으로 러시아공사관으로 도피했다. 아관파천으로 김홍집의 친일내각이 무너지고 친미·친러 내각이 수립되어 러시아공사관에서 고종이 1년 동안 국정업무를 처리했다.

구러시아공사관은 탑 부분만 남아 있다. 이 공사관은 러시아와 통상조약을 체결한 이듬해인 1885년에 착공되어 1890년에 준공됐다. 조선은 영국·미국·일본 등 다른 나라를 견제하기 위해 러시아와 단독으로 통상조약을 맺었다. 이런 이유에서 경운궁(현 덕수궁) 영역에 건축된 러시아공사관은 정동의 고지대에서 영국 등 다른 나라의 공사관을 조망할 수 있었고, 탑의 동북쪽 지하실이 경운궁과 연결되어 있었다. 러시아 건축가 사바틴이 르네상스풍의 건물로 설계했으며 탑은 3층 건물 높이다. 고지대에 3층 높이의 탑은 경복궁 등 사대문 안이 러시아의 가시권에 들어갔음을 의미한다.

황궁우

덕수궁에서 서울광장을 지나 건널목을 건너면 기와를 얹은 평삼문이 보인다. 환구단의 정문이다. 환구단은 황제가 하늘에 제사를 올리는 건물이다. 고종이 환궁하면서 정궁이 경운궁(현 덕수궁)이 되었기 때문에 마주 보이는 곳에 환구단을 지었다. 이 정문은 1960년대 철거된 후 강북구 그린파크호텔의 정문으로 사용되고 있었다. 당시에는 몰랐는데 그린파크를 재개발하는 과정에서 이 문이 환구단의 정문이라는 사실

황궁우. 1897년 대한제국 선포 후, 1899년 환구단 옆에 역대 임금의 신위판을 모시기 위해 지었다.

석고단. 1902년 고종 즉위 40년을 기념하여 세웠다.

이 밝혀졌다. 이곳에 복원하는 과정에서 덕수궁과 서울광장을 마주보는 곳에 세웠다. 원래의 자리는 조선호텔 출입구가 있는 소공로변이라 한다.

1895년 6월, 내각총리인 김홍집의 초청으로 미국에서 서재필이 귀국했다. 그는 이듬해에 「독립신문」을 발행하고 독립협회를 조직하여 본격적인 정치운동을 전개하며 고종의 환궁을 주장했다. 독립협회를 비롯한 민중들의 환궁요구에 고종은 아관파천 1년 만인 1897년 2월에 경운궁으로 돌아왔다. 그해 10월 12일 고종은 문무백관을 거느리고 원구단에 나아가 하늘에 고하고 대한제국을 선포했다. 국호 '대한(大韓)'은 조선이 삼한의 땅을 통합시켰다는 의미를 부여하여 고종이 직접 지었다. 이제 조선도 중국과의 사대관계를 청산하고 자주독립국임을 상징적으로 표현한 것이다.

1899년에는 원구단 옆에 황궁우를 건설했다. 화강암 기단에 3층 팔각지붕의 황궁우에는 역대 임금들의 신위판을 모시고 태조 이성계를 태조고황제로 추존하였다. 이어 1902년에는 앞쪽에 고종 즉위 40년을 기념하여 석고단(石鼓壇)을 세웠다. 현재 이곳에는 황궁우와 석고단만 있다. 1913년 일제는 원구단을 헐고 그 자리에 철도호텔(현 서울 웨스틴조선호텔의 전신)을 세웠다.

중화전

덕수궁, 한 나라의 궁궐 이름이 아니라 고종의 궁호다. 정치에 개입하지 말고 덕을 베풀고[德] 여생을 편안하게 보내라[壽]는 뜻이다. 1907년 헤이그특사 사건을 빌미로 일제는 고종을 황제의 자리에서 끌어내려 이곳에 있게 하고, 순종을 새 황제로 삼아 경복궁에 어거하게 했다.

덕수궁의 본래 이름은 경운궁(慶運宮)이었다. 임진왜란 때 모든 궁궐이 불타버려 몽진길에서 한양으로 돌아온 선조와 왕실이 이곳에 있던 왕족과 고위관료의 집들을 빌려쓰면서 '정릉동 행궁(行宮)'이라 불렀다.

중화전. 대한제국의 정전으로 본래 2층 건물이었는데, 화재 후 일본 재정고문 메가다가 재정이 부족하다며 1층으로 짓게 했다.

광해군이 창덕궁을 중건하면서 임시로 이곳에 머물며 붙인 이름이 경운궁이었다.

근대사에서 경운궁은 대한제국의 중심 궁궐이었다. 경운궁 주위에는 미국·영국·러시아 등 서양의 공사관이 밀집해 있었다. 고종은 중화전에서 정사를 폈고 외교적으로도 외국 공사관과의 손쉬운 접촉을 통해 꺼져가던 등불을 지키려 했다. 또 현실적으로 위급한 상황이 벌어지면 외국 공사관으로 손쉽게 도피하려는 의도도 깔려 있었다. 경복궁 근정전이나 창덕궁 인정전 등 국왕의 정전은 2층으로 위엄 있게 지었지만 중화전은 1층이다. 원래는 2층구조였다. 대한제국을 상징하는 경운궁에서 중화전은 그 위엄을 드러내야 했기에 이중지붕으로 1902년 10월에 완공하였으나 1904년 화재로 불탔다. 그 후 일제통감부가 임명한 재정고문 메가다가 재정부족을 이유로 반대해서 1층이 된 것이다. 이곳이 황제국의 정전이었음을 알 수 있는 근거로 중화전 천장의 황룡 두 마리와 답도판석의 두 마리 용 조각뿐이다.

석조전

고종이 대한제국의 정전으로 삼기 위해 재정고문인 영국인 브라운에게 설계와 건축을 의뢰했다. 건축이 진행되다가 1905년 일본인 재정고문 메가다가 오면서 건설주체가 일본으로 바뀌어 1909년에 완공되었다. 정면 17칸 측면 10칸의 3층의 석조전은 유럽의 신고전주의 양식의 건물이며 엄격한 비례와 좌우대칭이 돋보인다. 분수대에는 원래 대형 거북조각이 있었다 한다. 물개조각은 전통양식으로 봤을 때 매우 생소하다. 비록 힘을 잃었지만 석조전은 엄연하게 고종의 집무실이었다. 고종

석조전. 고종이 대한제국의 정전으로 삼기 위해 영국 건축가에게 의뢰했으나 이후 일본인으로 건설주체가 바뀌었다. 유럽 신고전주의 양식의 건물이다.

이 승하하고 나서 일제가 대한제국의 권위를 훼손하기 위해 일본산 물개조각으로 바꾼 것이라 추정하고 있다.

해방 직후 미·소공동위원회가 열린 곳이며 국제연합 한국위원단이 사용한 곳이다. 이래저래 이곳은 외세의 발자취가 짙게 배어 있다. 그 후 국립현대미술관으로 사용되다 지금은 '석조전 대한제국역사관'으로 운영되고 있다.

손탁호텔 터

손탁호텔은 이화여자고등학교 백주년기념관에 있었다. 지금은 기념관 주차장 왼쪽에 있는 표지석만이 대한제국 시기에 이곳이 역사의 중심무대였음을 쓸쓸하게 안내하고 있다.

손탁(Maric Sontag)은 프랑스계 독일인으로 러시아 대리공사 베베르의 처형이었다. 그녀는 명성왕후 민씨와의 친분으로 명성왕후 민씨와 베베르 간 외교의 중심고리였다. 1895년, 고종은 그녀에게 정동 일대의 왕실소유 집 한 채를 하사하였는데, 1902년 2층으로 건물을 짓고 손탁호텔이라 이름 붙였다.

정동은 미국과 러시아 등 각국 공사관이 밀집된 곳이어서 손탁호텔은 외교의 중심무대 역할을 했다. 1892년 6월 각국 외국 공사관들의 사교모임인 서울클럽의 친목장소였고, 민영환·윤치호·서재필·이완용 등 개화지식인들의 친목모임인 '정동구락부'의 근거지였다. 영국의 처칠도 이곳에 묵었고 을사늑약을 배후조정한 일본의 특파전권대사 이토 히로부미도 이곳을 숙소로 이용했다. 순종도 이곳에서 가베(커피)를 즐겨 마시며 당구를 쳤다 한다. 드라마 「미스터 션샤인」에서 이양화가 운영하던 '글로리호텔'의 모티브가 된 곳이다. 러일전쟁 후 손탁호텔의 지위도 별 볼 일 없어졌고 1917년 이화학당에서 손탁호텔을 사들여 3층 건물인 프라이홀을 지었다.

중명전

이화여고로 올라가는 정동제일교회 맞은편, 국립정동극장 왼편 골목으로 들어가야 중명전에 갈 수 있다. 중명전은 황실도서관으로 1899년에 지어진 경운궁의 부속건물이다.

대한제국이 선포되면서 어느 정도 열강 간의 세력균형이 이루어졌으나 여전히 주도권은 러시아가 쥐고 있었다. 일본은 러시아를 상대로 전쟁을 일으키기에는 힘이 부족하다고 인식하고 있었고 한반도 문제를 러시아와 외교적으로 풀려 했다. 그 대표적인 것이 한반도 39도선 분할 제안이었다. 그러나 러시아가 받아들일 이유가 없었다. 또 이 시기 러시아 세력을 영국과 미국이 견제하려는 움직임도 있었다. 그러한 배경 속에서 영국과 미국이 일본을 대리로 내세워 러일전쟁을 일으켰고, 그 결과 일본은 영국·미국·러시아로부터 한반도에 대한 독점 지배권을 국제적으로 승인받았다. 일본은 국제적으로 인정받은 조선에서의 권리를 조선조정에 관철하기 위해 특파전권대사로 일본정계의 실세 중한 명인 이토 히로부미를 파견했다.

을사늑약 체결장소인 중명전.

이토가 조정대신들에게 을사늑약을 강압하는 모습을 표현한 모형.

중명전은 을사늑약이 체결된 장소다. 대한제국 선포와 동시에 경운궁은 황궁(皇宮)으로 정비되었으나 1904년에 큰 불이 났다. 고종은 중명전에서 업무를 보고 있었다. 이토는 중명전에서 고종에게 '보호조약' 초안에 서명하도록 협박했다. 고종이 거부하자 일본군은 경운궁을 포함하여 이 일대를 둘러싸고 어전회의에서 조약체결을 강요했다. 조정대신들이 조약체결에 반대하자, 이토는 회의장에 들어와 회의를 주재하면서 대신들에게 협박했다. 참정대신 한규설, 탁지부대신 민영기, 법부대신 이하영이 반대의사를 표명했고 고종이 인준을 거부했다. 이토는 한규설 등을 끌어내고 이완용·이근택·이지용·박제순·권중현 등 이른바 '을사5적'의 찬성을 끌어내 '보호조약'을 억지 통과시켰다. 1905년 11월 17일 새벽이다.

고종은 헐버트를 미국에 보내 도움을 요청하고 헤이그에 특사를 파견했다. 황성신문사 주필 장지연은 이 참담한 소식을 듣고 글을 써내려갔다. 이 글이 「황성신문」에 실린 명논설, '시일야방성대곡'이다. 민영환과 조병세 등은 자결로 강력 항의했다. 1906년 초부터 전국적으로 의병투쟁이 들불처럼 번졌다.

배재학당

국권은 기울어가고 있지만, 정동길 한편에서는 희망의 꽃도 피어나고 있었다. 근대화의 물결에 따라 개화파 관료들은 서양식 근대학교를 세우려고 노력했다. 그런데 개신교 선교사들이 어린 학생들에게 기독교를 전파하고 목회자로 키우기 위한 방편으로 학교설립에 먼저 나섰다.

배재학당은 1885년 미국의 북감리교 선교사 아펜젤러(H. G. Appenzeller)가 세운 우리나라 최초의 서양식 근대학교다. 개교 당시에는 학생이 두 명이었는데 20여 명으로 학생이 늘자 고종이 '나라의 인재를 배양하라'는 뜻을 담아 '배재(培栽)'라는 이름을 내려주었다. 영어, 지리, 역사, 체육 등 여러 과목을 가르쳤다. 서재필, 윤치호 등이 특별교사로 강의하고 주시경, 이승만 등이 이곳에서 배웠다. 이곳은 독립협회의 활동장소로도 활용되었다. 민족시인 김소월도 배재고보 출신이다.

배재학당 역사박물관. 1885년 선교사 아펜젤러가 세운 최초의 서양식 근대학교다. 주시경, 이승만이 학생이었다.

복음의 꿈나무를 심은 선교사 아펜젤러

아펜젤러는 노비의 자식 등 사회에서 버림받은 사람들을 친자식처럼 대하며 그들이 한국기독교회의 강한 기둥으로 성장하기를 바랐다. 또한 그는 한국어를 익히는 데 많은 시간을 투자해 1년도 안 돼 한국어를 일상 언어로 쓰며 하느님 말씀의 전파도구로 사용했다.

1885년 6월, 배재학당을 열고 대학으로까지 확대시키려는 포부를 갖고 있었다. 당시 서울에 콜레라가 만연했을 때 부인과 함께 170명을 살려냈고 이것이 선교의 좋은 발판이 되었다.

아펜젤러는 복음전도 사업, 신약 한글번역 사업, 신학을 가르치는 일, 한국인 설교자를 훈련하는 일에 더 많은 시간을 할애했다. 그는 궁극적으로 한국은 한국인 목사에 의해 복음화되어야 한다는 신념을 초지일관 밀어붙였다. 그는 성경을 한국어로 번역하고 싶어 했다.

아펜젤러 동상.

그러나 1902년 6월 11일, 전남 목포에서 열리는 성경번역자회의에 참가하기 위해 배를 타고 가던 중 군산 앞바다에서 선박 충돌 사고로 목숨을 잃었다. 한창 일할 나이인 43세 때였다. 전하는 말에 의하면 바다에 빠지는 선박 안에서 비서 조한규와 정신여학교 학생을 찾다가 빠져나오지 못했다고 한다. 이때 조한규 등 23명이 바닷속에서 나오지 못했다. 아펜젤러의 시신도 찾지 못했고 양화진 외국인 선교사 묘원에 부인, 아들 내외와 딸이 함께 묻혔는데 아펜젤러의 묘는 가묘다.

정동제일교회

「광화문 연가」에서 "조그만 교회당"이라는 가사가 있는데, 정동제일교회를 가리킨다. 그런데 현 정동제일교회는 '조그만'하지 않다. 이 교회를 세운 사람도 아펜젤러다. 그는 배재학당 인근의 작은 건물을 빌려 '베델 예배당'이라 이름 짓고 예배를 드렸다. 신도 수가 늘자 붉은 벽돌로 서양식 정동제일교회를 지었고 이후 증축되었으나 원형이 잘 보존되어 있다. 교인 상당수가 배재학당과 이화학당 학생들이었고 이들은 당시 사회운동과 민족운동에 큰 역할을 했다. 서재필은 노병선·이승만·신흥우 등 정동교회 청년들을 독립협회 운동의 주요세력으로 삼았다.

아펜젤러에게 가장 기억에 남는 제자는 아마 이승만일 것이다. 독립협회에서 활동한 이승만은 여러 차례 경찰서에 구금되었다. 그때마다 아펜젤러가 경찰서에 찾아가 철없어 한 일이니 용서해 달라고 하면서 이승만을 데리고 나오곤 했다.

특히, 3·1운동 당시 정동제일교회의 이필주 목사 사택은 기독교계

정동제일교회. 아펜젤러가 세운 우리나라 최초의 개신교 교회이며 3·1운동의 거점역할을 했다.

의 3·1운동의 거점역할을 했고 이필주 목사는 개신교계 지도자 이승훈과 함께 민족대표 33인 중 한 명으로 참여했다. 또한 유관순 열사의 장례식을 치른 곳도 이 교회다.

이화학당

이화학당은 배재학당 건립에 참여했던 메리 스크랜턴(Mary Scranton)이 1886년에 정동자택에 세운 학교다. 개교 당시 학생모집이 어려워 고관의 어린 첩 한 명으로 출발하였다. 학생이 7명으로 늘자 명성왕후 민씨가 "배꽃같이 순결하고 배 같은 결실을 맺으라"는 뜻을 담아 '이화(梨花)'라는 이름을 내려주었다. 이곳에서는 영어, 국어, 성경 등을 가르쳤다. 처음 학교건물은 한옥이었으나 1899년 서양식 건물인 메인홀, 심슨기념관, 프라이홀 등으로 규모를 확장했다. 한국전쟁과 화재로 모두 무너졌고 2011년에 심슨기념관만 원형대로 복원되었다. 주차장 입구 오른쪽 백주년기념관으로 들어가는 쪽문 옆에 하마비가 있다. 아마 이화학당이 처음 설립됐을 때 설치한 것 같다.

3·1운동의 대명사 유관순과 한국 최초의 여의사 박에스더도 이화학당 출신이다. 심슨기념관 뒤쪽에 유관순정원이 있다. 1966년 졸업생들이 졸업 50주년을 맞아 조성한 것이다. 박에스더는 19세 때 남편과 미국에 건너가 볼티모어여자의과대학을 다녔고 1900년에 귀국하여 보구여관(현 이화여대병원)에서 일했다. 귀국 후 10개월 동안 진료한 환자만도 3천 명이 넘는다. 그러나 1910년 4월 폐결핵으로 서른네 해의 짧은 삶을 마감했다.

이화학당 심슨기념관.

이화학당으로 들어가는 문 오른편에 하마비가 있다.

한국 선교의 어머니, 메리 스크랜턴

스크랜턴은 봉건적·보수적 전통사회의 속박에서 한국 여성에게 교육을 통해 주체의식 속에 인간으로서의 길을 열어준 인물이다. 그녀는 선교사들에게는 '어머니(mother)', 한국 교인들에게는 '대부인(the great lady)'으로 불렸다.

1832년 12월, 미국 메사추세츠주 벨처타운의 목회자 집안에서 태어났다. 한국 선교에 주목해 오던 메리 스크랜턴은 1885년 2월 3일, 아펜젤러 부부와 함께 아들 내외, 손주까지 데리고 한국으로 출발하여 6월 20일 정동에 터를 잡았다.

그녀는 1886년 2월에 여성 교육을 위해 이화학당을 설립했다. 문제는 학생 확보였다. 배재학당은 '영어를 배워 출세하려는' 남성들이 교문을 두드렸지만, 여학교를 찾는 학생은 없었다. 첫 학생은 관리의 어린 첩이었다. 왕비의 어전통역관을 시켜 출세하려는 의도에서 관리의 손에 이끌려 왔지만 3개월도 채우지 못하고 떠났다. 두 번째 학생은 어떤 어머니가 데려다 맡긴 가난한 집의 아이였다. 다음에는 전염병에 걸린 채 버려진 여인의 딸로 스크랜턴의 아들 스크랜턴 박사가 치료 후 메리 스크랜턴에게 맡겼다. 두 아이는 '정식 학생'이 되었다. 교사가 완성된 후에 학생은 7명, 현판 하사 직후 18명으로 늘었다.

스크랜턴이 미국 감리교에 제안하여 우리나라 최초의 여성전용 병원인 보구여관이 설립됐다. 배재학당과 이화학당, 보구여관은 정동을 감리교회의 선교 거점으로 만드는 데 기여했다. 스크랜턴은 사회와 가정에서 버림받은 소녀들을 '양딸'로 삼아 전문교육을 통해 교사나 전도사로 양성했다. 또 여성선교를 위해 한글 전도문서도 제작했다. 이 일은 주로 이화학당 재학생과 졸업생들이 맡았다.

1909년 10월 8일, 그녀는 77세의 나이로 한국 땅, 양화진 외국인 선교묘원에 잠들었다.

참고문헌

이경숙 외, 『한국을 사랑한 메리 스크랜튼』(이화여자대학교출판부, 2010)
윌리엄 그리피스·이만열 옮김, 『아펜젤러』(한국기독학생회출판부, 2015)
신주백 외, 『함께 걸으며 생각하는 우리 지역사』(씨마스, 2019)
홍순민, 『우리 궁궐 이야기』(청년사, 2000)
정재정 외, 『서울 근현대 역사기행』(혜안, 1998)
이이화, 『오백년 왕국의 종말』(한길사, 2003)
서울시시사편찬위원회, 『시민을 위한 서울역사 2000년』(2009)
최문형, 『한국을 둘러싼 제국주의 열강의 각축』(지식산업사, 2001)

대한제국 황제의 능을 찾아가는

홍유릉 둘레길

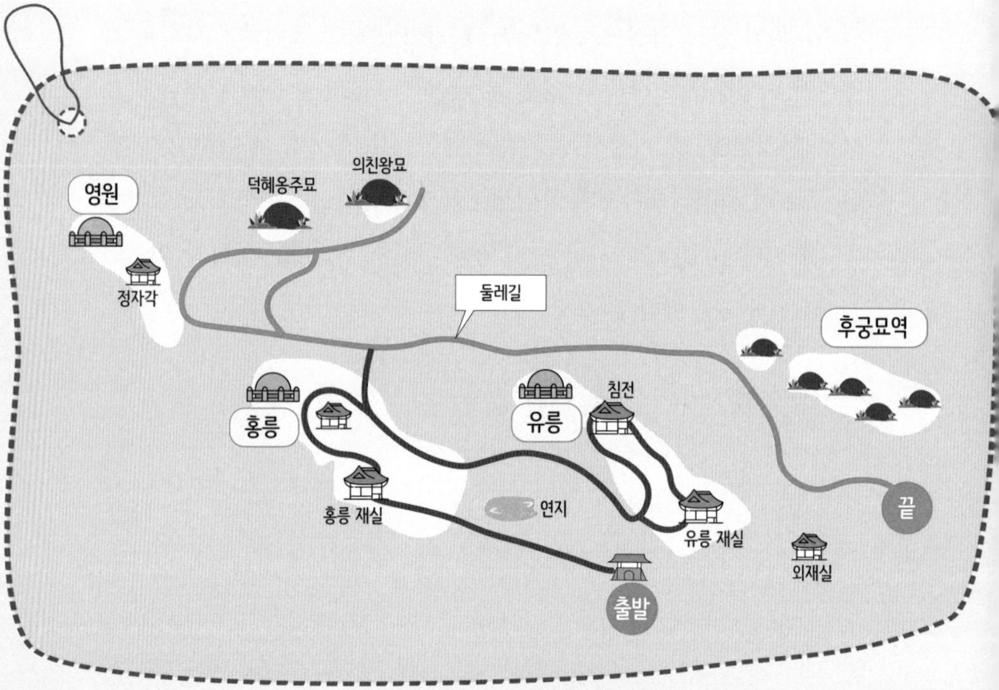

거리: 약 3.5km
도보: 1시간 내외

오랜만에 홍유릉에 들렀다. 2010년 이후 처음인데 주변이 몰라보게 바뀌었다. 홍유릉은 도심 속 공원처럼 느껴졌다. 홍유릉은 묘적산에 포근하게 안겨 있는 형상이다.

홍유릉에서 홍릉은 조선 26대 임금 고종의 능이며 유릉은 27대 순종의 능이다. 1897년에 대한제국을 선포하면서 고종이 제1대 황제로 시작하고, 순종이 제2대 황제로 대한제국이 끝났다. 그에 따라 홍릉과 유릉은 일반 왕릉이 아니라 황제릉으로 조성됐다. 황제릉의 석물상들이 능침이 아닌, 침전 앞에 모두 도열하고 있어 다른 조선왕릉에 비해 색다른 답사의 재미가 있는 곳이다.

열강의 각축장이 된 조선

먼 종친에 불과했던 고종을 왕위에 올린 인물이 아버지 흥선대원군이다. 대원군 섭정 10년 동안, 고종은 아버지의 정책에 불만이 쌓여만 갔다. 물론 배후에는 명성왕후 민씨가 있었다. 쇄국정책을 강하게 폈던 대원군이 물러나자 그는 개방정책으로 선회했다. 그가 선호했던 나라는 이웃 일본이었다. 개방이 대세라 그나마 서양 국가들에 비해 나을 것이라는 생각이 있었던 것 같다. 운요호사건 직전, 일본이 보낸 서계에 '대일본(大日本)', '황상(皇上)'이라는 불손한 단어가 있었음에도 고종은 서계를 접수하려 했다. 또 운요호사건으로 열린 강화도조약 당시(고종 13년, 1876)에도 왜와 서양이 같은 세력이라는 주장에 대해 고종은 왜와 서양을 분리해서 봐야 한다는 입장을 피력하기도 했다. 그러다가 러시아의 남하정책에 대한 대비책으로 청의 북양대신 리훙장이 조선조정에 보낸 편지(1879)와 주일공사 황준헌의 『조선책략』(1880)의 외교방안에 따라 일본과 관계를 유지하면서 외교의 시야를 친청·친미의 방향으로 넓히기 시작했다. 그때 개화정책과 민씨 척족의 수탈에 반발하며 임오군란이 일어났다(1882). 성난 군인들에 의해 고종과 명성왕후 민씨는 생명의 위협을 느꼈고, 청군의 도움으로 간신히 위기를 극복했으나 청의 눈치를 살펴야 하는 대가를 치렀다.

임오군란 이후 조정은 청의 근대화를 따르려는 온건개화파와 일본을 따르려는 급진개화파로 갈렸다. 급진개화파는 일본군을 끌어들여 갑신정변을 일으켰다(1884). 군사지원을 약속했던 일본공사의 배신과 청군의 파상공세 속에서 개화당 정부를 구성한 고종은 청나라를 선택했다. 김옥균 등 개화관료들을 이용하다 상황이 불리해지자 그들을 내쳤다. 민씨 척족의 수탈과 일본의 침략야욕에 맞서 동학농민혁명이 발발했다(1894). 명백히 민씨 척족을 제거하기 위한 혁명이었다. 고종은 이미 청나라의 군사력을 고려하고 있었고 민씨 척족도 청나라에 군사를 요청한 상태였다. 톈진조약에 따라 일본도 군대를 보냈다. 주도권을 장악할 목적으로 일본군이 경복궁에서 무력으로 고종을 옴짝달싹 못하게 했다. 이윽고 청일전쟁에서 승리한 일본이 갑오개혁으로 친일정권을 조직했고 청나라의 랴오둥반도를 챙겼다.

랴오둥반도와 조선을 남하정책의 대상지로 여겨오던 러시아가 다급해졌다. 만주에 이권을 노리던 프랑스와 독일을 끌어들여 일본에 간섭했다(삼국간섭, 1895. 4.). 일본이 랴오둥반도를 청나라에 반환하는 것을 보자, 명성왕후 민씨는 곧바로 친러정부를 조직했다. 삼국간섭 이후 만주와 한반도에서 러시아의 영향력이 커지자 일본, 영국, 미국이 러시아를 견제했고, 특히 러시아와 일본이 한반도 문제를 둘러싸고 본격적으로 대립했다. 일본은 일본공사 미우라로 하여금 친러정책의 중심인물인 명성왕후 민씨를 제거토록 했다(을미사변, 1895. 10.).

갑오개혁에 이어 을미개혁을 실시하면서 온건개화파의 친일정권이 수립되었다. 이에 불안을 느끼던 고종이 러시아공사관으로 도피하는 사건이 발생했다(아관파천). 직후, 고종은 러시아공사관에서 김홍집 등을 역적으로 몰아 척살하라는 명령을 내림으로써 급진개화파에 이어 온건개화파까지 제거되었다. 주체적인 근대국가 건설의 의지가 완전히 꺾인 셈이다.

대한제국 수립

1896년 4월, 서재필을 중심으로 「독립신문」을 발간하며 또 한 번 근대국가 건설을 위한 불씨를 지폈다. 고종은 그 필요성을 인식하며 이들을 지원했다. 독립협회와 백성들의 환궁요구에 부응해 이듬해 2월, 경운궁(현 덕수궁)으로 돌아왔다. 이어 10월에 환구단에서 하늘에 제사 지내고 황제 즉위식을 했다. 이제 조선도 엄연한 황제의 나라(대한제국)가 되었다. 연호를 광무로 정했다. 무력[武]을 빛나게[光] 한다는 뜻으로 강한 군사력이야말로 나라를 지킬 방책이라 여긴 것이다.

그러나 정부에서 개혁의 방향을 두고 대립했다. 대한제국 관료들 중 독립협회 인사들은 입헌군주제를 실시하고 의회를 만들자고 주장했고, 유생 층은 러시아나 독일과 같은 황제권이 강력한 정치체제를 내세웠다. 유생관료들의 주장이 '구본신참'이다. 옛 것[舊]을 근본[本]으로 삼고, 새로운 것[新]을 참작한다[參]는 뜻이다. 구본의 핵심은 전제군주제 강화이고 신참은 서양의 기술을 받아들여 군대와 경제만 근대화시킨다는 것이다.

유생관료들이 고종의 의중을 제대로 읽었다. 고종이 갑신정변이나 갑오·을미개혁에 대해 초기에 대세를 봐가며 지지하는 척하다가 개화세력을 내친 것 또한 같은 맥락에서 이해할 수 있다. 고종은 같은 이유로 독립협회를 탄압하여 해산시켰다. 독립협회를 해산시킨 후 고종은 독일황제처럼 군복을 입고 나랏일을 돌봤다. 1899년 8월 17일, 고종은 '대한국국제'를 제정해 선포했다. 제2조에는 "대한국의 정치는 만세불변의 전제정치"라고 천명하며 황제가 군사권, 법률제정과 집행권, 재정권, 행정권, 외교권을 행사함을 명백히 밝혔다.

국망과 죽음

고종도 한반도를 둘러싼 국제정세가 심상치 않다는 것을 충분히 인지하고 있었다. 러시아와 일본 간의 전쟁 가능성이 높아지자 1904년 1월에 중립을 선언했다. 그러나 그 어떤 나라의 지지와 지원도 끌어내지 못한 중립선언이었다. 결국 1904년 2월, 러일전쟁이 발발했고 영국과 미국을 등에 업은 일본의 승리로 끝났다. 1905년 8월 포츠머스조약으로 러시아로부터 한반도에 대한 지배권과 만주에 대한 우위를 인정받았다. 이보다 앞서 일본은 미국과 가쓰라·태프트밀약을, 영국과 제2차 영일동맹을 맺어 한반도에서의 독점적 지위를 확보했다.

일본은 대한제국에 지배권을 강요했다. 1905년 11월에 맺어진 을사늑약이다. 외교권을 상실한 대한제국은 국제사회에서 독립국가로서의 지위를 상실했다. 고종이 을사늑약에 반발하여 외교고문 헐버트를 미국에 보내고, 런던 「트리뷴」의 기자 스토리에게 옥쇄가 찍힌 국서를 영국정부에 전하게 했다. 네덜란드 헤이그에 특사를 파견했지만 한

번 엎질러진 물은 어쩔 수 없었다. 이미 이토와 합의를 한 이완용, 송병준이 황제폐위를 추진했고, 1907년 7월, 내각회의에서 황제폐위가 결정되었다. 그 자리는 아들 순종에게 넘어갔다. 고종의 정치적 발언권은 현저하게 낮아졌고 그는 이완용 등 친일파의 눈치를 살폈다. 고종의 강제퇴위에 반발한 백성들이 이완용 등의 집을 불태우자 고종은 돈을 주어 새집을 짓도록 했으며 이후에도 이완용에게 거액을 하사하곤 했다. 통감부와 가까운 이완용의 환심을 사려는 조치였을 것이다. 결국 1910년 8월 29일, 순종은 대한제국의 주권을 "완전하고도 영구히 일본 황제 폐하에게 양여"했다.

일제는 고종황제를 이태왕 전하로, 순종황제를 이왕 전하로 격하시켰고 조선은 일본 지방관제의 한 부로 추가되었다. 이완용 등 친일파들은 귀족 작위와 함께 은사금을 받아 챙겼다. 황제시절, 고종은 연일 국고를 탕진하며 밤새도록 놀고 낮에 일어나도 존엄한 지위로 대우받았는데, 망국의 나라에서는 대우가 달라졌다. 그는 전직관료 출신 임병찬에게 의병활동을 지시했다. 이때 만들어진 비밀결사조직이 대한광복회다. 또 해외 독립운동세력의 망명추진에도 의욕을 보였다. 1919년 초 이회영이 추진한 망명계획은 행궁과 자금까지 마련되는 등 상당히 구체적이었다. 그러나 고종이 급서하면서 이 계획은 수포로 돌아갔다. 만주나 중국에 망명정부가 세워진다면 일제로서는 치명적인 사건일 수밖에 없다. 독립운동이 대내외적으로 탄력을 받게 될 것은 불을 보듯 뻔하다. 이러한 배경에서 고종 독살설이 나왔다.

당시까지 고종에게는 급서할 정도의 병에 대한 기록이 없었다. 1919년 1월 20일의 기록에 병명이 무엇인지도 밝히지 않고 병이 깊다고만 되어 있다. 고종 승하 당시 숙직한 인물이 일제로부터 작위를 받은 친일파 이완용과 이기용이었다. 고종이 식혜를 먹다가 급작스럽게 눈을 감았다 하는데 식혜를 준 인물도 친인파 한창수와 한상힉이었다. 그때 두 궁녀가 밤참에 독약을 타서 올렸다고도 하며 두 궁녀는 변사체로 발견되었다. 총독부의 입막음 때문이라 한다. 결국 고종이 국외망명을 꾀하고 있다는 정보를 파악한 일제가 이완용 등을 사주해 독살했다는 것이다.

명성황후의 능호에 얹힌 고종, 홍릉

고종은 1918년 12월 20일 67세로 승하했다. 일제강점기다. 조선총독부가 장례의 모든 절차를 쥐고 있었다. 일제는 능이 아니라 세자의 원(園)이나 묘(墓)로 계획을 세웠던 것 같다. 일제의 속셈을 간파한 신료들이 명성황후(대한제국 선포로 명성왕후가 명성황후로 추존됨)의 능호인 홍릉(洪陵)을 이용하는 방안을 세웠다. 경기도 남양주의 이곳에 묘역공사를 하면서 동시에 청량리에 있는 명성황후 홍릉의 이장공사를 함께했다. 그들은 총독부를 감쪽같이 속였다. 1919년 1월 12일 명성황후의 운구가 이곳으로 천릉되었고, 2월 3일 고종이 명성황후와 합장되어 홍릉이라는 능호를 붙이게 된다.

홍유릉에서 홍릉 가는 길.

담벼락 위로 보이는 건물이 홍릉의 재실이다.

정문을 들어서 왼쪽이 홍릉으로 향하는 길이다. 오래된 느티나무 가지와 잎들이 수양버들처럼 늘어져 있어 을씨년스럽다. 연지 앞 숲속에 마련된 벤치에 할머니 네 분이 즐거운 담소에 이야기가 끊일 줄 모른다. 커다란 연꽃잎들이 연지의 물을 거의 다 가리고 있다. 연꽃 계절인 7월 말에서 8월 초에 오면 연꽃구경에 시간 가는 줄 모를 것 같다. 그런데 이 연못의 모양은 둥근 섬에 둥근 연못이다. 천원지방을 따르지 않았다.

연지 왼쪽으로 있는 건물이 수라간이다. 수라간 위에 있는 건물이 재실인데 규모가 상당하다. 솟을대문에 양옆으로 행랑채를 두었고, 맞배지붕에 일자형 집이 능참봉이나 제례 시 제관이 머무는 재실이다. 뒤편에 향과 축문을 보관하는 안향청, 제기를 보관하는 제기고, 제물을 준비하는 전사청 등이 있다.

홍릉 방향으로 나 있는 쪽문으로 나오니 담벼락이 보인다. 그곳에서 바라보는 맞배지붕의 재실이 멋스럽다. 특히 담에 눈길이 머문다. 맨 아래서부터 사각형의 돌을 층층이 쌓아올렸는데 크기가 점점 줄어들더니 전돌로 멋을 내고 기와로 마무리했다. 이렇게 한옥을 건축하면 내구성이 뛰어날 것 같다.

황제릉의 석물상

홍살문의 크기부터가 왕릉과 다르다. 왕릉은 홍살이 10개지만 이곳의 홍살은 14개다. 판위는 참도 왼쪽에 큼직하게 있다. 왕릉의 참도는 2단이지만 황제릉의 참도는 가운데 향로를 중심으로 좌우에 세자로와 임금이 거니는 어로가 있다.

왕릉답사에서 홍유릉을 좋아하는 이유가 석물들이 모두 참도 좌우에 있기 때문이다. 답사객에게 볼거리를 제공한다는 측면에서 홍유릉을 찾아온 수고를 배려해 준다. 좌우측으로 문석인, 무석인, 기린, 코끼리, 사자, 해치, 낙타, 말, 또 다른 말 순으로 한 쌍씩 있다. 왕릉의 석물은 능침공간에 문석인, 무석인이 한 쌍씩, 호석과 양석, 마석이 두 쌍씩 있다. 동물상에서도 왕의 지위보다 위에 있다. 이왕 시야에 잡혔으니 석물들을 먼저 살펴보자.

문석인은 머리에 금관을 썼다. 금관에는 봉황 두 마리가 날고 있다. 왕을 의미한다. 황제의 첫 번째 신하가 왕이다. 표정 또한 인자하면서도 단정함을 잃지 않았고 키도 크다. 그런데 눈이 거의 감겼다. 총명한 신하라는 느낌이 전혀 들지 않는다. 또 한 가지 주목할 것이 뒤에 있다.

홍릉 전경. 석물들이 모두 능침 앞에 진열되어 있어 볼거리를 제공한다.

문석인이 입은 예복 후수(後綬, 왕이나 신하들 예복의 뒷장식)에는 두 개의 금환(허리띠 부근의 금으로 만든 원형고리) 밑에 용과 학이 조각되어 있다. 용은 황제나 왕, 또는 세자만이 사용할 수 있는 문양이다. 학은 장수와 고고함을 나타낸다. 조선의 높은 관리(정1품·정2품)는 후수에 구름무늬, 두 개의 금환과 네 쌍의 학을 그려넣었다.

홍릉의 문석인. 금관을 썼고 명나라 황제릉을 본떠서인지 중국인을 닮았다.

무석인의 키가 크며 긴 칼이 목 아래에까지 온다. 눈도 내리깔았다. 우리나라 사람 같지 않다. 중국 문무관료의 생김새에 복장을 하고 있고 표정도 없다.

홍릉의 무석인. 키가 크고 장검을 짚고 있는데, 왕릉의 무석인과 달리 눈을 내리깔았다.

무석인 다음의 지위는 기린이다. 우리가 알고 있는 기린과는 생김새가 매우 다르다. 전설에 의하면 기린은 용이 땅에서 암말과 결합하여 낳았다고 한다. 기린은 용마(龍馬)라고도 하는데 하루에 천리를 달리고 하늘을 날 수 있는 신성한 동물로 황제를 상징한다. 기린은 사자, 해치와 형상이 비슷한데 말발굽 발모양으로 구분한다. 코끼리는 긴 코와 상아, 그리고 나뭇잎 같은 큰 귀를 가지고 있다. 코끼리의 한자어는 상(象)이다. 발음이 상서로울 '상(祥)'과 같아 길상의 동물로 취급된다. 동물 가운데 몸집이 크며 암수 서로 우애가 좋고 지혜로워 불교에서 신성한 동물로 여긴다. 사자는 불법을 수호하는 동물의 으뜸이기에 당연 황제를 수호하는 동물이라

기린과 석물상들. 기린은 용마라고도 하며 신성한 동물로 황제를 상징한다.

할 수 있다. 해치는 옳고 그름을 판단하는 정의의 동물이고 잡귀의 접근을 막아줌으로써 황제를 보호하는 동물이며, 화기를 예방하는 상상의 동물이다. 목에 방울이 달린 것이 흥미롭다. 해치는 방울을 흔들어 귀신을 내쫓는다고 한다. 낙타는 서역과 무역을 통해 알려진 동물로 등에 두 개의 혹모양의 육봉이 있다. 사막에 살고 있던 서역 사람들에게는 매우 귀중하고 신성한 동물이다. 말은 왕릉의 말과 모양과 생김새가 비슷하다. 문무석인이 대동하는 말이다. 모두 수컷이다. 왕릉의 동물상들은 해학적인 멋이 있는데, 이곳의 동물상들은 무서운 표정을 짓고 있다.

참도 끝지점에 매우 화려한 건물이 있다. 침전(寢殿)으로 고종에게 제사 지내는 건물이다. 왕릉에서 정자각에 해당된다. '각(閣)'에 비해 격이 가장 높은 '전(殿)'이라는 명칭을 썼다. 그리고 정면 다섯 칸, 측면 네 칸의 일자형 건물이다. 더군다나 정자각은 맞배지붕으로 내림마루에 잡상을 세 개 얹었는데, 침전은 팔작지붕에 추녀마루에 잡상이 다섯 개나 된다.

월대에 오르는 계단에서도 차이가 난다. 침전 동편과 서편에 구름난간의 계단(보통 '소맷돌'이라 불림)과 왕이 오르는 계단이 있고, 또 참도에서 침전 앞으로 오르는 계단이 그대로 연결되어 있다.

내부에는 왕릉의 정자각에는 없는 닫집이 있다. 단청으로는 가장 격이 높은 금단청을 하였고, 닫집 천장에는 용 두 마리가 조각되어 있으며, 침전 천장에는 두 마리 용이 여의주를 희롱하는 무늬를 바둑판처럼 배열했다. 침전 옆에 왕릉처럼 비각을 두었다. 팔작지붕에 잡상이

유릉 가는 길에서 본 연지.

지키고 있다. 침전 뒤쪽 좌우측에는 왕릉처럼 예감과 산신석을 두었다. 이러한 석물들과 건물의 양식은 명나라 황제릉을 본뜬 것이다.

가파른 잔디밭으로 올라서면 능침공간이다. 장명등석, 혼유석, 망주석 한 쌍이 있다. 봉분 주위로는 병풍석과 난간석을 둘렀다. 왕릉의 병풍석에는 보통 구름무늬를 배경으로 십이지신상을 조각했지만 홍릉의 병풍석에는 화려한 꽃판을 둘렀다. 그런데 홍릉의 침전에서 능침이 보이지 않는다. 매우 의도적이다. 이곳을 능터로 정한 사람들이 고영희와 총독부 이왕직 관리들이었다. 고영희는 1910년 8월 일제에 나라를 팔아먹은 대신 중 한 명으로 대표적인 친일파다. 이왕직은 일본궁내성 소속으로 조선총독의 감독을 받았다. 이왕직에는 조선의 왕릉을 관장하기 위해 참봉 75명이 배속되어 있었다. 그러니 총독부의 입맛에 따라 움직였을 것이다.

정자각을 지나 수복방 앞으로 잘 다듬어진 길이 있다. 유릉 가는 길이다. 양쪽에 큼직한 소나무들이 있다. 오른쪽 옆으로는 연지가 있다. 비록 긴 거리는 아니지만 홍유릉에서 숲길다운 맛을 느낄 수 있는 산책길이다.

마지막 황제, 순종

1874년 고종과 명성왕후 민씨의 아들로 태어났다. 1년 뒤에 왕세자에 책봉되고 9세 때 순명효황후 민씨와 가례를 올렸다. 1897년 대한제국 수립 때, 황태자로 봉해졌다. 순명효황후 민씨가 1904년에 죽자 1906년에 순정효황후 윤씨를 황태자비로 맞아들였다.

일제는 고종의 헤이그특사 파견을 핑계로 양위를 추진했다. 이미 이완용, 송병준 등이 황제폐위를 추진했고, 1907년 7월, 내각회의에서 황제폐위가 결정되었다. 어쩔 수 없는 상황이라 파악한 고종은 황태자 순종에게 대리의 조칙을 발표했다. 대리이지 양위는 아니라는 뜻을 아들에게 보낸 것이다. 그러나 일제통감부는 다음 날 양위식을 거행했다. 순종이 조선 27대 왕이자 대한제국 2대 황제로 즉위한 것이다. 연호도 광무를 버리고 융희를 새롭게 내세웠다. 엄비 소생의 이복동생 영친왕을 황태자로 책봉했다.

허수아비 정권을 세운 일제는 곧바로 한·일신협약(1907. 7.)을 강제하여 정부의 차관을 모두 일본인으로 채웠다. 실질적으로 일본인 정부를 구성한 것이다. 곧바로 대한제국 군대를 해산시켰으며, 기유각서(1909. 7.)를 강요하여 사법권마저 빼앗아 버렸다. 이 같은 국권침탈 과정에 순종이 저항했다는 기록은 보이지 않는다.

러시아와 만주문제를 협상하기 위해 하얼빈에 온 이토를 안중근이 사살했다. 이 사건을 계기로 일제는 한반도의 식민지화에 더욱 박차를 가했다. 친일단체 일진회가 일본이 한국을 병합하라는 성명을 발표하게 하여 명분을 쌓았다. 1910년 8월 22일, 데라우치 통감과 총리대신 이완용이 병합조약을 체결하고, 8월 29일 순종이 그에 대한 조칙을 내렸다. 이로써 519년 역사의 조선이 막을 내렸고, 단군 이래 처음으로 주권을 빼앗기는 치욕을 맞았다.

순종은 황제에서 왕으로 강등되었고, 창덕궁에 머물다가 1926년 4월 53세로 세상을 떠났다.

사실적으로 표현된 유릉의 석물상

유릉의 재실이 시야에 들어온다. 규모면에서는 홍릉의 재실보다 더 커 보인다. 재실과 제기고, 안향청, 전사청을 나란히 배치해서 그렇다. 솟을대문도 두 개다.

유릉의 석물상도 홍릉과 유사하다. 그러나 차이점도 있다. 일단, 홍릉의 석물상이 추상적인 면을 보인다면 유릉의 석물상은 실물에 가깝게 묘사되어 있다. 문석인은 금관을 쓰고 있고, 무석인은 긴 칼을 칼집에서 뽑아 칼끝을 땅으로 향해 양손에 쥐고 있다. 문석인은 조선관리의 청렴결백하고 학덕과 위엄 있는 모습이다. 무석인은 백전노장의 대장

유릉의 석물들. 문무석인들이 우리나라 사람 모습이고, 석물들도 실물에 가까워 친근하다. 하지만 조각에 정성을 들인 흔적을 느낄 수 없다.

능침영역이 침전에서 왼쪽으로 심하게 꺾여 있다.

군 모습이다. 그런데 표정이 어딘가 어두워 보인다. 동물상들도 매우 사실적으로 묘사되어 있다. 그래서 더 친근해 보인다. 사실적이어서 친근해 보이지만 정성의 흔적은 느껴지지 않는다. 오히려 홍릉의 석물상이 공들인 흔적이 역력하다.

침전의 닫집에는 일월오봉도를 연상시키는 그림이 있고, 닫집 천장에는 두 마리 용이 여의주를 사이에 두고 경쟁하고 있지만 침전 천장에는 두 마리 봉황이 노닐고 있다. 형식만 갖추었다는 느낌이다.

능침에는 정비 순명효황후를 먼저 모시고, 순종이 눈을 감자 이곳에 합장했다. 순종도 고종과 똑같았다. 1926년 4월 순종이 승하하자, 1904년 10월 이미 세자빈 신분으로 사망한 순명효황후의 유릉을 지금의 서울시 광진구 어린이대공원 자리(능동)에서 이곳으로 천릉했다. 그리고 순종을 합장하고, 1966년 1월 72세로 눈을 감은 순정효황후도 이곳에 모심으로써 유릉은 삼연합장릉(三蓮合葬陵) 또는 동봉삼실릉(同封三室陵)이 되었다. 능침도 침전에서 왼쪽으로 꺾여 자리 잡고 있다. 왜 이렇게 만들어 놓았는지 알 수가 없다.

홍유릉 둘레길

숲길이 아쉬워 다시 홍릉 쪽으로 걸음을 내딛는다. 어차피 영원이나 덕혜옹주묘 등으로 가는 길이 홍릉 방향이니 상관없다. 역시 홍릉은 멀리서 한꺼번에 시야에 넣어야 멋지다. 평일 오후라 관람객도 드문드문하다. 아내는 석물들에 대한 설명보다는 잔디밭을 걷는 게 좋다며 홍릉의 잔디를 몇 번이나 돌고 있다.

언지 앞 벤치에 자리를 잡고 홍릉을 무심히 바라보는 것도 여유롭고 좋다. 앞의 소나무가 정말 오래된 듯하다. 소나무 껍질이 오랜 풍파를 견뎌오며 이룬 예술이라 느껴진다. 이렇게 오래된 소나무를 가까이서 대하는 기회는 흔치 않다. 홍릉의 비각 뒤편에 영원으로 나가는 쪽문이 있다. 다시 들어올 때에는 입장권이 필요하니 잘 간직하자.

홍유릉 담장 오른편의 둘레길. 은행나무와 벚나무가 늘어서 있어 봄과 가을이 기대되는 길이다.

홍유릉 담장 오른쪽 길이다. 이 길 이름이 뭔지는 모르는데 아내는 둘레길이라 표현한다. '영원길'이라는 허름한 표지판이 있지만 정식 이름인지 모르겠다. 길 양쪽을 벚나무들이 장악하고 있다. 벚꽃이 피는 계절에 오면 환상적인 산책길이 될 것 같다. 영원을 들어서기 전, 길 오른편에 홀을 맞잡고 정중하게 서 있는 문석인이 있다. 왕릉의 것으로는 보이지 않는데 어디에서 가져온 것인지 모르겠다.

영원(英園)이다. 대한제국의 마지막 황태자 의민황태자(1897~1970, 영친왕)와 의민황태자비(1901~1989, 영친왕비)를 합장한 원이다. 영친왕은 순종의 이복동생으로 황태자였다. 원(園)은 세자나 세자빈, 또는 후궁으로 임금의 모친이 된 인물의 묘다. 왕릉의 구조물과 같은 것으로 능역을 꾸몄지만, 무석인을 두지 않는다. 그러나 영원은 문무석인을 능침

영원. 대한제국의 마지막 황태자 영친왕과 영친왕비를 합장한 원이지만 왕릉으로 조성했다.

앞에 두고 양석과 호석 두 쌍을 둘렀다. 왕릉으로 예우한 것이나. 그는 국권 상실로 왕세제로 격하되었고 일본 왕족의 혈육인 마사코(이방자)와 정략결혼했다. 일본에 억류된 채 일본육군사관학교, 육군대학을 거쳐 중장에 오르기도 했다. 5·16 직후 귀국하여 심신장애자 재활과 관련된 기관을 설립, 운영하다가 1970년 74세로 세상을 떠났다. 이때 눈을 감았기 때문에 순종의 황제릉에 준해 왕릉으로 묘를 꾸밀 수 있었다. 그 오른쪽 위에 영친왕과 이방자의 둘째 아들 황세손 이구의 묘를 두고 회인원이라 이름 붙였다. 영원영역에 단풍나무가 군락을 이루고 있다. 나무도 상당히 굵다. 아내는 가을날 단풍이 멋있을 거라 하면서 가을에 이곳을 다시 거닐자고 한다. 올가을과 내년 봄은 우리 산책길로 이곳이 이미 예약되어 있다.

영원을 나서면서 왔던 길을 보니 이팝나무의 흰꽃이 운치를 더해주고 있다. 가던 방향으로는 수령이 어린 은행나무들도 늘어서 있다. 가을날 방문을 확실하게 못 박아 두게 한다. 이곳은 조선왕조 마지막 묘역이다. 1대 태조 건원릉부터 27대 순종 유릉을 설명하는 안내판이 있다. 그냥 보고 지나가기만 해도 조선왕조의 뼈대는 익힐 수 있을 것 같다. 이어지는 안내판에는 '대한제국 황실가계도'가 있다. 이름이 거창하지만 고종의 부인들, 아들과 며느리들, 손주들이다. 덕혜옹주와 의친왕의 일대기로 끝을 맺고 있는데 홍유릉 답사의 마지막이 덕혜옹주 묘와 의친왕묘다. 묘소는 장명등석, 망주석, 상석으로 꾸몄다.

덕혜옹주묘.

덕혜옹주는 고종과 귀인 양씨의 외동딸로 13세 때인 1925년에 일본으로 강제 출국하여 학습원 여자중등과를 다녔다. 불안한 나날을 보내다가 신경쇠약으로 병을 얻어 조발성치매 진단을 받았다. 1935년에 쓰시마도주 후예인 백작 소 다케유키와 강제 혼인했다. 일본 패망 직후 남편이 도쿄의 정신병원에 입원시키고 일방적 이혼을 당했다. 한 언론인이 덕혜옹주의 환국을 추진했으나 이승만 정부에 의해 거절되었다. 5·16 직후 덕혜옹주는 38년 만인 51세에 고국으로 돌아온다. 창덕궁 낙선재에서 이방자 등과 함께 지내고 치료를 받으며 지내다가 1989년 74세에 눈을 감았다.

의친왕은 고종과 귀인 장씨의 아들로 청일전쟁에 승리한 일본을 축하하기 위해 보빙대사로 일본에 갔으며, 특파대사로 영국, 독일, 러시아 등 유럽의 여러 나라를 방문하였다. 미국에 유학하기도 했으며 적십자사 총재를 지내기도 했다. 국권상실 후 비밀결사단체인 대동단에 가

덕혜옹주묘에서 홍유릉 쪽문으로 이어지는 논두렁길.

입하여 상해임시정부로 탈출을 시도했으나 실패했다. 반일의식이 강했으며 1955년 79세로 눈을 감았다.

이곳에서 논밭을 가로지르는 논두렁길을 걷고 싶었다. 이 길은 홍릉으로 들어가는 옆문으로 연결된다. 그런데 아내가 왔던 길로 되돌아간다. 논두렁길로 가자고 하니 자기는 이 길이 맘에 든다고 한다.

홍릉으로 들어가지 않고 계속 직진했다. 홍유릉 담장 위로는 담쟁이덩굴이 시멘트벽돌을 가려주니 이 또한 운치가 있다. 길은 여전히 평지길이고 벚나무와 은행나무들이 좌우에서 반긴다. 나지막한 언덕길 올라서기 전 왼편에 대한제국 황실 후궁들의 묘역이 있다. 잠시 보고 언덕길을 내려서니 주차장이다.

참고문헌

이덕일, 『조선 왕을 말하다 2』(역사의아침, 2011)
이덕일, 『조선 왕 독살사건 2』(다산북스, 2008)
장영훈, 『왕릉풍수와 조선의 역사』(대원사, 2015)
신병주, 『조선왕실의 왕릉 조성』(세창출판사, 2017)
김정남, 『36시간의 한국사 여행 3』(노느매기, 2017)
한국민족문화대백과 '이왕직(李王職)'
홍유릉 둘레길 안내표지판